APPENDICE AU CODE INTERNATIONAL

DE LA PROPRIÉTÉ INDUSTRIELLE

ARTISTIQUE ET LITTÉRAIRE

Paris. — Typographie HENNUYER ET FILS, rue du Boulevard, 7.

APPENDICE

AU

CODE INTERNATIONAL

DE LA

PROPRIÉTÉ INDUSTRIELLE

ARTISTIQUE ET LITTÉRAIRE

CONTENANT

LES TRAITÉS INTERNATIONAUX

ET LES LOIS FRANÇAISES ET ÉTRANGÈRES

DEPUIS 1855 JUSQU'A CE JOUR

AVEC DES PRÉCIS ET DES NOTES

PAR

J. PATAILLE

Avocat à la Cour impériale de Paris

PARIS

AUX BUREAUX DES ANNALES DE LA PROPRIÉTÉ INDUSTRIELLE

ARTISTIQUE ET LITTÉRAIRE

Rue Gaillon, 13, et rue Chabanais. 3

1865

APPENDICE.

LOI DU 31 MAI 1856,

Modifiant l'article 32 de la loi du 5 juillet 1844, sur les brevets d'invention.

ARTICLE UNIQUE. L'article 32 de la loi du 5 juillet 1844, sur les brevets d'invention, est modifié comme suit :

Sera déchu de tous ses droits : 1° le breveté qui n'aura pas acquitté son annuité avant le commencement de chacune des années de la durée de son brevet ; — 2° le breveté qui n'aura pas mis en exploitation sa découverte ou invention en France dans le délai de deux ans, à dater du jour de la signature du brevet, ou qui aura cessé de l'exploiter pendant deux années consécutives, à moins que dans l'un ou l'autre cas il ne justifie des causes de son inaction ; — 3° le breveté qui aura introduit et France des objets fabriqués en pays étranger et semblables à ceux qui sont garantis par son brevet. — Néanmoins, le ministre de l'agriculture, du commerce et des travaux publics pourra autoriser l'introduction : 1° des modèles de machines ; — 2° des objets fabriqués à l'étranger, destinés à des expositions publiques, ou à des essais faits avec l'assentiment du gouvernement.

Le gouvernement désirant que cette loi pût recevoir son exécution pour des machines étrangères dont l'introduction était demandée à l'occasion du concours agricole qui devait s'ouvrir le 1ᵉʳ juin, elle a été présentée au Corps législatif le 15 mai, le rapport a eu lieu le 17, et elle a été adoptée à l'unanimité de 236 votants, à la séance du 20.—Le Sénat ayant déclaré le 28 ne pas s'opposer à sa promulgation, elle a été promulguée par décret du 31, insérée le même jour au *Bulletin des lois*, et publiée dans *le Moniteur* du 2 juin. — Un second décret, portant également la date du 31 mai, en ayant prescrit la publication d'urgence, dans les termes de l'art. 1ᵉʳ de l'ordonnance du 18 janvier 1817, il en résulte qu'elle a été exécutoire dans les départements à partir du jour de l'affichage qui en a eu lieu. Mais pour le département de la Seine, la réception du numéro du *Bulletin des lois* qui la promulguait étant du 31 mai, elle a été exécutoire dès le 1ᵉʳ juin, conformément à l'article 2 de l'ordonnance du 27 novembre 1816.

1

Voici le texte de l'exposé des motifs et du rapport de M. Reveil
au Corps législatif :

EXPOSÉ DES MOTIFS.

Messieurs, — La loi du 5 juillet 1844, sur les brevets d'invention, dispose dans son article 32 :

« Sera déchu de tous ses droits : 1°....... ; 2°....... ; 3° le breveté qui
aura introduit en France des objets fabriqués en pays étranger et semblables à ceux qui sont garantis par son brevet. — Sont exceptés des dispositions du précédent paragraphe les modèles de machines dont le ministre
de l'agriculture et du commerce pourra autoriser l'introduction dans le cas
prévu par l'article 29. »

L'article 29 est ainsi conçu :

« L'auteur d'une invention ou découverte *déjà brevetée à l'étranger*
pourra obtenir un brevet en France ; mais la durée de ce brevet ne pourra
excéder celle des brevets antérieurement pris à l'étranger. »

De la combinaison littérale et rigoureuse de ces articles, l'administration avait tiré cette conséquence, que le ministre de l'agriculture et du
commerce ne pouvait relever de la déchéance prononcée par le paragraphe 3,
en autorisant l'introduction en France d'objets fabriqués à l'étranger, que
dans les cas suivants : 1° lorsque l'objet introduit est un modèle de machine ; ou 2° lorsque l'introducteur, déjà breveté à l'étranger, demande
à produire ce modèle à l'appui de sa demande d'un brevet en France. —
Il résultait de là que l'industriel exploitant, pour la fabrication du même
objet, un brevet en France et un à l'étranger, ne pouvait jouir du bénéfice de l'exception mentionnée dans l'article 32 ; car cette exception était
limitée au cas où l'auteur de l'invention faisait coïncider sa demande de
brevet en France avec sa demande d'introduction du modèle de la machine brevetée à l'étranger. — Toutefois, il est permis de penser que cette
interprétation textuelle n'était pas parfaitement conforme à l'esprit de la
loi. En effet, pour protéger le travail national, comme il se proposait de
le faire, le législateur n'avait pas besoin d'imposer à l'administration des
entraves aussi étroites. — On pouvait, sans péril sérieux pour les intérêts
en présence, admettre que l'introduction d'un objet fabriqué à l'étranger,
et dont les similaires sont déjà brevetés en France, n'entraînait pas déchéance des droits acquis au breveté, pourvu que cette introduction, faite
par lui, fût autorisée par le ministre de l'agriculture et du commerce, et
qu'elle n'eût point un but mercantile. — Telle était l'interprétation admise
par deux arrêts, l'un de la Cour de Douai, du 11 juillet 1846, l'autre de
la Cour de Paris, du 8 juin 1855. — Les différentes manières d'entendre
l'article 32 indiquaient déjà l'opportunité d'une révision de cet article,
lorsqu'une circonstance spéciale est venue donner à cette mesure un caractère d'urgente nécessité. — Les années 1856 et 1857 verront s'ouvrir,

à Paris, un concours universel d'animaux reproducteurs, d'instruments et de produits agricoles. Pour que ce concours justifie les espérances qu'il inspire, il faut que l'accès en soit ouvert, autant que possible, aux machines, aux modèles, aux instruments et aux produits de tous les pays.— Or, en présence des incertitudes qui viennent d'être signalées dans l'interprétation de la loi, les industriels qui voudraient introduire en France des objets fabriqués à l'étranger, et dont les similaires ont déjà été brevetés en France, sont arrêtés par la crainte de se voir privés des droits résultant pour eux de leur brevet. Il fallait mettre un terme à ces préoccupations plus ou moins fondées, et c'est un des avantages que réaliserait le projet de loi qui vous est soumis. — Il donnerait au ministre de l'agriculture, du commerce et des travaux publics le droit d'autoriser l'introduction : 1° des modèles de machines; 2° des objets destinés aux expositions publiques, alors même que ces objets seraient déjà brevetés en France et à l'étranger. — Mais ce n'est pas seulement en vue des expositions qu'il y aurait lieu de modifier l'article 32. On doit prévoir aussi le cas où des essais, de nature à faciliter les progrès de nos industries, pourraient être paralysés par une interprétation trop restrictive de la législation. — Le projet répond à cette préoccupation en accordant au ministre, pour les essais faits avec l'assentiment de l'administration, la même faculté que pour les expositions publiques. Dans ces limites, le projet que nous avons l'honneur de vous soumettre nous a paru devoir apaiser les craintes exprimées par les brevetés, sans toutefois porter la moindre atteinte aux intérêts du travail national, que la loi de 1844 a spécialement voulu protéger.

Signé à la minute :   VUILLEFROY,
Président de la section des travaux publics,
de l'agriculture et du commerce.
FRÉMY,
Conseiller d'État rapporteur.

Rapport fait au nom de la Commission [1], *par M. Reveil, député au Corps législatif, à la séance du 17 mai 1856.*

Messieurs, l'année dernière, au moment où allait s'ouvrir l'Exposition universelle des produits de l'industrie, de l'agriculture et des beaux-arts, le gouvernement soumit à la sanction du Corps législatif une loi qui avait pour objet de protéger les découvertes des hommes utiles de tous les pays. Cette loi remplaçait par un certificat simple et gratuit les formes compliquées et coûteuses exigées pour la prise d'un brevet d'invention ; elle stipulait en faveur de tout exposant inventeur ou propriétaire légal d'un procédé, d'une machine, d'un dessin de fabrique admis à l'Exposition, *et non encore déposé ou breveté* ; elle abritait cet exposant contre l'exception de déchéance que la jurisprudence autorise les contrefacteurs à tirer du

---

[1] Cette Commission était composée de MM. Reveil, président; le baron Lespérut, secrétaire; Seydoux, d'Herlincourt, Quesné, Garnier et Paul Dupont.

fait même de publicité résultant de l'Exposition. — Cette loi ne stipulait pas en faveur des exposants déjà brevetés, parce que le gouvernement les avait considérés comme suffisamment protégés par la loi du 5 juillet 1844, art. 32, dernier paragraphe. — Cet article est ainsi conçu :

« Sera déchu de tous ses droits : 1°......; 2°......; 3° le breveté qui aura introduit en France des objets fabriqués en pays étranger et semblables à ceux qui sont garantis par son brevet. — Sont exceptés des dispositions du précédent paragraphe les modèles de machines dont le ministre de l'agriculture et du commerce pourra autoriser l'introduction dans le cas prévu par l'article 29. »

L'article 29 est ainsi conçu :

« L'auteur d'une invention ou découverte *déjà brevetée à l'étranger* pourra obtenir un brevet en France ; mais la durée de ce brevet ne pourra excéder celle des brevets antérieurement pris à l'étranger. »

Cependant des doutes s'élevèrent sur l'étendue du droit que cette exception conférait au ministre ; un arrêt de la Cour de Douai, un autre de la Cour de Paris, un arrêt de la Cour de cassation, ne suffirent pas pour les faire cesser. — Ces doutes se manifestent de nouveau aujourd'hui ; et, en présence du concours universel d'animaux reproducteurs, d'instruments d'agriculture et de produits agricoles qui se prépare, le gouvernement veut fixer l'esprit de la loi par une disposition plus précise. C'est là un sentiment de loyale hospitalité qui contribuera à augmenter l'éclat de l'Exposition et ajoutera à son utilité en garantissant, par une protection certaine, la propriété des inventions étrangères qu'il nous importe de connaître, car le génie de l'industrie française ne saurait tout prévoir, tout découvrir, tout inventer. — Dans ce but, le gouvernement propose de modifier ainsi le dernier paragraphe de l'article 32 :

« Néanmoins, le ministre de l'agriculture, du commerce et des travaux publics pourra y autoriser l'introduction : 1° des modèles de machines ; 2° des objets fabriqués à l'étranger, destinés à des expositions publiques ou à des essais faits avec l'assentiment du gouvernement. »

S'il ne se fût agi, dans cette modification, que d'autoriser l'introduction des machines et des objets fabriqués à l'étranger *destinés à des expositions publiques,* nulle objection ne se fût produite dans la discussion qui a précédé le rapport. Il n'en est pas ainsi : la dernière disposition autorise *l'introduction des objets fabriqués à l'étranger, destinés à des essais faits avec l'assentiment du gouvernement.* — Cette rédaction a appelé des observations ; elle a paru trop large : on lui reproche de n'être pas assez indicative quant à la nature et au nombre des objets, quant aux circonstances dans lesquelles l'introduction pourra être autorisée ; de ne pas être explicite quant aux personnes autorisées. Sur ce dernier point on ajoute : Le ministre autorisera-t-il l'essai par le breveté seulement, et pour son compte ou bien le ministre autorisera-t-il l'essai au profit de tiers, en faveur d'un seul manufacturier, ou en faveur de plusieurs ? L'autorisation, restreinte à un seul, serait un privilége qui préjudicierait à tous ; l'autorisation accordée à plusieurs ou à tous deviendrait une lésion pour le travail national. L'objection ajoute, nous devons le dire, que ces craintes d'une application étendue jusqu'à l'abus sont détruites, pour l'époque actuelle, par la confiance qu'inspirent et les actes du gouvernement et la déclaration solennelle faite naguère, en son nom, de ses principes en matière de protection du travail national contre une concurrence étrangère envahissante. Mais les lois permanentes doivent non-seulement pourvoir au présent, elles doivent aussi prévoir et les besoins de l'avenir et les inconvénients qui naîtraient d'elles.

On répond à ces observations : — Il est vrai que la loi doit prévoir ; mais ce principe des législateurs de tous les temps a-t-il fait qu'il existe une loi, même parmi les plus sages, qui ne puisse être exagérée dans l'application et poussée jusqu'à l'abus ? Il nous a semblé que nous devons examiner et adopter le bien que propose la loi, sans nous laisser trop dominer par la crainte d'une application imprudente dans l'avenir. D'ailleurs, vous le savez, messieurs, une loi générale s'élabore sur les brevets d'invention ; elle sera prochainement soumise à votre discussion ; et alors la disposition qui nous occupe, et que, pour cette raison, nous considérons comme temporaire, sera plus utilement appréciée au point de vue de l'harmonie de la loi générale.

Selon nous, le dernier paragraphe de l'article modifié, tout en paraissant généraliser la faculté d'autorisation, n'a pour objet que de l'étendre à l'intervalle des concours, mais toujours exceptionnellement. Et, en effet, pourquoi différer jusqu'à l'exposition de 1857, par exemple, l'introduction d'une machine, d'un modèle, d'une invention quelconque dont la connaissance promptement acquise peut avoir pour résultat heureux de tenir notre industrie et notre agriculture au niveau le plus élevé ? — Selon nous encore, l'intention de la loi se manifeste dans cette expression : *essai*, et le gouvernement, nous en avons reçu l'assurance, comprend cette expression, comme la Commission elle-même, dans le sens le plus restrictif et à la fois le plus protecteur du travail national et de l'agriculture. — Le travail national et l'agriculture ! — Nous sommes témoins, messieurs, de la constante préoccupation du gouvernement pour les développer. Le prochain concours est une preuve nouvelle de sa sollicitude, et nous ne pouvons trouver, dans la loi qui vous est soumise, que des dispositions dictées par l'application intelligente et féconde des divers moyens qui font la prospérité.

Par ces considérations, votre Commission vous propose, messieurs, l'adoption du projet de loi.

Observations. — La modification que cette loi apporte au dernier paragraphe de l'art. 32 de la loi de 1844 ne porte en réalité que sur ses termes, qui ont paru trop restrictifs ; car, en ne s'attachant qu'à son esprit, on doit reconnaître que le ministre avait parfaitement le droit, sans compromettre les intérêts du breveté, d'autoriser l'introduction en France de machines et même de produits étrangers, quoique le texte ne le dît pas expressément, soit pour servir de modèles, soit à titres d'échantillons et pour permettre des essais. Le but de la loi de 1844, en effet, a été uniquement de protéger l'industrie nationale et de ne pas permettre que, sous le couvert d'un brevet pris en France, on introduisît des machines et produits étrangers, faisant une concurrence d'autant plus désastreuse à l'industrie française, que l'étranger breveté eût été libre de réduire, autant qu'il l'eût voulu, sa fabrication en France, tout en jouissant du bénéfice du monopole que lui aurait assuré son brevet français. Mais tous les intérêts sont sauvegardés lorsque les objets introduits ne le sont qu'à titre de modèles et d'échantillons, soit pour guider la fabrication, soit même pour servir à des essais. C'est ce qui a été jugé par deux arrêts : l'un, rendu par la Cour de Douai, le 11 juillet 1846, à l'occasion de produits brevetés introduits d'Angleterre en France, à titre d'échantillons, par un sieur Warlick, qui avait pris un brevet d'importation de quinze années pour la fabrication d'un combustible artificiel ; l'autre, rendu par la Cour de Paris, le 8 juin 1855, au sujet d'une machine à coudre, introduite par les sieurs Saulter et Say [1]. — Or, dans ces deux affaires, l'introduction avait eu lieu sans que l'on eût obtenu ni sollicité l'autorisation du ministre, et néanmoins les Cours de Douai et de Paris ont jugé qu'il n'y avait pas lieu de prononcer la déchéance édictée par l'article 32 de la loi de 1844, parce qu'il était justifié, en fait, que les objets introduits ne l'avaient été qu'à titre d'échantillons et de modèles, et non pour être livrés au commerce.

On comprend qu'il en eût été ainsi, à plus forte raison, si les introductions avaient eu lieu pour des objets déterminés et avec la garantie d'une autorisation ministérielle. — Cependant, comme des arrêts ne font pas loi, dès l'instant que des doutes s'élevaient sur les cas où le ministre pouvait autoriser l'introduction, sans compromettre les intérêts des brevetés, mieux valait prévenir les contestations qui auraient pu surgir, en donnant clairement au

[1] Nous avons rendu compte de cette affaire et donné le texte de l'arrêt dans notre numéro des *Annales* de juin 1855, p. 11, art. 2.

pouvoir du ministre toute la latitude possible, sans nuire aux intérêts généraux de l'industrie nationale. Tel est le but de cette loi, qui est dès lors plutôt interprétative que modificative de la loi de 1844 ; toutefois, et bien qu'elle vienne sanctionner l'esprit de la jurisprudence en ce qui concerne les cas où l'introduction est licite, nous devons prémunir les brevetés contre le danger qu'il peut y avoir à introduire des machines et des produits étrangers, même à titre de modèles ou d'échantillons, sans en avoir, au préalable, obtenu l'autorisation du ministre ; car légalement il n'y a que cette autorisation qui puisse les mettre complétement à l'abri de la déchéance édictée par la loi nouvelle aussi bien que par la loi de 1844.

Convention du 19 mai 1856,

Conclue entre la France et le royaume de Saxe, pour la garantie réciproque de la propriété des œuvres d'esprit et d'art, et des marques de fabrique.

(5 juin 1856, Echange des ratifications à Dresde. — 13 juin 1856, Décret impérial qui en ordonne la mise en exécution en France. — 14 juin 1856, Insertion au *Bulletin des lois*.)

Un décret promulgué à Paris, le 28 mars 1852, ayant interdit la réimpression en France des ouvrages d'auteurs étrangers, et l'ayant assimilée au délit de contrefaçon des œuvres originairement publiées en France, et la loi saxonne du 22 février 1844 ayant consacré en Saxe les droits de propriété des auteurs étrangers, et simplement subordonné la jouissance de ce droit à la preuve de réciprocité, S. M. l'Empereur des Français et S. M. le roi de Saxe ont résolu d'adopter, d'un commun accord, les mesures les plus propres à assurer, dans les deux pays, aux auteurs ou éditeurs ou à leurs ayants droit, la jouissance des garanties résultant des lois précitées, quant à la propriété des œuvres de littérature ou d'art publiées pour la première fois, soit en France, soit en Saxe. Pour arriver à ce résultat, Leursdites Majestés ont nommé pour leurs plénipotentiaires, savoir : — S. M. Napoléon III, Empereur des Français, M. Alexandre, baron Forth-Rouen, son envoyé extraordinaire et ministre plénipotentiaire près Sa Majesté le roi de Saxe, commandeur de son ordre impérial de la Légion d'honneur, grand-croix de l'ordre royal du Christ de Portugal, de l'ordre de Saint-Grégoire-le-Grand, de l'ordre impérial de la Couronne de Fer, décoré de l'ordre de Medjidié de 2e classe, commandeur du nombre extraordinaire de l'ordre de Charles III d'Espagne, commandeur de l'ordre de Notre-Dame de la Conception de Villaviciosa, etc., etc. ;

Et S. M. le roi de Saxe, M. le baron Frédéric-Ferdinand de Beust, chargé des portefeuilles des ministères des affaires étrangères et de l'intérieur, chevalier de l'ordre de la Couronne royale de Saxe et grand-croix de son ordre du Mérite, grand-croix de l'ordre impérial de la Légion d'honneur de France, de Saint-Etienne de Hongrie et de Léopold d'Autriche, chevalier de l'ordre d'Alexandre Newski de Russie, grand-croix de l'ordre de l'Aigle-Rouge de Prusse, de l'ordre du Mérite de Bavière, de l'ordre des Guelphes de Hanovre, de l'ordre du Faucon-Blanc de Saxe-Weimar et de l'ordre des Maisons Ducales de la branche Ernestine de Saxe, de l'ordre de Charles III d'Espagne, de l'ordre de Léopold de la Belgique et de l'ordre des Saints-Maurice et Lazare de Sardaigne, chevalier de l'ordre de Saint-Jean de Prusse; lesquels, après avoir échangé leurs pleins pouvoirs, trouvés en bonne et due forme, sont convenus des articles suivants :

Art. 1er. § 1. Les auteurs de livres, brochures et autres écrits, de compositions musicales, d'œuvres de dessin, de peinture, de sculpture, de gravure, de lithographie et de toutes autres productions analogues du domaine littéraire et artistique, jouiront, dans chacun des deux États réciproquement, des avantages qui y sont ou qui y seront attribués par la loi à la propriété des ouvrages de littérature et d'art, et ils auront la même protection et le même recours légal contre toute atteinte portée à leurs droits, que si cette atteinte avait été commise à l'égard d'auteurs d'ouvrages publiés pour la première fois dans le pays même. Il est bien entendu toutefois que les droits à exercer réciproquement dans l'un ou dans l'autre pays, relativement aux ouvrages de littérature et d'art mentionnés dans le présent article, ne pourront être plus étendus que ceux qu'accorde la législation du pays auquel l'auteur ou ses ayants cause appartiennent. — § 2. Il est entendu aussi que la dénomination d'œuvres de littérature et d'art comprend les traités scientifiques et méthodes d'enseignement, ainsi que les morceaux de musique dits *arrangements*.

Art. 2. § 1. Il suffira, par conséquent, pour que les auteurs ou éditeurs d'ouvrages de littérature et d'art soient admis devant les tribunaux des deux pays à exercer des poursuites contre les contrefaçons, qu'ils justifient leur droit de propriété, conformément aux lois en vigueur dans le pays dans lequel la poursuite aura lieu. Pour faciliter cette justification, les ouvrages des auteurs ou éditeurs saxons, publiés après la conclusion du présent traité, seront enregistrés gratuitement, en France, au bureau de la librairie au ministère de l'intérieur, sans qu'il y ait lieu au dépôt de deux exemplaires de l'ouvrage en question. Cet enregistrement s'effectuera sur la présentation du duplicata, légalisé par le consul de France à Leipsick, d'un certificat délivré par la direction du Cercle de Leipsick, attestant que l'enregistrement dans les livres tenus *ad hoc* par celle-ci a eu lieu, conformément aux lois saxonnes. D'autre part, l'enregistrement des ouvrages publiés en France, après la conclusion du présent traité, dans les livres tenus par la direction du Cercle de Leipsick, aura lieu également sans frais et sans autre formalité, sur la présentation du duplicata, légalisé par la mission de Saxe à Paris, d'un certificat du bureau de la librairie au ministère de l'intérieur de France, attestant que l'enregistrement de l'ouvrage a réellement eu lieu, conformément aux prescriptions du présent traité. La liste des ouvrages ainsi enregistrés sera publiée, dans chacun des deux pays, dans les mêmes feuilles et dans les mêmes délais que la liste des ouvrages des auteurs du pays même. — Un certificat, qui sera délivré à tout intéressé et sur sa demande, en France par le bureau de la librairie, en Saxe par la direction du Cercle de Leipsick, et constatant l'accomplissement des formalités ci-dessus fixées, sera considéré comme une preuve suffisante pour constater la propriété devant les tribunaux et autorités administratives des deux pays, conformément aux lois en vigueur dans chacun d'eux, jusqu'à preuve d'un droit mieux établi. Le certificat d'enregistrement sera délivré gratuitement. — § 2. Les auteurs, éditeurs ou leurs ayants cause, qui voudront jouir de la protection ci-dessus établie, pour des ouvrages parus antérieurement à la publication du présent traité, seront admis à l'invoquer, après qu'ils auront rempli les formalités stipulées pour tous les ouvrages publiés après sa mise en vigueur. Il est bien entendu que l'accomplissement de ces formalités ne pourra les garantir que contre les reproductions ultérieures, et que celles qui auront été faites antérieurement au nouveau régime conventionnel ne pourront pas être attaquées, toutes les fois que les éditeurs qui les auront entreprises se seront soumis aux formalités stipulées plus loin (article 14).

Art. 3. Les stipulations contenues dans l'article 1er s'appliquent également à la représentation, à l'exécution et à la traduction des œuvres dramatiques ou musicales, en tant que les lois de chacun des deux États garantissent ou garantiront par la suite protection aux œuvres susdites, exécutées ou représentées pour la première fois sur les territoires respectifs. — Pour obtenir la garantie exprimée dans le présent article pour la traduction d'une œuvre dramatique, il faut que cette traduction ait paru dans l'espace de trois mois après l'enregistrement de l'original. Il est entendu toutefois que ces stipulations n'ont pas le but d'empêcher des imitations ou des arrangements de pièces dramatiques pour le théâtre de l'autre pays.

Art. 4. L'auteur de tout ouvrage publié dans l'un des deux pays, qui aura entendu réserver son droit de traduction, jouira pendant cinq années, à partir du jour de la première publication de la traduction de son ouvrage autorisée par lui, du privilége de protection contre la publication, dans l'autre pays, de toute traduction du même ouvrage non autorisée par lui, et ce, sous les conditions suivantes : — 1° L'ouvrage original devra être enregistré dans l'un des deux pays, dans un délai de trois mois à partir du jour de sa publication dans l'autre pays. — 2° Il faudra que l'auteur ait indiqué en tête de son ouvrage son intention de se réserver le droit de traduction.—3° Ladite traduction devra avoir paru, au moins en partie, dans le délai d'un an, à compter de la date de l'enregistrement de l'œuvre originale, et, en totalité, dans un délai de trois ans, à partir de la même date.—4° La traduction devra être publiée dans l'un des deux pays, et enregistrée conformément aux prescriptions du présent traité (article 2).—Pour les ouvrages publiés par livraisons, il suffira que la déclaration de l'auteur, qu'il entend se réserver le droit de traduction, soit exprimée sur la première livraison. Toutefois, en ce qui concerne le terme de cinq années assigné par le présent article pour l'exercice du droit privilégié de traduction, chaque livraison sera considérée comme un ouvrage séparé ; chacune d'elles sera enregistrée dans l'un des deux pays dans les trois mois à partir de la première publication dans l'autre pays.

Art. 5. Sont expressément assimilées aux ouvrages originaux les traductions, faites dans l'un des deux États, d'ouvrages nationaux ou étrangers. Ces traductions jouiront, à ce titre, de la protection stipulée par l'article 1er, en ce qui concerne leur reproduction non autorisée dans l'autre État. Il est bien entendu toutefois que l'objet du présent article est simplement de protéger le traducteur, par rapport à la version qu'il a donnée de l'ouvrage original, et non pas de conférer le droit exclusif de traduction au premier traducteur d'un ouvrage quelconque, écrit en langue morte ou vivante.

Art. 6. Les mandataires légaux ou ayants cause des auteurs, traducteurs, compositeurs, dessinateurs, peintres, sculpteurs, graveurs, lithographes, etc., jouiront à tous égards des mêmes droits que ceux que la présente convention accorde aux auteurs, traducteurs, compositeurs, dessinateurs, peintres, sculpteurs, graveurs et lithographes eux-mêmes.

Art. 7. Nonobstant les stipulations des articles 1 et 5 de la présente convention, les articles extraits des journaux ou recueils périodiques, publiés dans l'un des deux pays, pourront être reproduits ou traduits dans les journaux ou recueils périodiques de l'autre pays, pourvu que l'on y indique la source à laquelle on les aura puisés.—Toutefois, cette permission ne s'étendra pas à la reproduction et à la traduction, dans l'un des deux pays, des articles de journaux ou de recueils périodiques publiés dans l'autre, lorsque les auteurs auront formellement déclaré, dans le journal ou le recueil même où ils les auront fait paraître, qu'ils en interdisent la reproduction et la traduction ; dans aucun cas, cette interdiction ne pourra atteindre les articles de discussion politique.

Art. 8. L'exposition et la vente de réimpressions et reproductions illicites des œuvres indiquées dans l'article 1er sont prohibées dans les deux États, sans qu'il y ait à distinguer si ces réimpressions et reproductions proviennent de l'État même ou de tout autre pays.

Art. 9. En cas de contravention aux dispositions des articles précédents, la saisie des objets de contrefaçon sera opérée, et les tribunaux appliqueront les peines déterminées par les législations respectives, de la même manière que si l'infraction avait été commise au préjudice d'un ouvrage ou d'une production d'origine nationale.—Les caractères constituant la contrefaçon seront déterminés par les tribunaux de l'un ou de l'autre pays, d'après la législation en vigueur dans chacun des deux États.

Art. 10. Les stipulations de ce traité ne sauraient infirmer le droit des deux hautes parties contractantes de surveiller, de permettre ou d'interdire, à leur convenance, par des mesures léglisatives ou administratives, le commerce, la représentation, l'exposition (Feilhaltung) ou la vente de productions littéraires ou artistiques. De même, aucune des stipulations de la présente convention ne saurait être interprétée de manière à contester le droit des hautes parties contractantes de prohiber l'importation, sur leur propre territoire, des livres que leur législation intérieure ou des traités avec d'autres États feraient entrer dans la catégorie de reproductions illicites.

Art. 11. Les deux gouvernements prendront les mesures nécessaires pour prévenir toute difficulté ou complication, quant au passé, à raison de la possession et de la vente par les éditeurs, imprimeurs ou libraires, saxons ou français, de réimpressions d'ouvrages de propriété française ou saxonne, non tombés dans le domaine public, fabriqués ou importés par eux antérieurement à la mise en vigueur de la présente convention, ou actuellement en cours de fabrication et de réimpression non autorisée.

Art. 12. Les éditeurs français ou saxons pourront publier les volumes ou livraisons nécessaires pour l'achèvement des ouvrages de reproduction non autorisée en cours de publication, dont une partie aurait déjà paru avant la date de la signature de la présente convention. Dans aucun cas, le tirage des volumes ou livraisons à paraître ne pourra dépasser le chiffre du tirage de la dernière livraison ou du dernier volume ayant paru avant la ratification du présent traité. — Les nouveaux volumes ne pourront être mis en vente qu'après que les conditions à déterminer en vertu de l'article 14 auront été dûment remplies.

Art. 13. Pour les revues et recueils périodiques réimprimés jusqu'ici en Saxe ou en France, les éditeurs français ou saxons sont autorisés à publier les livraisons destinées à compléter, jusqu'au 31 décembre 1856, les souscriptions de leurs abonnés, ainsi que les collections non vendues existant en magasin, sans indemnité au profit de l'éditeur original.

Art. 14. Pour assurer l'exécution des articles précédents, les deux gouvernements feront procéder par leurs agents, dans le délai de six semaines à partir de l'échange des ratifications de la présente convention, et autant que possible simultanément, chez tous les libraires, éditeurs et imprimeurs, à un inventaire général de tous les livres publiés ou en cours de publication, en France et en Saxe, actuellement en possession desdits libraires, éditeurs ou imprimeurs, et non encore tombés dans le domaine

public, selon les lois des deux pays. — Au fur et à mesure de l'inventaire,
les agents des deux gouvernements apposeront gratuitement un timbre
uniforme sur tous les ouvrages inventoriés. Quant aux éditeurs, un compte
leur sera ouvert pour chaque ouvrage publié en volume ou en livraison
par eux, ou dont ils auront acquis la propriété, d'après l'inventaire général des ouvrages qu'ils possèdent en magasin ; et les timbres seront délivrés pour chacun des ouvrages sur la demande des éditeurs, au fur et à
mesure de leurs besoins, jusqu'à concurrence du nombre d'exemplaires
porté à leur compte dans l'inventaire général.

Art. 15. Après l'expiration du délai indiqué dans le précédent article
pour l'apposition du timbre, tous les exemplaires des contrefaçons ou reproductions non autorisées des livres français ou saxons, non revêtus du
timbre, seront passibles de saisie et de confiscation, soit chez l'éditeur
lui-même, soit chez les libraires détaillants et commissionnaires.

Art. 16. L'inventaire indiqué plus haut s'appliquera également aux bois
et planches gravés de toute sorte, ainsi qu'aux pierres lithographiques
existant en magasin chez les éditeurs ou imprimeurs français ou saxons,
et constituant une reproduction non autorisée de modèles français ou
saxons. Les éditeurs français ou saxons seront autorisés, pendant un an,
à partir du jour de l'inventaire, à se servir des bois et planches gravés,
ainsi que des pierres lithographiques, inventoriés, comme il est dit plus
haut, pour reproduire leurs modèles, mais seulement jusqu'à concurrence
de quinze cents exemplaires, ou si les reproductions se rattachent à une
publication, comme à des illustrations, jusqu'à concurrence du nombre
des exemplaires de cette publication.

Art. 17. Il demeure formellement entendu que les stipulations des articles 14, 15 et 16 ne seront obligatoires pour les parties intéressées qu'autant qu'elles n'y auront pas dérogé par des conventions particulières
intervenues, d'un commun accord, avant ou après la conclusion de la
présente convention.

Art. 18. Pendant la durée de la présente convention, les droits actuellement établis à l'importation licite, par terre ou par mer, dans le territoire
de l'Empire français, des livres et mémoires scientifiques en langue française ou étrangère, des estampes, gravures, lithographies, cartes géographiques ou marines, ainsi que de la musique, publiés dans l'étendue du
royaume de Saxe, demeureront réduits et fixés au taux ci-après :

Livres, brochures et mémoires scientifiques, brochés ou cartonnés
ou reliés :

En langue française................	20 fr. par 100 kilogrammes.	
En toute autre langue, morte ou vivante,	1 fr.	*Id.*
Estampes.....................		
Gravures.....................		
Lithographies..................	20 fr.	*Id.*
Cartes géographiques ou marines. ...		
Musique.....................		

Les traités scientifiques et livres de classe écrits en langue allemande , dans lesquels se trouveraient des citations ou des leçons en français, seront admis, pendant la durée de la présente convention, à leur importation en France, au droit de 1 franc par 100 kilogrammes , pourvu que ces citations ou ces leçons ne forment qu'une partie accessoire de l'ouvrage. — Les publications pour lesquelles on réclamera, à leur introduction en France , le bénéfice du présent tarif, devront être accompagnées d'un certificat d'origine délivré dans la forme et par les autorités que le gouvernement saxon aura désignées à cet effet.

Art. 19. Les hautes parties contractantes désirant, en outre, protéger l'application à l'industrie manufacturière des travaux d'esprit et d'art , déclarent d'un commun accord que la reproduction, dans l'un des deux pays, des marques de fabrique apposées dans l'autre sur certaines marchandises, pour constater leur origine et leur qualité, sera assimilée à la contrefaçon des œuvres d'art, et que les dispositions relatives à la répression de ce délit, insérées dans la présente convention , seront également applicables à la reproduction desdites marques de fabrique. — Les marques de fabrique dont les sujets de l'un des deux Etats voudront s'assurer la propriété dans l'autre devront être déposées exclusivement, savoir : les marques d'origine saxonne , à Paris , au greffe du tribunal de commerce de la Seine, et les marques de fabrique d'origine française, devant l'autorité compétente en Saxe pour recevoir ce dépôt, lorsqu'il sera effectué par des sujets saxons, en vertu des prescriptions légales.

Art. 20. Pour faciliter la pleine exécution du présent traité , les deux hautes parties contractantes promettent de se donner mutuellement connaissance de tous les règlements , ordonnances et mesures d'exécution quelconques, qui seraient décrétés dans l'un et l'autre pays, concernant les matières réglées dans la convention présente, ainsi que les changements qui pourraient survenir dans la législation des deux pays en ce qui touche la garantie de la propriété littéraire.

Art. 21. Le présent traité demeurera en vigueur pendant six ans , à partir de l'échange des ratifications, qui aura lieu dans le plus bref délai possible. — Dans le cas où l'une des deux parties contractantes n'aurait point dénoncé le traité six mois au moins avant l'expiration des six années précitées, il restera en vigueur pendant six autres années encore, et ainsi de suite. — En foi de quoi les plénipotentiaires respectifs l'ont signé et y ont apposé le cachet de leurs armes.

Fait à Dresde , le 19 mai de l'an de grâce 1856.

(*L. S.*) Signé baron FORTH-ROUEN.
(*L. S.*) Signé baron DE BEUST.

Avis du Ministre de l'intérieur de France,

*Relatif à l'exécution de la convention littéraire entre la France
et la Saxe.*

Par décret impérial en date du 15 juin 1856, inséré au *Moniteur* du 24,
a été promulguée la convention littéraire conclue, le 19 mai dernier, entre
la France et le royaume de Saxe.—En conséquence, le ministre secrétaire
d'État au département de l'intérieur croit devoir indiquer aux auteurs, aux
libraires et aux éditeurs, les formalités qu'ils auront à remplir, et mettre
en même temps sous leurs yeux l'ensemble des principaux renseignements qui peuvent les intéresser.

Aux termes du paragraphe 1er de l'article 2 du traité, les auteurs et
éditeurs français d'ouvrages de littérature et d'art seront admis à poursuivre en contrefaçon dans le royaume de Saxe, conformément à la loi
saxonne, et en justifiant de leur droit de propriété.—Les règles tracées à
cet égard sont très-simples : tout auteur ou éditeur qui voudra jouir de
la protection conventionnelle devra réclamer au bureau de la librairie un
duplicata du récépissé de dépôt effectué en exécution de l'article 14 de la
loi du 21 octobre 1814 et de l'ordonnance du 9 janvier 1828. — Ce duplicata, signé par le chef ou les sous-chefs du bureau de la librairie, revêtu du
timbre du ministère de l'intérieur, et sur lequel sera mentionnée sa destination spéciale, suivant le vœu de la convention, devra être légalisé par
la mission de Saxe, à Paris, rue du Faubourg-Saint-Honoré, n° 70. —
Afin de satisfaire au vœu de l'article 2 précité, le ministre secrétaire d'État
au département de l'intérieur a pris, de son côté, les mesures nécessaires
pour assurer aux productions de la presse saxonne les garanties qu'elle
a le droit de réclamer. — A dater de ce jour, les correspondants français
des libraires de Saxe sont prévenus qu'un registre spécial est ouvert au
bureau de la librairie pour y recevoir les déclarations qui seront régulièrement présentées par leur intermédiaire. Tout porteur d'un certificat
émanant de la direction du Cercle de Leipsick, et légalisé par le consul de
France dans cette ville, sera considéré comme suffisamment autorisé à
réclamer l'enregistrement conventionnel, et à retirer, au nom de son
mandataire, le certificat qui atteste l'accomplissement de cette formalité.
— En conformité de l'article 2, la liste générale des ouvrages de propriété
saxonne enregistrés au ministère de l'intérieur sera publiée, au moins une
fois chaque mois, dans chacun des deux recueils bibliographiques : le
Journal de la librairie et la *Propriété littéraire, Courrier de la librairie.*

L'article 4 porte que l'auteur qui entend réserver son droit de traduction
doit faire enregistrer son ouvrage dans les trois mois de la publication et
indiquer en tête de l'ouvrage son intention de se réserver ce droit.—Cette
traduction devra paraître, au moins en partie, dans le délai d'un an à
compter de l'enregistrement, et, en totalité, dans le délai de trois ans.

Le public intéressé n'oubliera pas que l'enregistrement qui protége les ouvrages publiés après la promulgation de l'acte international garantit également la propriété des ouvrages publiés antérieurement à la promulgation, mais seulement contre les reproductions ultérieures. — Des mesures étaient dès lors nécessaires pour assurer l'écoulement des contrefaçons publiées ou en cours de publication au moment du traité. — Ces mesures, aux termes de l'article 14, sont : 1° l'inventaire des reproductions d'ouvrages saxons chez tous les libraires, éditeurs et imprimeurs ;— 2° l'apposition d'un timbre uniforme sur tous les ouvrages inventoriés. — Cet inventaire et cette apposition de timbre doivent être effectués dans le délai de six semaines, à partir de l'échange des ratifications de la convention.—Les libraires et les éditeurs sont prévenus que des ordres ont été donnés pour qu'il soit exactement satisfait aux stipulations dont il s'agit. —A Paris, l'inventaire sera dressé et le timbre apposé par les commissaires de police, inspecteurs de la librairie ; dans les départements, par les agents désignés par les préfets. — Le ministre de l'intérieur invite MM. les libraires et éditeurs à seconder l'administration dans l'accomplissement de cette formalité, en faisant parvenir, *sans retard*, au bureau de la librairie, toutes les déclarations propres à faciliter l'exécution prompte et complète de cette partie du traité.

Les envois de la librairie française en Saxe continuent à être reçus dans le royaume, sans être accompagnés de certificats d'origine. Quant aux ouvrages d'origine saxonne pour lesquels on réclamera, à leur introduction en France, les réductions de taxes stipulées par le traité, il a été convenu que le bénéfice du nouveau tarif ne leur serait accordé que s'ils étaient présentés avec un certificat délivré dans la forme et par les autorités que le gouvernement saxon aura désignées. — Il est de l'intérêt des libraires de veiller à ce qu'aucune négligence ne soit commise à cet égard. Ils n'oublieront pas également que les ouvrages susceptibles de jouir de réductions de la taxe conventionnelle doivent être placés dans les colis par paquets séparés, en qu'en cas de mélange c'est l'ancien droit qui serait appliqué.

(Moniteur universel du 22 juillet 1856.)

ORDONNANCE DU MINISTRE DE L'INTÉRIEUR DU ROYAUME DE SAXE

Sur l'exécution de la convention du 19 *mai* 1856, *entre la France et la Saxe.*

Le ministre de l'intérieur publie, en conformité de la loi du 30 juillet 1855[1], et afin d'en assurer l'exécution, le texte de la convention conclue, le 19 mai 1856, entre la France et le royaume de Saxe, concernant la protec-

---

[1] V. cette loi au *Code international*, p. 333

tion réciproque du droit de propriété sur les productions littéraires et les ouvrages d'art, dont les ratifications ont été échangées le 5 juin ; et il juge nécessaire de fixer ce qui suit pour l'exécution de ce traité :

§ 1. La convention est mise en vigueur par la publication de la présente ordonnance.

§ 2. En ce qui concerne la durée de la propriété, conformément à l'article 1er, les auteurs et éditeurs français ne jouiront de cette protection en Saxe que dans les termes de la législation française, dans les cas où la loi française accorde une protection plus courte que la loi saxonne.

§ 3. Le certificat exigé pour l'enregistrement par l'article 2, § 1er, consistera, pour les auteurs ou éditeurs saxons, dans une copie certifiée du certificat d'éditeur.

§ 4. Le certificat constatant l'enregistrement, mentionné en l'article 2, § 1er, sera délivré sans aucuns frais et sans droits de timbre.

§ 5. L'article 3 ne s'applique pas en Saxe à la représentation ou exécution des œuvres dramatiques et musicales qui ont été imprimées, parce que cette protection n'est accordée par la loi saxonne qu'aux œuvres non imprimées.

§ 6. En ce qui concerne l'interprétation de l'article 4, il faut se reporter à ce qui est spécifié aux §§ 3, 4, 5 et 6 de l'ordonnance du 5 décembre 1855, relative aux clauses analogues de la convention conclue avec l'Angleterre.

Voici ces paragraphes :

« 3° La protection accordée par l'article 3 pour le droit de traduction concerne seulement la défense de publier une traduction non autorisée, sauf les restrictions applicables au royaume de Saxe : elle n'atteint pas le commerce de commission. — 4° La protection contre la publication de toute traduction non autorisée par l'auteur anglais est accordée à tout ouvrage (chaque partie étant regardée comme un tout) publié après le 1er avril 1856 en Angleterre, et ce pour cinq années à dater de la publication de l'ouvrage original : 1° si le susdit ouvrage anglais (ou toute partie dudit) est enregistré, trois mois au plus tard après sa publication, sur le registre tenu à cet effet dans les bureaux de la direction royale du cercle de Leipsick ; 2° si l'auteur s'est réservé le droit de traduction sur le titre (et pour les ouvrages composés de plusieurs livraisons, au moins sur le titre de la première livraison, paraissant après le 1er avril 1856) ; 3° si une traduction autorisée a été publiée dans l'un des deux pays, dans les délais mentionnés en l'article 3 de la convention additionnelle ; 4° si cette traduction a également été enregistrée sur le registre de la direction royale du cercle de Leipsick. Dans ces conditions, l'ordonnance du 22 février 1844 sur la procédure provisoire par la voie administrative est applicable contre toute traduction publiée en Saxe sans l'autorisation de l'auteur anglais. — 5° Pour faciliter la procédure, la direction royale du cercle de Leipsick délivrera un certificat d'éditeur pour la traduction d'un ouvrage original anglais, mentionnant que ladite traduction jouit d'une protection exclusive pendant cinq années, conformément aux termes de la convention additionnelle, lorsque la demande lui en sera faite et qu'elle se sera assurée que les conditions requises par l'article 3 de la convention additionnelle sont remplies. Et comme l'auteur a le droit d'autoriser plusieurs traductions, la direction royale du cercle pourra délivrer des certificats d'éditeur pour plusieurs traductions d'un même ouvrage original, pourvu que l'autorisation de l'auteur et la date de la publication soient indiquées pour chacune d'elles. — 6° Tout certificat ainsi délivré doit être regardé comme une preuve suffisante d'éditeur pour poursuivre toute traduction publiée en Saxe sans avoir été autorisée dans les formes voulues, à moins qu'un tiers ne réclame et n'intervienne par la voie judiciaire. »

§ 7. Pour satisfaire aux prescriptions de l'article 14, tous les libraires (éditeurs, libraires d'assortiments, libraires commissionnaires) et tous les imprimeurs qui possèdent des réimpressions d'ouvrages de propriété française terminées ou en voie de publication, lesquelles seront considérées à l'avenir comme contrefaçons, qu'elles aient été publiées en Saxe ou en pays étrangers, établiront, dans les quinze jours de la présente ordonnance, des listes complètes d'inventaire indiquant le nombre d'exemplaires de chacune de ces réimpressions qn'ils possèdent en magasin. Les éditeurs devront en outre porter sur une liste spéciale les ouvrages publiés par eux ou en voie de publication, ceux acquis avec faculté de publication, mais non encore terminés, enfin les publications périodiques, en indiquant le nombre d'exemplaires de chaque volume ou partie, et le chiffre du tirage des derniers volumes, partie ou livraison, ou du dernier numéro paru.

Ces listes devront être remises à l'administration, qui fera apposer, aussitôt que possible, et, en tout cas, avant le 17 juillet, un timbre spécial sur chaque exemplaire existant dans les magasins des libraires et des imprimeurs. Dans les villes où il n'y aura que quelques libraires, ne possédant eux-mêmes qu'un petit nombre d'exemplaires, ils pourront envoyer à la direction du cercle ces exemplaires avec une liste détaillée des ouvrages, afin que le timbre y soit apposé.

Quand il paraîtra un nouveau volume, une nouvelle livraison ou un nouveau numéro d'un ouvrage périodique ou en cours de publication, porté sur lesdites listes, l'éditeur devra en faire la déclaration à l'administration, qui fera apposer aussitôt le timbre spécial sur un nombre d'exemplaires égal à celui porté sur les susdites listes. Cet estampillage n'aura lieu pour les écrits périodiques et les journaux que jusqu'à la fin de l'année.

§ 8. Les listes d'inventaire des planches et gravures sur pierre et sur bois devront être faites séparément de celles spéciales aux livres. Il faudra indiquer si ces planches ou gravures font partie d'un ouvrage illustré qui n'a pas encore paru entièrement et qui doit être porté sur l'inventaire spécial des livres avec mention du chiffre du tirage.

§ 9. Aux termes de l'article 18 et d'explications qui ont eu lieu avant la signature du traité, les ouvrages allemands qui renferment des citations, des exemples ou des exercices en français, seront considérés pour les droits de douane comme des livres en langue étrangère, si ces citations ne forment pas la partie principale du livre. Dès maintenant les nouveaux tarifs de douane sont en vigueur pour tous les livres, objets d'art, cartes, compositions musicales importés en France et accompagnés d'un certificat d'origine, délivré par le gouvernement saxon. L'entrée peut en avoir lieu par tous les bureaux de douane pour lesquels la législation française autorise l'entrée des livres.

§ 10. Les certificats d'origine prescrits par l'article 18 [1] peuvent être délivrés par l'administration du domicile de l'éditeur pour tous les ouvrages édités par des éditeurs saxons ou dont ils ont acheté le droit de publication. Pour les envois provenant de Leipsick, qu'ils consistent en ouvrages publiés dans cette ville ou en d'autres villes du royaume, les certificats d'origine peuvent être délivrés par le conseil de la ville de Leipsick, sur une liste détaillée présentée par le libraire expéditeur, laquelle liste sera au besoin certifiée sous serment. Ces certificats devront être présentés, selon les localités, soit au consulat français à Leipsick, soit à la légation française à Dresde, afin d'être légalisés. Ils contiendront la déclaration officielle que les livres portés sur la liste ou le certificat sont la propriété d'éditeurs saxons. Ces certificats seront délivrés gratuitement.

§ 11. Les prescriptions de l'article 19, relatives au dépôt des marques de fabrique, n'entreront en vigueur que quand des mesures auront été établies par une loi pour protéger la propriété de ces marques, conformément au Code pénal, moyennant un dépôt auprès de l'administration.

Dresde, le 6 juin 1856.   *Le ministre de l'intérieur,*

BARON DE BEUST.

ENREGISTREMENT DES OUVRAGES FRANÇAIS EN SAXE.

Aux termes de la convention et de l'ordonnance qui précède, les auteurs et éditeurs français qui veulent conserver leurs droits en Saxe doivent faire enregistrer leurs ouvrages sur les registres tenus par la direction du cercle de Leipsick. — La demande d'enregistrement doit, selon M. J. Delalain, être faite en langue allemande. M. F. Grimont, sous-chef au bureau du ministère de l'intérieur, pense au contraire qu'il suffit d'une réquisition verbale

---

[1] Ces certificats d'origine ne sont exigés que pour les envois provenant du royaume de Saxe et destinés à la France. Les envois des éditeurs français ne sont pas soumis à cette formalité.

avec production des duplicata constatant l'inscription en France.
Quoique nous n'hésitions pas à penser que tel est l'esprit de la
convention, nous n'en croyons pas moins devoir donner le modèle
de déclaration que la *Société pour la défense de la propriété
littéraire et artistique* a fait imprimer avec la traduction au bas, en
faisant remarquer que l'on peut remplir en français les indications
exigées. A cette demande doit être joint un certificat du bureau
de la librairie au ministère de l'intérieur, constatant que l'enregistrement a eu lieu conformément à la loi. — Ce certificat doit
être sans frais, 1° visé à la chancellerie du ministère des affaires
étrangères, ouverte de midi à trois heures, rue de l'Université,
n° 130; 2° légalisé aux bureaux de la mission de Saxe, de midi
à deux heures, rue du Faubourg-Saint-Honoré, n° 170. — En
recevant ces deux pièces, la direction du cercle de Leipsick délivre
un récépissé ou certificat d'enregistrement qui fait titre en Saxe
jusqu'à preuve contraire. — Voici le modèle de déclaration.

Bitte um Einregistrirung eines Verlagsscheins.

Der Unterzeichnete
wohnhaft zu
hat die Ehre, die Kœniglichen Direction des Kreises von Leipzig um die
Eintragung seiner gegenwærtigen Erklærung als Verlegers und Eigenthü-
mers des folgenden Werkes zu ersuchen :
 Titel des Werkes :
 Name des Verfassers :
 Ort und Datum der Publication :
   Geschehen zu   den   185

Traduction de la demande d'enregistrement au cercle de Leipsick.

Demande d'enregistrement d'une déclaration d'éditeur.

Le soussigné
demeurant à
a l'honneur de demander à la direction royale du cercle de Leipsick l'enregistrement de sa déclaration d'éditeur-propriétaire de l'ouvrage suivant :
 Titre de l'ouvrage.— Nom de l'auteur.— Lieu et date de la publication.
  Fait à   le   185

CONVENTION DU 2 MAI 1856,

Conclue entre la France et la ville libre et hanséatique de Hambourg pour la garantie réciproque des œuvres d'esprit et d'art.

(23 juin 1856, Échange de ratifications.—8 juillet 1856, Décret impérial qui en ordonne l'exécution en France. — 21 juillet 1856, Promulgation par l'insertion au *Bulletin des lois.*)

S. M. l'empereur des Français d'une part, et le vénérable Sénat de la ville libre et hanséatique de Hambourg, d'autre part, animés d'un égal désir de protéger les sciences et les arts, et d'encourager les entreprises utiles qui s'y rapportent, ont, à cette fin, résolu d'adopter, d'un commun accord, les mesures les plus propres à garantir, dans les deux pays, aux auteurs ou à leurs ayants cause, la propriété des œuvres littéraires ou artistiques publiées pour la première fois en France ou dans la ville libre et hanséatique de Hambourg, et S. M. l'empereur des Français ayant consenti à réduire les droits actuellement appliqués à l'introduction, en France, des livres, gravures, lithographies et compositions musicales publiées à Hambourg ; — S. M. l'empereur des Français et le vénérable Sénat de la ville de Hambourg ont résolu de conclure, dans ce but, une convention spéciale, et ont, à cet effet, nommé pour leurs plénipotentiaires, savoir : S. M. l'empereur des Français, M. ÉDOUARD CINTRAT, officier de l'ordre impérial de la Légion d'honneur, commandeur de l'ordre royal du Danebrog de Danemark, son envoyé extraordinaire et ministre plénipotentiaire auprès des cours grands-ducales de Mecklembourg-Schwérin, Mecklembourg-Strélitz et d'Oldenbourg, et près des villes libres et hanséatiques ; — Et le Sénat de la ville libre et hanséatique de Hambourg, M. Jean-Martin LAPPENBERG, docteur dans les deux facultés, secrétaire et archiviste ; — Lesquels, après s'être communiqué leurs pleins pouvoirs respectifs et les avoir trouvés en bonne et due forme, sont convenus des articles suivants :

ART. 1er. Le droit exclusif des auteurs de publier leurs ouvrages d'esprit ou d'art, tels que livres, écrits, œuvres dramatiques, compositions musicales, tableaux, gravures, lithographies, dessins, travaux de sculpture et autres productions littéraires et artistiques, sera protégé réciproquement dans les deux États, de telle sorte que la réimpression et la reproduction illicites des œuvres publiées primitivement dans l'un d'eux seront assimilées dans l'autre à la réimpression et à la reproduction illicites des ouvrages nationaux ; et dès lors toutes les lois, ordonnances et stipulations aujourd'hui existantes ou qui pourraient, par la suite, être promulguées au sujet du droit exclusif de publication des œuvres littéraires et artistiques, seront applicables à cette contrefaçon. — Les représentants légaux ou les ayants cause des auteurs d'œuvres intellectuelles ou artistiques jouiront, sous tous les rapports, des mêmes droits que les auteurs eux-mêmes.

Art. 2. Les stipulations de l'art. 1er s'appliqueront également à la représentation ou exécution des œuvres dramatiques ou musicales, en tant que les lois de chacun des deux États garantissent ou garantiront par la suite protection aux œuvres susdites, exécutées ou représentées pour la première fois sur les territoires respectifs.

Art. 3. Pour assurer à tout ouvrage intellectuel ou artistique la protection stipulée dans les articles précédents, les auteurs devront établir, au besoin, par un témoignage émanant d'une autorité publique, que l'ouvrage en question est une œuvre originale qui, dans le pays où elle a été publiée, jouit de la protection légale contre la contrefaçon ou réimpression illicite.

Art. 4. L'auteur de tout ouvrage publié dans l'un des deux pays, qui aura entendu réserver son droit de traduction, jouira pendant cinq années, à partir du jour de la première publication de la traduction de son ouvrage, autorisée par lui, du privilége de protection contre la publication, dans l'autre pays, de toute traduction du même ouvrage, non autorisée par lui, et ce, sous les conditions suivantes : — 1º Il faudra que l'auteur ait indiqué en tête de son ouvrage l'intention de se réserver le droit de traduction ; — 2º Ladite traduction autorisée devra avoir lieu, au moins en partie, dans le délai d'un an ; — 3º Pour les ouvrages publiés par livraison, il suffira que la déclaration de l'auteur, qu'il entend se réserver le droit de traduction, soit exprimée dans la première livraison. Toutefois, en ce qui concerne le terme de cinq ans assigné par cet article pour l'exercice du droit privilégié de traduction, chaque livraison sera considérée comme un ouvrage séparé.

Art. 5. L'exposition et la vente de réimpressions et de reproductions illicites des œuvres indiquées dans l'art. 1er sont prohibées dans les deux États, sans qu'il y ait à distinguer si ces réimpressions et reproductions proviennent de l'un des États mêmes, ou de tout autre pays.

Art. 6. Les deux hautes parties contractantes s'engagent à assurer, par tous les moyens en leur pouvoir, l'exécution des stipulations contenues dans les articles précédents, et à faire jouir réciproquement leurs ressortissants de la protection légale assurée aux nationaux. — Les tribunaux de chaque pays auront à décider, d'après la législation existante, la question de contrefaçon ou de reproduction illicite.

Art. 7. La présente convention ne pourra faire obstacle à la publication ou à la vente des réimpressions ou reproductions qui auraient déjà été publiées, introduites ou commandées, en tout ou en partie, dans chacun des deux États, antérieurement à sa publication. — Les deux hautes parties contractantes se réservent de s'entendre sur la fixation d'un délai après lequel la vente de réimpressions et reproductions indiquées dans le présent article ne pourra plus avoir lieu.

Art. 8. Pour faciliter l'exécution de ce traité, les deux hautes parties contractantes se communiqueront respectivement les lois et ordonnances que chacune d'elles aurait ou pourrait, à l'avenir, promulguer pour garantir le commerce légitime contre la réimpression et reproduction illicites.

Art. 9. Les stipulations de ce traité ne sauraient infirmer le droit des deux hautes parties contractantes de surveiller, de permettre ou d'interdire, à leur convenance, par des mesures législatives ou administratives, le commerce, la représentation, l'exposition (*feilhaltung*) ou la vente de reproductions littéraires ou artistiques. — De même, aucune des stipulations de la présente convention ne saurait être interprétée de manière à contester le droit des hautes parties contractantes de prohiber l'importation, sur leur propre territoire, des livres que leur législation intérieure ou des traités avec d'autres États feraient entrer dans la catégorie des reproductions illicites.

Art. 10. Les États germaniques qui seraient disposés à adhérer à la présente convention y seront admis.— Le Gouvernement de la ville libre et hanséatique de Hambourg s'engage à employer ses bons offices pour déterminer, dans le plus bref délai possible, l'accession des autres gouvernements germaniques, et cela, dans la forme qui paraîtra la plus propre à amener ce résultat.

Art. 11. Pendant la durée de la présente convention, le tarif des douanes actuellement appliqué à l'importation légale dans l'Empire français des livres, gravures, lithographies ou œuvres musicales publiés sur le territoire de l'État de Hambourg, sera réduit dans la proportion suivante et établi comme ci-dessous : — 1° Les livres en feuilles brochés, cartonnés ou reliés, almanachs, mémoires scientifiques et autres, imprimés à Hambourg, soit en allemand, soit en langue morte, payeront à leur importation en France, par mer ou par terre, un franc par cent kilogrammes ; — 2° Les compositions musicales, les gravures, lithographies et cartes géographiques publiées à Hambourg, payeront, à leur importation en France, par terre ou par mer, vingt francs par cent kilogrammes. — Il est entendu que le taux de ces droits ne pourra être exhaussé pendant la durée de la présente convention, et que si, avant son expiration, une diminution quelconque de ces droits était consentie en faveur des livres, gravures, lithographies, cartes géographiques ou œuvres musicales, publiés dans un autre pays, cette réduction serait immédiatement étendue aux productions similaires éditées à Hambourg : gratuitement, si la concession a été faite sans conditions, ou moyennant compensation, si elle a été faite à titre onéreux.

Art. 12. Il est convenu que tous les livres, gravures, lithographies (*secchnungen*), œuvres musicales et cartes géographiques, publiés dans l'étendue du territoire de tout autre État allemand qui a conclu ou concluera avec la France une convention littéraire, et qui peuvent être légalement introduits dans l'Empire français, seront considérés à leur importation en France par le commerce hambourgeois, relativement aux taxes de douanes stipulées en l'article 11, comme s'ils avaient été publiés à Hambourg.

Art. 13. Il est encore convenu que les marques de la douane de Hambourg seront communiquées à la douane française, et que tous les livres destinés à être importés en France porteront ces marques, à moins qu'ils ne soient déjà munis d'une marque analogue par la douane des États dont il est mention à l'article précédent.

Art. 14. La présente convention entrera en vigueur immédiatement après l'échange des ratifications, à partir du jour que le Gouvernement de chacun des deux États aura fixé, et les stipulations de cette convention ne s'appliqueront qu'aux œuvres ou objets qui seront publiés après cette époque. — Néanmoins, cette clause ne saurait infirmer les dispositions de l'article 7 (2e paragraphe), concernant la fixation d'un délai après lequel la vente des réimpressions publiées antérieurement à la promulgation du présent traité demeurera interdite.

Art. 15. La présente convention restera en vigueur pendant dix ans, à partir du jour de sa mise à exécution ; et si aucune des deux parties ne déclare avant l'expiration de ces dix années l'intention de dénoncer ladite convention, elle restera en vigueur encore une année, et ainsi de suite d'année en année, jusqu'à l'expiration d'une année après que l'une des parties aura notifié l'intention de la dénoncer. — Cependant les hautes parties contractantes se réservent le droit d'apporter à cette présente convention, après s'être réciproquement entendues, tout changement qui ne serait pas en contradiction avec son esprit et ses principes, et que l'expérience pourrait faire reconnaître nécessaire à son application.

Art. 16. La présente convention sera ratifiée et les ratifications en seront échangées à Hambourg dans le délai de six semaines, ou plus tôt si faire se peut, à partir du jour de la signature. — En foi de quoi, les plénipotentiaires respectifs ont signé la présente convention, et y ont apposé le sceau de leurs armes.

Fait à Hambourg, le deuxième jour du mois de mai de l'année 1856.

(L. S.) *Signé* : Ed. Cintrat.

(L. S.) *Signé* : M. Lappenberg.

DÉCRET DU 29 SEPTEMBRE 1856

Fixant les droits, à l'importation licite, par terre ou par mer, dans le territoire de l'empire, des livres, brochures, estampes, gravures, lithographies et musique imprimés à Hambourg.

Napoléon, etc., — Sur le rapport de notre ministre secrétaire d'État au département de l'agriculture, du commerce et des travaux publics ; —

Vu l'article 11 du traité littéraire conclu avec Hambourg, le 2 mai 1856 [1];
— Vu l'article 18 de la convention signée à Dresde le 19 mai suivant [2]; —
Vu l'article 6 de la Constitution de l'empire, avons décrété et décrétons ce
qui suit :

Art. 1ᵉʳ. Les droits à l'importation licite, par terre ou par mer, dans
le territoire de l'empire, des livres, brochures et mémoires scientifiques,
brochés, cartonnés ou reliés, imprimés à Hambourg, sont fixés aux taux
ci-après, savoir :

Pour les ouvrages en langue française. . . . . 20 fr. par 100 kilogr.

Pour les ouvrages en langue vivante ou morte.   1 »   id.

Les estampes, gravures, lithographies, cartes
géographiques ou marines et la musique publiées
à Hambourg, continueront à acquitter le droit de   20 »   id.

Art. 2. Nos ministres secrétaires d'Etat au département de l'agriculture,
du commerce et des travaux publics, et au département des finances,
sont chargés, chacun en ce qui le concerne, de l'exécution du présent
décret.

Fait à Biaritz, le 29 septembre 1856.   NAPOLÉON.

Par l'Empereur :
Le Ministre secrétaire d'Etat au département de l'agriculture,
du commerce et des travaux publics,
E. ROUHER.

CONVENTION DES 4 ET 6 JUILLET 1856

*Conclue entre la France et le grand-duché de Luxembourg
pour la garantie réciproque de la propriété des œuvres d'esprit et d'art.*

(26 novembre 1856, échange des ratifications. — 1ᵉʳ décembre 1856, décret impérial qui
en ordonne l'exécution en France.— 6 décembre 1856, promulgation par l'insertion au
Bulletin des Lois, XIᵉ S. B. 447, n° 4151.)

S. M. l'empereur des Français et S. M. le roi des Pays-Bas, grand-duc
de Luxembourg, également animés du désir de protéger les sciences et les
arts, et d'encourager les entreprises utiles qui s'y rapportent, ont, à cette
fin, résolu d'adopter, d'un commun accord, les mesures les plus propres
à garantir, dans les deux pays, aux auteurs ou à leurs ayants cause, la
propriété des œuvres littéraires ou artistiques publiées pour la première
fois en France ou dans le grand-duché de Luxembourg. — Dans ce but,
ils ont nommé pour leurs plénipotentiaires, savoir : S. M. l'empereur des
Français, le sieur *Jean-Marie-Armand,* baron *d'André,* commandeur de

[1] V. *suprà,* p. 22.
[2] V. *suprà,* p. 12.]

l'ordre impérial de la Légion d'honneur, grand-croix de l'ordre pontifical de Saint-Grégoire le Grand, commandeur de l'ordre royal de François Ier de Naples, chevalier des ordres de Saint-Maurice et de Saint-Lazare de Sardaigne, et de Léopold de Belgique, son envoyé extraordinaire et ministre plénipotentiaire près S. M. le roi des Pays-Bas ; — Et S. M. le roi des Pays-Bas, grand-duc de Luxembourg, le sieur *Mathias Simons*, administrateur général des affaires étrangères, président du Conseil de gouvernement du grand-duché de Luxembourg, commandeur des ordres du Lion-Néerlandais et de la Couronne de Chêne, chevalier de l'ordre de l'Aigle-Rouge de Prusse, deuxième classe ; — Lesquels, après s'être communiqué leurs pleins pouvoirs respectifs, trouvés en bonne et due forme, sont convenus des articles suivants :

ART. 1er. Le droit exclusif des auteurs de publier leurs ouvrages d'esprit ou d'art, tels que livres, écrits, œuvres dramatiques, compositions musicales, tableaux, gravures, lithographies, dessins, travaux de sculpture et autres productions littéraires et artistiques, sera protégé également dans les deux États, de telle sorte que la protection accordée en France, par le décret du 28 mars 1852 [1], aux ouvrages publiés dans le grand-duché de Luxembourg, sera également accordée, d'après les termes de la loi promulguée dans le grand-duché, sous la date du 25 janvier 1817 [2], aux ouvrages publiés en France. — Les représentants légaux ou les ayants cause des auteurs d'œuvres littéraires ou artistiques jouiront, dans la même mesure, de la protection qui leur est accordée par ces lois.

ART. 2. Les stipulations de l'article 1er s'appliqueront également à la représentation ou exécution des œuvres dramatiques ou musicales, en tant que les lois de chacun des deux États garantissent ou garantiront par la suite protection aux œuvres susdites, exécutées ou représentées pour la première fois sur les territoires respectifs.

ART. 3. Pour assurer à tous ouvrages littéraires ou artistiques la protection stipulée dans les articles précédents, il suffira que leurs auteurs établissent au besoin, par un témoignage émanant d'une autorité publique, que l'ouvrage en question est une œuvre originale qui, dans le pays où elle a été publiée, jouit de la protection légale contre la contrefaçon ou réimpression illicite. — Les hautes parties contractantes se réservent de désigner les autorités publiques des deux États qui seront compétentes pour l'expédition de tels témoignages d'originalité.

ART. 4. L'exposition et la vente de réimpressions et reproductions illicites des œuvres indiquées dans l'article 1er sont prohibées dans les deux États, sans qu'il y ait à distinguer si ces réimpressions ou reproductions proviennent de l'un des États mêmes, ou de tout autre pays.

[1] V. *Code international*, p. 67.
[2] V. *Code international*, *Pays-Bas*, p. 270.

Art. 5. Les deux hautes parties contractantes s'engagent à assurer, par tous les moyens en leur pouvoir, l'exécution des stipulations contenues dans les articles précédents, et à faire jouir réciproquement leurs ressortissants de la protection légale assurée aux nationaux. — Les tribunaux de chaque pays auront à décider, d'après la législation existante, la question de contrefaçon ou de reproduction illicite.

Art. 6. La présente convention ne pourra faire obstacle à la libre continuation de la vente, dans les États respectifs, des ouvrages qui auraient été publiés en contrefaçon avant la mise en vigueur de ladite convention, à la condition, pour le vendeur, de faire revêtir d'un timbre spécialement affecté à cette destination et apposé par le gouvernement, sans frais et gratuitement, chaque exemplaire de ces contrefaçons restées dans ses mains, dans un délai de trois mois à dater de la ratification et de la publication de la présente convention. Passé ce délai, tout exemplaire contrefait d'un ouvrage d'esprit ou d'art publié dans l'un ou l'autre pays, qui ne serait pas revêtu du timbre susmentionné, sera considéré comme ayant été publié en fraude, et pourra donner lieu à l'application de toutes les dispositions pénales ou autres stipulées dans la présente convention, en matière de contrefaçon littéraire ou artistique.

Art. 7. Pour faciliter l'exécution de ce traité, les deux hautes parties contractantes se communiqueront respectivement les lois et ordonnances que chacune d'elles aurait promulguées ou pourrait, à l'avenir, promulguer pour garantir le commerce légitime contre la réimpression et reproduction illicites.

Art. 8. Les stipulations de ce traité ne sauraient infirmer le droit des hautes parties contractantes de surveiller, de permettre ou d'interdire, à leur convenance, par des mesures législatives ou administratives, le commerce, la représentation, l'exposition ou la vente de productions littéraires et artististiques. — De même, aucune des stipulations de la présente convention ne saurait être interprétée de manière à contester le droit des hautes parties contractantes de prohiber l'importation, sur leur propre territoire, des livres que leur législation intérieure ou des traités avec d'autres États feraient entrer dans la catégorie des reproductions illicites.

Art. 9. La présente convention aura force et vigueur pendant dix ans, à partir du jour où ses ratifications auront eu lieu, et dans le cas où aucune des deux parties n'aurait signifié, douze mois avant l'expiration de ladite période de dix années, son intention d'en faire cesser les effets, la convention continuera à rester en vigueur encore une année, et ainsi de suite, d'année en année, jusqu'à l'expiration d'une année à partir du jour où l'une ou l'autre des parties l'aura dénoncée.

Art. 10. La présente convention sera ratifiée et l'échange des ratifications aura lieu dans le délai de deux mois, au plus tard. — Après l'échange des ratifications, le présent traité sera publié par les deux hautes parties contractantes, aussitôt que possible, et il sera mis en vigueur après la publication accomplie dans les deux États.— Fait en double original et signé à La Haye, le sixième jour du mois de juillet de l'an de grâce 1856, et à Luxembourg, le quatrième jour du même mois.

(*L. S.*) Signé baron D'ANDRÉ.

(*L. S.*) Signé SIMONS.

Observations. Cette convention, conclue avec le roi des Pays-Bas comme grand-duc de Luxembourg, diffère sur plusieurs points de celle conclue le 29 mars 1855 avec le même souverain pour ses autres États. — Ainsi, bien que cette dernière contienne dans son intitulé une énonciation qui paraît être devenue de style, et portant qu'elle a été conclue pour *la garantie réciproque des œuvres d'esprit et d'art*, elle ne s'applique en réalité qu'aux œuvres scientifiques et littéraires [1]. La convention spéciale au grand-duché de Luxembourg, que nous donnons aujourd'hui, s'étend, en outre, aux productions artistiques, aux compositions musicales, et au droit de représentation des œuvres dramatiques. Sous ce point de vue donc, elle est beaucoup plus large que la précédente. Mais, par contre, il est à remarquer qu'elle omet complétement de s'expliquer sur le droit de traduction, qui, par cela même, reste dans le droit commun. Or, nous avons déjà eu occasion de signaler les difficultés aussi graves que nombreuses auxquelles peut donner lieu l'exercice du droit de traduction, qui, en principe, ne nous paraît être qu'un simple démembrement de la propriété littéraire. Nous ne pouvons à cet égard que renvoyer à notre article du 28 mars dernier [2].

Il est une seconde omission que nous devons signaler et qui, bien que beaucoup plus grave au premier abord, ne nous paraît pas devoir, dans l'application, entraîner de différence essentielle entre les deux conventions. Celle conclue avec les Pays-Bas contient, en effet, une disposition analogue à celle qui avait déjà été insérée dans la convention de 1854 avec le duché de Bade, et ainsi conçue : « Il est bien entendu toutefois que les droits à « exercer réciproquement dans l'un ou l'autre pays, relativement « aux ouvrages ci-dessus mentionnés, ne pourront être plus « étendus que ceux qu'accorde la législation du pays auquel l'au- « teur ou son ayant cause appartient. » Cette clause importante

[1] V. *Code international*, p. 272.

[2] *Annales*, 1856, art. 6, p. 65.

ne se trouve pas dans la convention avec le Luxembourg. Mais, outre que l'on peut soutenir avec quelque fondement, ainsi que nous l'avons déjà fait remarquer à l'article précité, qu'elle doit être sous-entendue dans la plupart des conventions réglant l'exercice des droits de propriété littéraire et artistique d'Etat à Etat, l'article 3 de la convention spéciale au Luxembourg nous paraît avoir virtuellement le même résultat. Il y est dit, en effet, que pour assurer à leurs œuvres la protection stipulée aux articles précédents, il suffira que les auteurs établissent au besoin, par un témoignage émanant d'une autorité publique, que l'ouvrage en question est une œuvre originale qui, dans le pays où elle a été publiée, jouit de la protection légale contre la contrefaçon ou réimpression illicite [1]. Sans doute cet article a eu principalement en vue de suppléer, par une attestation des autorités du lieu de publication, à la formalité d'une seconde déclaration et d'un dépôt spécial dans l'autre pays. Mais néanmoins, comme *au besoin*, c'est-à-dire en cas de contestation, les auteurs ou leurs ayants cause pourront être tenus de fournir un témoignage constatant que leur œuvre constitue une propriété privée au lieu de publication, cette preuve leur fera défaut si, au moment de l'accomplissement du fait donnant ouverture à l'action, l'œuvre était tombée dans le domaine public. En réalité donc, les auteurs et artistes des pays respectifs ne pourront revendiquer le bénéfice de la législation locale qu'autant qu'ils seront à même de justifier avoir encore chez eux la plénitude de leurs droits.

Remarquons en terminant que la convention ne soumet pas les envois réciproques de livres, estampes, cartes et musique à la formalité du certificat d'origine, mais M. Grimond émet, dans le *Courrier de la librairie*, l'opinion qu'en l'absence de stipulation contraire les ouvrages en langue française importés du grand-duché de Luxembourg en France devront, comme par le passé, être accompagnés de cette pièce, conformément aux prescriptions en vigueur de l'article 8 de la loi du 6 mai 1841.

PATAILLE.

---

[1] Le même article se retrouve dans la convention du 2 mai 1856 avec Hambourg. V. *suprà*, p. 21.

Décret du 31 janvier 1857,

Désignant le bureau par lequel pourront être importés, pour l'acquittement des droits et pour le transit, les ouvrages d'art ou d'esprit publiés dans le grand-duché de Luxembourg.

NAPOLÉON, etc. — Sur le rapport de notre ministre secrétaire d'Etat au département de l'agriculture, du commerce et des travaux publics ;— Vu la convention littéraire et artistique conclue entre la France et le grand-duché de Luxembourg, et promulguée par le décret du 1er décembre 1856, —Avons décrété et décrétons ce qui suit :

Art. 1er. Les ouvrages d'art ou d'esprit publiés dans le grand-duché de Luxembourg, et qui se trouvent mentionnés dans l'art. 1er de la convention précitée, pourront être importés, soit pour l'acquittement des droits, soit pour le transit, par le bureau d'Evrange.

Art. 2. Nos ministres secrétaires d'Etat au département de l'agriculture, du commerce et des travaux publics, de l'intérieur et des finances, sont chargés, chacun en ce qui le concerne, de l'exécution du présent décret.

Fait au palais des Tuileries, le 31 janvier 1857.

NAPOLÉON.

Par l'Empereur :

Le ministre secrétaire d'État au département de l'agriculture, du commerce et des travaux publics,

E. ROUHER.

LÉGISLATION DE BUENOS-AYRES

SUR LES BREVETS D'INVENTION, DE PERFECTIONNEMENT ET D'IMPORTATION.

(Loi sanctionnée par le Sénat, le 13 octobre 1855, et adressée, le 15 du même mois, par le président du Sénat au Pouvoir exécutif.)

Le Sénat et la Chambre des représentants de l'Etat de Buenos-Ayres, réunis en assemblée générale, ont sanctionné, pour leur donner valeur et force de loi, les dispositions suivantes :

1. Le pouvoir exécutif est autorisé à délivrer des brevets d'invention, de perfectionnement ou d'importation, sans garantie de la part du gouvernement de la priorité ni du mérite de l'invention.

2. Seront susceptibles d'être brevetés : 1° l'invention de nouveaux produits industriels; 2° l'invention de nouveaux moyens ou l'application nouvelle de moyens connus pour l'obtention d'un résultat ou d'un produit

industriel ; 3° l'importation nouvelle des inventions spécifiées aux numéros 1 et 2 du présent article.

3. Ne seront pas susceptibles d'être brevetés : 1° les compositions pharmaceutiques ou remèdes de toute espèce, lesdits objets demeurant soumis aux lois et règlements spéciaux sur la matière ; 2° toute idée purement théorique, ne se réalisant pas, sous une forme sensible, dans un objet matériel destiné au commerce ou à l'industrie.

4. Les brevets d'invention ne pourront être accordés pour plus de dix années, et ceux de perfectionnement ou d'importation pour plus de cinq années.

5. Les inventeurs ne pourront retirer les brevets qu'à la charge de payer la somme de cinq cents *pesos*[1], monnaie courante, et les inventeurs de perfectionnements ou les importateurs, celle de mille *pesos*, sans préjudice des droits de patente auxquels sont assujetties, d'après la loi fiscale, les industries qu'ils exercent.

6. Demeureront sans valeur ni effet les brevets accordés dans les cas suivants : 1° s'il est constaté que l'invention était déjà connue, perfectionnée, importée ou décrite dans quelque livre imprimé, suivant les circonstances ; 2° s'il s'est écoulé une année sans qu'il y ait eu exploitation ni usage du brevet d'invention, de perfectionnement ou d'importation ; 3° si le breveté laisse passer six mois, depuis l'obtention du brevet, sans le retirer ; 4° si dans sa description il a dissimulé les véritables moyens d'exécution, ou si, dans la fabrication, il se sert de moyens secrets, qui ne se trouvent pas détaillés dans la description ; 5° si le brevet a été obtenu pour un objet que les tribunaux jugeaient contraire aux lois, à la sûreté publique ou aux règlements de police.

7. Le brevet confère à celui qui l'obtient le droit exclusif de vendre l'objet breveté.

8. Les contestations qui s'élèveront au sujet des brevets d'invention, de perfectionnement ou d'importation, seront jugés et décidés par le tribunal consulaire, comme les autres affaires de sa compétence.

9. Le pouvoir exécutif est autorisé à établir les bureaux et registres qu'il jugera nécessaires, pour exiger des inventeurs ou importateurs un modèle ou échantillon de l'objet du brevet d'invention, de perfectionnement ou d'importation, ainsi qu'une description suffisante et claire du moyen d'exécution, afin qu'à l'expiration du brevet, le domaine public puisse entrer en jouissance du système et des procédés.

10. Le pouvoir exécutif est également autorisé à déterminer par règlement les formalités et mesures qui lui paraîtront nécessaires pour l'exécution de la présente loi.

Observations. Cette loi vient compléter l'ensemble des lé-

---

[1] Le *pesos* vaut 5 francs 30 cent. de notre monnaie.

gislations américaines dont nous avons fait connaître toutes les dispositions importantes en matière de brevets d'invention et de propriété littéraire [1].—Contrairement à la loi française, dont elle reproduit textuellement un assez grand nombre d'articles, cette loi conserve les brevets d'importation et les brevets de perfectionnement, et elle en fait même une classe à part quant à la durée et à la taxe. — Ainsi les brevets d'invention peuvent être obtenus pour dix années, moyennant 500 pesos seulement, tandis que les brevets de perfectionnement et d'importation ne peuvent pas avoir une durée de plus de cinq années et coûtent 1,000 pesos. C'est là une disposition toute nouvelle, qui a évidemment pour but d'empêcher un trop grand développement de ces sortes de brevets que le législateur considère comme ne méritant pas, au même degré, les encouragements de la loi. Ce n'est que par l'application et les résultats que l'on pourra apprécier si cette mesure atteint, sans le dépasser, le but que l'on s'est proposé ; signalons seulement une lacune dans la loi. Outre qu'elle ne s'explique pas sur ce que l'on doit entendre par perfectionnement ou amélioration, et qu'elle ne réserve pas au premier breveté un droit de préférence sur les perfectionnements qui se produisent dans un certain délai, elle omet de limiter les droits de ceux qui prennent des brevets de perfectionnement pour des objets déjà brevetés. Mais nous n'hésitons pas à penser que c'est là une disposition qui se supplée d'elle-même, et qu'en permettant à chacun de se faire breveter pour des perfectionnements, le législateur n'a pas entendu pour cela donner au nouveau breveté le droit exorbitant d'exploiter l'invention principale, qui serait encore protégée par un brevet.

On peut s'étonner également du silence gardé par le législateur à l'égard des étrangers. Mais sur ce point encore nous ne pouvons admettre que l'omission soit l'équivalent d'une négation du droit. — Il nous paraît, au contraire, devoir en ressortir qu'en matière de brevets, les étrangers ont, dans l'État de Buenos-Ayres, les mêmes droits que les nationaux.

<hr>

[1] V., en ce qui touche les brevets d'invention, *le Code international*, savoir : *pour l'Amérique du Nord,* ÉTATS-UNIS, p. 230, et CANADA, p. 200 ; —*pour l'Amérique du Sud,* le BRÉSIL, p. 199 ; le CHILI, p. 201 ; la NOUVELLE-GRENADE, p. 200 ; le PARAGUAY, p. 264, et le PÉROU, p. 276.

Un journal italien, qui s'occupe tout spécialement de la matière des brevets, *l'Inventore*, fait en outre la critique de deux dispositions sur lesquelles il est bon, dans tous les cas, d'appeler l'attention. — La première c'est celle relative à la déchéance prononcée contre celui qui ne retire pas son brevet dans les six mois. On a d'autant plus de peine à s'expliquer cette rigueur que le délai court du jour où le brevet a été concédé (despues de acordata), et que la loi n'indique pas comment l'impétrant sera prévenu de la concession. — La seconde observation critique de M. Louis Bassini, rédacteur de l'article, porte sur la disposition relative au dépôt des modèles et échantillons qui peut être exigé des inventeurs ou importateurs [1]. Nous nous associons pleinement à cette critique. Le dépôt d'un modèle ou échantillon ne doit jamais être, selon nous, qu'une faculté et non une obligation, parce que l'on peut toujours y suppléer par une description complète accompagnée de dessins, et que dans beaucoup de cas le dépôt d'un modèle est, sinon impossible, du moins tellement difficile et coûteux qu'il doit faire renoncer à la prise d'un brevet. Au reste, il ressort du texte que c'est là une simple faculté laissée au pouvoir exécutif, et il y a lieu d'espérer que, dans l'intérêt même de l'industrie, il se départira d'une exigence qui, à nos yeux, équivaudrait le plus souvent à un refus. — Au demeurant, et malgré les imperfections de détail que le pouvoir exécutif a plein pouvoir de corriger par les règlements qu'il est autorisé à faire, cette loi est remarquable par la sagesse de la plupart de ses dispositions et par la clarté de sa rédaction, seulement on pourrait s'étonner de l'élévation de la taxe. Il est peu de pays, en effet, offrant assez de ressources locales et où l'industrie ait pris assez de développement pour que beaucoup d'inventeurs ne se trouvent pas arrêtés par l'obligation de faire une avance aussi considérable que celle de 2,650 fr. pour un brevet d'invention, et de 5,300 fr. pour un brevet d'importation. Mais il faut remarquer que ces chiffres sont en rapport avec le prix des denrées, marchandises et main-d'œuvre du pays, et que l'argent, à Buenos-Ayres, n'a guère que le tiers de la valeur qu'il a en France.

PATAILLE.

---

[1] Le texte espagnol porte : « Para exigir á los inventores ó introductores, una muestra del objecto inventado, meyorado ó introducido. »

LOI BELGE DU 27 MARS 1857,

Modifiant les articles 7 et 22 de la LOI du 24 mai 1854, sur les brevets d'invention.

Léopold, roi des Belges, etc... — Les Chambres ont adopté et nous sanctionnons ce qui suit :

Article unique. — L'article 7 de la loi du 24 mai 1854 est remplacé par la disposition suivante :

« Le brevet sera joint à la requête, laquelle contiendra élection de domicile dans la commune où doit avoir lieu la description. Les experts nommés par le président prêteront serment entre ses mains, ou entre celles du juge de paix à ce spécialement autorisé par lui, avant de commencer leurs opérations. »

L'art. 22 de la même loi est remplacé par les dispositions suivantes :

« Lorsque la taxe fixée à l'article 5 de la loi du 24 mai 1854 n'aura pas été payée dans le mois de l'échéance, le titulaire, après avertissement préalable, devra, sous peine d'être déchu des droits que lui confère son titre, acquitter avant l'expiration des six mois qui suivront l'échéance, outre l'annuité exigible, une somme de 10 fr. Les titulaires de brevets accordés depuis la mise en vigueur de la loi précitée qui n'auraient pas payé dans le délai légal les annuités exigibles, conformément à l'article 5 de cette loi, seront relevés de la déchéance encourue, en payant dans les trois mois de la publication de la présente loi, outre les annuités exigibles, une somme de 10 fr. — La déchéance des brevets sera rendue publique par la voie du *Moniteur*. — Il en sera de même lorsque, en vertu des dispositions qui précèdent, le breveté aura été, sur sa demande, relevé de la déchéance. »

Promulguons la présente loi, ordonnons qu'elle soit revêtue du sceau de l'Etat et publiée par la voie du *Moniteur*.

Donné à Laeken, le 27 mars 1857, LÉOPOLD.

Vu et scellé du sceau de l'Etat : Par le roi :

 Le ministre de la justice, Le ministre de l'intérieur,

  Alph. Nothomb.   P. de Decker.

Observations. La modification apportée par cette loi à l'article 7 de la loi du 24 mai 1854[1] a pour but d'éviter des lenteurs souvent préjudiciables aux intérêts des plaignants, et des frais de déplacement inutiles, en permettant au président qui autorise, conformément à l'article 6, la description d'objets prétendus contrefaits, de déléguer un juge de paix pour recevoir le serment des experts. Quoique d'une utilité incontestable, cette disposition n'a

[1] V. cette loi et le texte des articles modifiés, *Code international*, vᵒ Belgique, p. 164.

qu'une importance secondaire, et le grand intérêt de la loi repose sur la modification importante apportée à l'article 22.

Cet article déclarait les brevets nuls de plein droit, en cas de non-acquittement de la taxe, dans le mois de l'échéance. Or, quoique, moins rigoureux que l'article 32 de notre loi, il donnât un mois de grâce après l'échéance du terme, un grand nombre de brevetés ne s'y étant pas conformés, et s'étant ainsi placés dans le cas d'une déchéance absolue, le gouvernement belge a présenté aux Chambres un projet de loi qui avait tout à la fois pour but de rendre la loi de 1854 moins rigoureuse pour l'avenir, et de permettre aux brevetés qui avaient encouru la déchéance de s'en faire relever, en payant dans les trois mois de la publication de la loi une somme égale au double des annuités exigibles. Cette loi a donné lieu à une discussion intéressante à la Chambre des représentants : et comme elle a subi dans sa rédaction des changements assez importants, nous avons prié M. E. Oulif, avocat distingué de Bruxelles, qui a des connaissances toutes spéciales dans ces matières, de vouloir bien relever dans cette discussion tout ce qui pourrait servir à éclairer l'esprit et la portée de la loi. — Nous extrayons du travail qu'il nous a adressé les documents et appréciations qui suivent.

Le projet du gouvernement était ainsi conçu :

Lorsque la taxe fixée à l'article 3 de la loi du 24 mars 1854 n'aura pas été payée dans le mois de l'échéance, le titulaire devra, sous peine de nullité de plein droit de son titre, acquitter avant l'expiration des six mois qui suivront l'échéance une somme égale au double de l'annuité exigible.

Les titulaires des brevets accordés depuis la mise en vigueur de la loi qui n'auraient pas payé, dans le délai légal, les annuités exigibles, conformément à l'article 3 de cette loi, seront relevés de la déchéance encourue, sans préjudice des droits acquis des tiers, en payant dans les trois mois de la publication de la présente une somme égale au double des annuités exigibles. — Cette disposition est également applicable aux brevetés anciens, dont les titres ont été placés sous le régime de la loi du 24 mai 1854.

Ce projet, présenté à la Chambre des représentants dans la séance du 5 novembre 1856, était accompagné d'un exposé de motifs dans lequel nous relevons le passage suivant :

Tout en maintenant à la loi la garantie d'exécution dont elle a besoin, on pourrait mitiger, semble-t-il, ce que la disposition de l'article 22 offre de trop rigoureux. Le moyen le plus convenable serait de ne pas frapper de nullité absolue le brevet dont le titulaire négligerait d'acquitter la taxe dans le mois de l'échéance, mais de sanctionner par une pénalité l'obligation du payement régulier, en fixant toutefois un délai suffisant après lequel il ne pourrait plus être opéré. — Tel est le but du projet de loi dont l'effet sera également applicable au passé, avec réserve cependant des droits acquis des tiers.

La section centrale de la Chambre des représentants, chargée d'examiner ce projet de loi, reconnut en principe la nécessité de modifier les dispositions de la loi de 1854; mais elle pensa qu'il fallait, comme le fait la loi française. distinguer entre la nullité et la déchéance du brevet; qu'ainsi, en cas de non-payement de la taxe, il fallait déclarer non pas les brevets nuls de plein droit, mais les brevetés déchus de leurs droits.

Quant à la question de savoir à quel moment cette déchéance serait encourue, et tout en déclarant qu'elle ne partageait pas la manière de voir de ceux des auteurs français qui admettent que les brevetés ont le droit d'acquitter l'annuité arriérée aussi longtemps que la nullité du brevet n'a pas été prononcée[1], la section conclut cependant à l'admission des dispositions plus indulgentes du projet de loi; elle proposa seulement : 1° de diminuer le chiffre de la pénalité encourue en cas de retard du payement de la taxe; 2° d'établir que l'administration serait tenue de donner aux titulaires qui n'auraient pas fait le versement dans le délai légal un avertissement par lettre chargée; 3° et enfin elle demanda la publication dans le *Moniteur*, tant des brevets déclarés déchus que des brevets relevés de cette déchéance.

Dans la discussion à la Chambre des représentants (séance du 18 février 1857), il fut reconnu que, d'après l'esprit de la loi, la déchéance devait avoir lieu de plein droit après le terme fatal fixé pour les retardataires.

Un membre, en effet, fit ressortir « que, d'après le projet amendé par la section centrale, le défaut de payement de la taxe ne faisait pas encourir la déchéance de plein droit; qu'il autorisait seulement le gouvernement à prononcer la déchéance, de sorte que le breveté pourrait ne pas en subir les conséquences

---

[1] C'est la jurisprudence contraire qui a prévalu. V. art. 180 et la note, *Annales*, 1857, p. 147.

s'il payait avant que l'arrêté prononçant la déchéance ne fût inséré au *Moniteur;* qu'au contraire, d'après le projet du gouvernement, la déchéance avait lieu de plein droit par la seule expiration du terme, sans qu'il fût besoin de mise en demeure ultérieure. » —Il proposa en conséquence la rédaction suivante : « Lorsque la taxe fixée à l'article 3 de la loi du 24 mai 1854 n'aura pas été payée dans le mois de l'échéance, le titulaire... devra, sous peine d'être déclaré déchu de plein droit des avantages que lui confère son titre, etc. »

Cette proposition fut écartée comme inutile, sur l'observation du ministre, qui demanda seulement la suppression du mot *déclaré* introduit dans le projet de la section centrale. — Cette suppression fut mise aux voix et adoptée. — On supprima également les mots : *par lettre chargée à la poste,* dans la disposition relative à l'avertissement à donner aux brevetés. Cette dernière suppression fut motivée sur ce que c'était là un détail purement administratif.

Le projet ainsi modifié fut adopté à l'unanimité, et renvoyé au sénat. — Or, des explications données par le ministre au sénat (séance du 24 mars 1857), en réponse aux interpellations qui lui furent faites, il ressort que le délai de six mois accordé pour le payement de l'annuité exigible court du jour de l'échéance et non de celui de l'avertissement, de telle sorte que si le gouvernement négligeait de donner cet avertissement, le breveté n'en serait pas moins déchu de ses droits ; enfin, il fut bien entendu que cette déchéance serait prononcée par le gouvernement.

Le sénat ayant accepté la loi sans y apporter aucun amendement, elle fut promulguée le 27 mars 1857, et publiée dans le *Moniteur* le 2 avril suivant.

Remarquons, en terminant, que, bien que dans la loi on ne trouve plus énoncé, comme dans le projet primitif du gouvernement, que l'on ne pourrait être relevé de la déchéance encourue que sans préjudice des droits des tiers, ce principe n'en est pas moins resté intact. Il est hors de doute que tous les faits posés par des tiers, en opposition aux droits du breveté, durant le temps de cette nullité ou déchéance, doivent rester inattaquables, et que dans tous les cas ce n'est que du jour où le breveté a reconquis ses droits qu'il peut les exercer.   E. Oulif.

LÉGISLATION SUÉDOISE.

Ordonnance royale du 19 août 1856, concernant les brevets d'invention.

(Exécutoire depuis le 1er octobre 1856.)

Nous OSCAR, par la grâce de Dieu, roi de Suède, de Norwége, des Goths et des Vandales, savoir faisons : Que sur la demande respectueuse qui nous a été présentée par les États du royaume relativement à divers changements à faire à l'ordonnance du 13 décembre 1834, concernant les brevets d'invention, et conformément au projet fait sous l'influence de l'expérience acquise et présenté par notre collége du commerce, et après examen convenable, nous avons jugé à propos, par cette nouvelle ordonnance, de fixer le mode à suivre et les conditions à remplir pour obtenir une *patente* ou lettre d'autorisation donnant la faculté d'exploiter exclusivement pendant un temps déterminé les nouvelles inventions industrielles et artistiques, et leurs perfectionnements. En conséquence, nous avons arrêté ce qui suit :

§ 1er. — Le brevet donne à son possesseur, pour la période de temps qui a été fixée, le droit exclusif d'exploiter, seul ou par d'autres, dans tout le royaume, son invention, de faire les fabrications mentionnées dans le brevet, de les mettre en vente, en se conformant aux lois concernant la fabrication et la vente des marchandises, sans être obligé toutefois, pour jouir de ce droit, d'acquérir la maîtrise et le droit de bourgeoisie. — Le brevet doit être considéré comme la propriété légale du breveté ; c'est pourquoi il peut être transmis, par héritage et par toute espèce de traité légal, à une autre personne, avec le droit que possédait le breveté.

§ 2. — On peut obtenir un brevet : — 1° Pour des inventions nouvelles concernant l'industrie ou les arts ; — 2° Pour des perfectionnements apportés à des inventions plus anciennes du même genre, toutefois sans empiéter sur des brevets accordés antérieurement.

Il ne sera pas accordé de brevet pour les préparations médicinales ou pour les inventions dont l'usage serait évidemment contraire aux lois existantes, à la sécurité publique ou aux bonnes mœurs. — Personne ne pourra non plus obtenir, moyennant un brevet, le droit exclusif d'employer un nouveau *principe*, mais seulement de faire usage de la manière et du moyen de s'en servir pour une invention nouvelle, indiquée et décrite par la personne qui demande le brevet.

§ 3. — Le brevet est accordé au moins pour trois ans, et au plus pour quinze ans, suivant la nature ou l'importance de l'invention.

§ 4. — L'inventeur, qu'il soit Suédois ou étranger, peut seul, en se conformant à ce qui précède, obtenir un brevet.

§ 5. — Si un inventeur a obtenu un brevet pour son invention à l'étranger, et si, par cette raison, il a été obligé de faire connaître publiquement les procédés qu'il emploie afin de prévenir toute erreur, il n'en pourra pas moins obtenir dans notre royaume un brevet pour un certain temps, selon le paragraphe 3, mais qui ne pourra se prolonger au delà de l'époque déterminée dans le brevet obtenu en pays étranger.

§ 6. — L'inventeur qui désire un brevet en fait la demande à notre collège du commerce, et y joint, en même temps que l'annonce de l'invention dont il s'agit, une explication nette, indiquant jusqu'à quel point cette invention est nouvelle, ou si elle est le perfectionnement d'une invention déjà exploitée ; il dira aussi pour combien de temps il désire jouir du droit que le brevet lui accorde. Il y joindra une description exacte de son invention, des procédés employés, ainsi que des dessins exacts, ou des modèles, quand cela sera nécessaire. Cette description et ces dessins doivent être remis au collège du commerce, sous enveloppe cachetée, laquelle ne sera ouverte qu'au moment où l'on s'occupera de l'examen de la demande du brevet, après quoi ils seront conservés dans le collège du commerce, afin d'être à la disposition de ceux qui désireront en prendre connaissance.

Si le demandeur ne peut remettre immédiatement une description complète de son invention, il l'annoncera dans sa demande. Le collège du commerce accorde alors au demandeur, par l'extrait du protocole qui doit être publié dans l'affiche, un délai d'un mois à partir du jour de l'affichage, pour remettre cette description, et diffère pendant ce temps sa décision relativement au brevet. — Si l'inventeur ne remet pas la description dans cet intervalle, sa demande est considérée comme non avenue, ce qui n'empêche pas le demandeur de présenter au collège du commerce une nouvelle demande pour la même invention.

La demande de brevet, dont il s'agit dans cet article, doit, si le demandeur n'habite pas dans le royaume, être remise par un mandataire établi en Suède, qui indiquera son nom et son domicile au collège du commerce, afin que celui-ci puisse les inscrire. Ce mandataire, si la demande doit être examinée, remettra en outre au collège du commerce la procuration écrite que lui aura donnée le demandeur, afin de parler et répondre en son nom au sujet de tout ce qui concerne son brevet.

§ 7. — Quand tous les actes indiqués dans l'article précédent ont été remis au collège du commerce, celui-ci examine l'affaire et délivre, s'il n'y a pas empêchement, le brevet demandé. Dans ce brevet doivent être mentionnés les principaux passages de la demande de l'inventeur ; la description donnée, avec renvois aux dessins et modèles, s'il en a présenté ; la durée du brevet ; le droit concédé par ce brevet, et les obligations imposées au breveté pour jouir des droits que lui donne son brevet. Le brevet contiendra, en outre, la déclaration qu'il ne doit pas être considéré comme donnant la certitude que l'invention est nouvelle, ou qu'on peut l'exploiter avec avantage.

§ 8. — Si deux ou plusieurs demandes de brevet sont présentées pour des inventions du même genre, le brevet sera accordé à la première qui aura été remise au collége du commerce avec les actes complets qui doivent accompagner ces demandes.

§ 9. — Quand le brevet est prêt à être remis au breveté, on doit le faire connaître par une affiche posée dans la pièce extérieure du collége du commerce. Le brevet est daté du jour où cette formalité a été remplie, et sa durée compte de ce jour.

§ 10. — Le breveté est tenu : — 1° De donner connaissance publiquement de son brevet, en le faisant insérer en entier, trois fois, dans le journal officiel : *Post och Inrikes tidningar* (Nouvelles des postes et de l'intérieur). Cette publication doit être faite dans l'espace de deux mois, à partir du jour où le brevet a été affiché. — 2° De faire savoir dans le courant de deux années au collége du commerce, si l'invention brevetée est en pleine exploitation. Ce laps de temps peut cependant être limité à une année par le collége du commerce, comme aussi, sur demande à lui adressée, il peut le prolonger au plus jusqu'à quatre années, si la nature et le développement de l'invention y donnent lieu. — 3° De donner l'assurance chaque année, pendant toute la durée du brevet, que l'invention brevetée continue à être exploitée.

§ 11. — Si le breveté désire transmettre son brevet à une autre personne, il l'annonce au collége du commerce qui donnera une résolution à ce sujet ; il instruira le nouveau breveté des obligations qu'il a à remplir pour conserver ses droits. — Si cette transmission de brevet est faite à une personne établie hors du royaume, elle doit indiquer un fondé de pouvoir, en la manière indiquée dans l'article 6.

§ 12. — Si un brevet a été accordé à une invention d'une nature quelconque exploitée déjà par une personne brevetée ou autre dans le royaume ; ou bien si le breveté a donné une description fausse, ou tellement incomplète des moyens et procédés employés par lui dans l'exploitation de son invention qu'elle ne puisse servir pour juger la nature vraie de l'invention, ou si le breveté s'est présenté faussement comme l'inventeur ; si une invention brevetée peut être nuisible à la sécurité ou à la salubrité publique ; si elle contient quelque chose de contraire aux mœurs ; alors tout individu qui croit son droit lésé par ce brevet, ou se pose en accusateur public quand le bien public l'exige, peut attaquer le brevet accordé devant le tribunal du domicile du breveté, ou, si celui-ci habite l'étranger, de son fondé de pouvoir ; et le tribunal, dans le cas où l'une des circonstances ci-dessus se trouverait justifiée, déclarera le brevet annulé. — Dans ce cas, un exemplaire de l'arrêt est envoyé immédiatement au collége du commerce, qui, lorsque l'arrêt a acquis force de loi, doit agir conformément à l'article 6.

§ 13. — Si le breveté, après avoir reçu son brevet, prétend qu'une autre personne exploite illégalement l'invention brevetée, il l'assignera devant le tribunal de sa juridiction pour justifier son dire. Si le breveté peut prouver qu'on empiète sur son droit, de la manière indiquée par lui, la personne qui lui a causé ce préjudice payera une amende, la première fois, de 100 à 200 riksdalers monnaie du royaume [1], et, dans le cas de récidive, de 200 à 400 riksdalers, même monnaie, en donnant chaque fois une indemnité complète au breveté pour le dommage à lui causé ; une moitié de l'amende est remise au breveté, qui a seul le droit d'intenter un procès de ce genre ; l'autre moitié est donnée aux pauvres de la paroisse du condamné. — Dans le cas où le condamné n'aurait pas le moyen de payer l'amende, cette peine serait changée en prison simple, conformément aux bases indiquées dans la loi, pour les changements de ce genre.

§ 14. — Si, lors d'une accusation d'empiétement des droits d'un breveté portée devant le tribunal, il se trouvait que l'invention pour laquelle un brevet a été accordé était connue dans le royaume et exploitée avant la demande du brevet adressée au collége du commerce, ou si le breveté a présenté une description fausse de l'invention, ou tellement incomplète des procédés et moyens employés pour son exploitation, qu'on ne puisse y trouver une direction suffisante pour bien juger de la véritable nature de cette invention, ou si le breveté s'est présenté faussement comme inventeur, le défendeur sera renvoyé des fins de la plainte.

§ 15. — Le droit du breveté s'annule et se perd : — 1° S'il a négligé de remplir l'une des obligations qui lui sont imposées par l'article 10. — 2° Si, par suite de l'accusation mentionnée dans l'article 12, le Tribunal déclare le brevet annulé.

§ 16. — Lorsque le breveté sera déchu de son droit, ou que la durée du brevet sera expirée, le collége du commerce annoncera dans le journal officiel (*Post och Inrikes tidningar*) que la force et l'effet du brevet sont expirés.

§ 17. — Toutes les fois que dans notre ordonnance royale il est question de mois pour la fixation de diverses obligations, ces mois, dans l'application, seront toujours comptés à raison de trente jours.

§ 18. — Cette ordonnance sera en vigueur à partir du 1er octobre prochain, époque à laquelle nos ordonnances royales sur cette matière, du 15 décembre 1834 et du 30 décembre 1841, seront abrogées, toutefois sans annuler la force des brevets accordés ni les plaintes déposées avant sa mise en vigueur au collége du commerce, et qui seront examinées et jugées dans l'ordre suivi, et conformément aux lois en vigueur jusqu'à ce jour.

Que chacun ait à s'y conformer. En foi de quoi nous l'avons signé de notre nom et scellé de notre sceau royal.

Château de Stockholm, 19 août 1856.   OSCAR.

(L. S.) J.-F. FOEHROEUS.

[1] Le riksdaler vaut 1 fr. 75 c. de notre monnaie.

Observations. — Cette ordonnance, remarquable par la clarté et la sagesse de ses dispositions, apporte plusieurs modifications importantes à la législation existante, dont nous avons donné l'analyse au *Code international*, p. 344. Voici le résumé de ses dispositions :

Objets brevetables. — Brevets. — Comme celle de 1834, la nouvelle ordonnance autorise la prise de brevets d'invention ou d'importation pour toutes les découvertes ou les perfectionnements concernant l'industrie et les arts, qui ne sont pas contraires aux lois ou aux mœurs ; mais l'inventeur, quelle que soit sa nationalité, a seul droit à un brevet. Cette disposition, éminemment favorable aux véritables inventeurs, a une très-grande importance pour les brevetés étrangers qui, par cela même, sont seuls admis à prendre des brevets d'importation. L'article 5 a soin d'ajouter que la publicité donnée à l'invention par suite de la prise d'un brevet en pays étranger ne met pas obstacle à l'obtention du brevet en Suède.

Durée. — Aux termes de l'article 3, c'est le collége du commerce qui, en tenant compte autant que possible du désir exprimé par l'inventeur dans sa demande, fixe la durée des brevets dans les limites de trois à quinze années, d'après la nature et l'importance de l'invention, sans que dans aucun cas cette durée puisse, pour les brevets d'importation, excéder celle des brevets étrangers. — Le collége du commerce examine s'il y a lieu à délivrance de brevet, mais sans aucune garantie de la nouveauté ou de l'utilité de l'invention.

Formalités. — Les formalités à remplir pour l'obtention des brevets restent les mêmes. — L'inventeur, soit personnellement, s'il est domicilié en Suède, soit par un mandataire, doit remettre sa demande au collége du commerce, en indiquant quel est l'objet de l'invention et pour combien de temps il désire obtenir une jouissance exclusive. — Il doit y joindre une description exacte et complète avec les dessins nécessaires, en ayant soin de bien spécifier si c'est une invention complétement nouvelle, un simple perfectionnement ou une importation. Cette indication a une très-grande importance, car la fausseté de l'énonciation peut donner lieu à une déclaration de nullité du brevet. — Dans le cas où l'inventeur n'est pas en mesure de remettre sa description au moment où il fait sa demande, il lui est accordé un délai d'un mois. Ce délai passé, s'il n'a pas remis la description, sa demande est considérée comme non avenue, mais il peut en former une nouvelle. — Lorsque l'inventeur ne réside pas dans le royaume, il doit se faire suppléer par un mandataire domicilié en Suède qui joint à la demande la procuration qu'il a reçue à l'effet de *parler* et *répondre* en son nom pour tout ce qui concerne le brevet.

Frais.—Obligations des brevetés.—Déchéances.—La délivrance des brevets n'est soumise à aucune taxe fiscale. Les brevetés ont seulement à supporter les frais d'enregistrement et de publication prescrits par la loi. — Mais ils sont assujettis, pour la conservation de leurs droits, à des déclarations et justifications assez gênantes. Ainsi, ils doivent mettre l'invention en pleine exploitation dans les deux années et faire connaître au collége du commerce qu'ils ont rempli cette obligation. Toutefois le collége du commerce, qui a le droit d'exiger que l'invention soit exploitée dans l'année, peut également, s'il y a lieu, porter le délai d'exploitation à quatre années. — Pendant toute la durée du brevet, les brevetés doivent faire une déclaration analogue tous les ans.

Cessions. — Les brevets sont transmissibles par successions, testaments ou contrats entre vifs. — Lorsqu'on veut céder son brevet, on doit en donner avis au collége du commerce qui délivre une instruction au nouveau titulaire. — Si la transmission est faite à une personne établie hors du royaume, elle doit indiquer un fondé de pouvoirs domicilié en Suède.

Actions en nullité et en contrefaçon. — Toute personne intéressée peut attaquer les brevets délivrés. — De même, les prévenus de contrefaçon peuvent opposer comme exception à l'action tous les moyens de nullité et de déchéance résultant de la loi. — Sous l'ordonnance de 1834, les demandes en nullité et déchéance de brevets étaient soumises à des arbitres. — Elles sont aujourd'hui, comme les actions en contrefaçon, déférées aux tribunaux ordinaires. La contrefaçon entraîne une amende de 175 à 300 fr., dont moitié est remise au breveté, plus des dommages-intérêts proportionnés au préjudice. En cas de récidive, l'amende est doublée. Si le condamné ne peut pas payer l'amende encourue, elle est changée en emprisonnement simple, conformément au droit commun.

J. P.

___

CONVENTION DU 2 JUILLET 1857

Conclue entre la France et le grand-duché de Bade pour la garantie réciproque de la propriété des œuvres d'esprit et d'art.

Echange des ratifications à Carlsruhe, le 20 août 1857. — Promulgation en France par décret impérial du 26 août 1857. — Insertion au *Bulletin des lois*, le 7 septembre, Bull. 537, nº 4913, XIᵉ s.)

S. M. l'empereur des Français et S. A. R. le grand-duc de Bade, également animés du désir d'assurer l'efficacité des dispositions destinées, dans les deux pays, à protéger les œuvres littéraires et artistiques de leurs sujets respectifs contre toute contrefaçon ou reproduction illicite, et voulant, en conséquence, donner aux stipulations de la convention signée à Carlsruhe, le 3 avril 1854 [1], toute l'extension qu'elle comporte pour répondre dans la pratique à leurs mutuelles intentions, ont jugé à propos de conclure, dans ce but, une nouvelle convention, et ont nommé, à cet effet, pour leurs plénipotentiaires, savoir : S. M. l'empereur des Français, le sieur *Hercule* vicomte DE SERRE, officier de son ordre impérial de la Légion d'honneur, grand officier de l'ordre impérial du Medjidié, commandeur des ordres de Léopold d'Autriche, de Charles III d'Espagne et de la Conception de Portugal, etc., etc., son ministre plénipotentiaire près S. A. R. le grand-duc de Bade ; — Et S. A. R. le grand-duc de Bade, le sieur *Guillaume* baron DE MEYSENBUG, chevalier grand-croix de son ordre du Lion de Zaebringen, grand officier de l'ordre impérial de la Légion d'honneur, etc., etc., son ministre d'État au département de la Maison et des affaires étrangères ; — Lesquels, après s'être communiqué leurs pleins pouvoirs, trouvés en bonne et due forme, sont convenus des articles suivants :

ART. 1ᵉʳ. Les auteurs d'ouvrages d'esprit ou d'art publiés pour la première fois dans l'un des deux États, tels que livres, brochures et autres écrits, compositions dramatiques et musicales, œuvres de dessin, de peinture, de sculpture, de gravure, de lithographie, et généralement toute production quelconque du domaine littéraire et artistique, jouiront, dans chacun des deux États réciproquement, des avantages qui y sont ou y seront attribués par la loi à la propriété des ouvrages de littérature et d'art, et y auront la même protection et le même recours légal contre toute atteinte portée à leurs droits que si cette atteinte avait été commise à l'égard d'auteurs d'ouvrages publiés pour la première fois dans le pays même. Il est bien entendu, toutefois, que les droits à exercer réciproque-

___

[1] V. *Code international*, p. 154. — *Bull.* 181, nº 1546, XIᵉ s.

ment dans l'un ou dans l'autre pays, relativement aux ouvrages de littérature et d'art mentionnés dans le présent article, ne pourront être plus étendus que ceux qu'accorde ou accorderait par la suite la législation du pays auquel l'auteur ou ses ayants cause appartiennent. — Il est entendu aussi que la dénomination d'œuvres de littérature et d'art comprend les traités scientifiques et méthodes d'enseignement, ainsi que les morceaux de musique dits *arrangements*.

2. Pour assurer à tous les ouvrages d'esprit ou d'art la protection stipulée dans l'article précédent, et pour que les auteurs ou éditeurs de ces ouvrages soient admis, en conséquence, devant les tribunaux des deux pays à exercer des poursuites contre les contrefaçons, il suffira que lesdits auteurs ou éditeurs justifient de leur droit de propriété en établissant, par un certificat émanant de l'autorité publique compétente en chaque pays, que l'ouvrage en question est une œuvre originale qui, dans le pays où elle a été publiée, jouit de la protection légale contre la contrefaçon ou la reproduction illicite. — Pour les ouvrages publiés en France, ce certificat sera délivré par le bureau de la librairie au ministère de l'intérieur, et légalisé par la Mission de Bade, à Paris ; pour les ouvrages publiés dans le grand-duché, il sera délivré par le ministère de l'intérieur, et légalisé par la Mission de France, à Carlsruhe.

3. Les stipulations contenues dans l'article 1er s'appliquent également à la représentation et à l'exécution, en original ou en traduction, des œuvres dramatiques ou musicales, en tant que les lois de chacun des deux États garantissent ou garantiront, par la suite, protection aux œuvres susdites, exécutées ou représentées pour la première fois sur les territoires respectifs. — Pour obtenir la garantie exprimée dans le présent article pour la représentation ou exécution, en traduction, d'une œuvre dramatique ou musicale, il faut que, dans l'espace de trois mois après la publication ou la représentation de l'original, dans l'un des deux pays, l'auteur en ait fait paraître la traduction dans la langue de l'autre pays.

4. L'auteur de tout ouvrage publié dans l'un des deux pays, qui aura entendu réserver son droit de traduction jouira, pendant cinq années, à partir du jour de la première publication de la traduction de son ouvrage autorisée par lui, du privilége de protection contre la publication dans l'autre pays de toute traduction du même ouvrage non autorisée par lui, et ce, sous les conditions suivantes : — 1° Il faudra que l'auteur ait indiqué en tête de son ouvrage son intention de se réserver le droit de traduction. — 2° Ladite traduction devra avoir paru, au moins en partie, dans le délai d'un an à compter de la date de la publication de l'œuvre originale, et, en totalité, dans un délai de trois ans à partir de la même date. — Pour les ouvrages publiés par livraisons, il suffira que la déclaration de l'auteur, qu'il entend se réserver le droit de traduction, soit exprimée sur la première livraison. Toutefois, en ce qui concerne le terme de cinq années assigné par le présent article pour l'exercice du droit pri-

vilégié de traduction, chaque livraison sera considérée comme un ouvrage séparé.

5. Sont expressément assimilées aux ouvrages originaux les traductions, faites dans l'un des deux États, d'ouvrages nationaux ou étrangers. Ces traductions jouiront, à ce titre, de la protection stipulée par l'article 1er en ce qui concerne la reproduction non autorisée dans l'autre État. Il est bien entendu, toutefois, que l'objet du présent article est simplement de protéger le traducteur, par rapport à la version qu'il a donnée de l'ouvrage original, et non pas de conférer le droit exclusif de traduction au premier traducteur d'un ouvrage quelconque écrit en langue morte ou vivante.

6. Les mandataires légaux ou ayants cause des auteurs, traducteurs, compositeurs, dessinateurs, peintres, sculpteurs, graveurs, lithographes, etc., etc., etc., jouiront, à tous égards, des mêmes droits que ceux que la présente convention accorde aux auteurs, traducteurs, compositeurs, dessinateurs, peintres, sculpteurs, graveurs et lithographes eux-mêmes.

7. Nonobstant les stipulations des articles 1er et 5 de la présente convention, les articles extraits des journaux ou recueils périodiques, publiés dans l'un des deux pays, pourront être reproduits ou traduits dans les journaux ou recueils périodiques de l'autre pays, pourvu que l'on y indique la source à laquelle on les aura puisés. — Toutefois, cette permission ne s'étendra pas à la reproduction et à la traduction, dans l'un des deux pays, des articles de journaux ou de recueils périodiques publiés dans l'autre, lorsque les auteurs auront formellement déclaré, dans le journal ou le recueil même où ils les auront fait paraître, qu'ils en interdisent la reproduction et la traduction. Dans aucun cas, cette interdiction ne pourra atteindre les articles de discussion politique.

8. L'exposition et la vente de réimpressions et reproductions illicites des œuvres indiquées dans l'article 1er sont prohibées dans les deux États, sans qu'il y ait à distinguer si ces réimpressions et reproductions proviennent de l'État même ou de tout autre pays.

9. En cas de contravention aux dispositions des articles précédents, la saisie des objets de contrefaçon sera opérée, et les tribunaux appliqueront les peines déterminées par les législations respectives, de la même manière que si l'infraction avait été commise au préjudice d'un ouvrage ou d'une production d'origine nationale. — Les caractères constituant la contrefaçon seront déterminés par les tribunaux de l'un ou de l'autre pays, d'après la législation en vigueur dans chacun des deux États.

10. Les stipulations de ce traité ne sauraient infirmer le droit des deux hautes parties contractantes de surveiller, de permettre ou d'interdire, à leur convenance, par des mesures législatives ou administratives, le commerce, la représentation, l'exposition ou la vente de productions littéraires ou artistiques. De même, aucune des stipulations de la présente convention

ne saurait être interprétée de manière à contester le droit des hautes parties contractantes de prohiber l'importation, sur leur propre territoire, des livres que leur législation intérieure ou des traités avec d'autres États feraient entrer dans la catégorie des reproductions illicites.

11. La présente convention ne pourra faire obstacle à la publication ou à la vente, par les éditeurs, imprimeurs ou libraires badois ou français, de réimpressions d'ouvrages de propriété française ou badoise non tombés dans le domaine public, fabriquées ou importées par eux antérieurement à la mise en vigueur de la présente convention, ou actuellement en cours de fabrication et de réimpression non autorisée, et qui, bien entendu, ne seraient pas comprises au nombre des contrefaçons déjà interdites par la convention du 5 avril 1854.

12. Les éditeurs français ou badois pourront publier les volumes ou livraisons nécessaires pour l'achèvement des ouvrages de reproduction non autorisée en cours de publication, dont une partie aurait déjà paru avant la date de la signature de la présente convention. Dans aucun cas, le tirage des volumes ou livraisons à paraître ne pourra dépasser le chiffre du tirage de la dernière livraison ou du dernier volume ayant paru avant la ratification du présent traité. — Les nouveaux volumes ne pourront être mis en vente qu'après que les conditions à déterminer en vertu de l'article 14 ci-après auront été dûment remplies.

13. Pour les revues et recueils périodiques réimprimés jusqu'ici dans le grand-duché ou en France, les éditeurs français ou badois sont autorisés à publier les livraisons destinées à compléter, jusqu'au 31 décembre 1857, les souscriptions de leurs abonnés, ainsi que les collections non vendues existant en magasin, sans indemnité au profit de l'éditeur original.

14. Pour assurer l'exécution des articles précédents, il est convenu que les libraires, éditeurs ou imprimeurs respectifs, détenteurs des contrefaçons mentionnées dans les articles 11, 12 et 13, seront tenus, dans le délai de six semaines, à partir de l'échange des ratifications du présent traité, de faire revêtir chaque exemplaire desdites contrefaçons d'un timbre uniforme, apposé gratuitement par les autorités compétentes des deux pays respectifs.

15. Après l'expiration du délai indiqué dans le précédent article pour l'apposition du timbre, tous les exemplaires des contrefaçons ou reproductions non autorisées des livres français ou badois non revêtus du timbre seront passibles de saisie et de confiscation, soit chez l'éditeur lui-même, soit chez les libraires détaillants et commissionnaires.

16. Pendant la durée de la présente convention, les droits actuellement établis à l'importation licite, par terre ou par mer, dans le territoire de l'empire français, des livres et mémoires scientifiques en langue française ou étrangère, des estampes, gravures, lithographies, cartes géographiques ou marines, ainsi que de la musique, publiés dans l'étendue du grand-duché de Bade, demeureront réduits et fixés au taux ci-après.

Livres, brochures et mémoires scientifiques brochés ou cartonnés ou reliés,

en langue française. . . . . vingt francs par cent kilogrammes ;

en toute autre langue, morte ou vivante. . . . . . . un franc par cent kilogrammes.

Estampes. . . . .
Gravures. . . . .
Lithographies. . . . . vingt francs par cent kilogrammes.
Cartes géographiques ou marines. . . . .
Musique. . . . .

Les traités scientifiques et livres de classe écrits en langue allemande, dans lesquels se trouveraient des citations ou des leçons en français, seront admis, pendant la durée de la présente convention, à leur importation en France, au droit d'un franc par cent kilogrammes, pourvu que ces citations ou ces leçons ne forment qu'une partie accessoire de l'ouvrage.

Les publications pour lesquelles on réclamera, à leur introduction en France, le bénéfice du présent tarif, devront être accompagnées d'un certificat d'origine délivré dans la forme et par les autorités que le gouvernement badois aura désignées à cet effet.

17. Il est entendu que le taux des droits mentionnés dans l'article précédent ne pourra être exhaussé pendant la durée de la présente convention, et que si, avant son expiration, une diminution quelconque de ces droits était consentie en faveur des livres, gravures, lithographies, cartes géographiques ou œuvres musicales, publiés dans un autre pays, cette réduction serait immédiatement étendue aux productions similaires éditées dans le grand-duché de Bade, gratuitement si la concession a été faite sans condition, ou moyennant compensation, si elle a été faite à titre onéreux.

18. Pour faciliter la pleine exécution du présent traité, les deux hautes parties contractantes promettent de se donner mutuellement connaissance de tous les règlements, ordonnances et mesures d'exécution quelconques qui seraient décrétés, dans l'un et l'autre pays, concernant les matières réglées dans la convention présente, ainsi que des changements qui pourraient survenir dans la législation des deux pays, en ce qui touche la garantie de la propriété littéraire et artistique.

19. Le présent traité demeurera en vigueur pendant six ans. à partir de l'échange des ratifications. — Dans le cas où l'une des hautes parties contractantes ne l'aura pas dénoncé six mois au moins avant l'expiration des six années précitées, il restera en vigueur pendant six autres années encore, et ainsi de suite.

20 La présente convention sera ratifiée, et les ratifications en seront échangées, à Carlsruhe, dans le délai de six semaines, à partir du jour

de la signature, ou plus tôt, si faire se peut. — En foi de quoi, les plénipotentiaires respectifs l'ont signée et y ont apposé le sceau de leurs armes.

(L. S.) *Signé* SERRE.   (L. S.) *Signé* MEYSENBUG.

CONVENTION DU 2 JUILLET 1857

Conclue entre la France et le grand-duché de Bade pour la garantie réciproque du droit de propriété industrielle.

(Echange des ratifications à Carlsruhe, le 20 août 1857.— Promulgation en France par décret impérial du 26 août 1857· — Insertion au *Bulletin des lois*, le 7 septembre, Bull. 557, n° 4914, XIe s.)

S. M. l'empereur des Français et S. A. R. le grand-duc de Bade ayant, par un traité signé aujourd'hui même à Carlsruhe, garanti réciproquement le droit de propriété littéraire et artistique entre la France et le grand-duché de Bade, et voulant, en même temps, faire jouir leurs sujets respectifs d'une pleine protection contre la contrefaçon, dans l'un des deux pays, des timbres et marques de fabrique apposés sur les produits industriels et manufacturiers fabriqués dans l'autre pays, ont résolu de conclure à ce sujet une convention spéciale, et ont, dans ce but, nommé pour leurs plénipotentiaires, savoir : — S. M. l'empereur des Français, le sieur *Hercule* vicomte DE SERRE, officier de son ordre impérial de la Légion d'honneur, grand officier de l'ordre impérial du Medjidié, commandeur des ordres de Léopold d'Autriche, de Charles III d'Espagne et de la Conception de Portugal, etc., etc., son ministre plénipotentiaire près S. A. R. le grand-duc de Bade ; — Et S. A. R. le grand-duc de Bade, le sieur *Guillaume* baron DE MEYSENBUG, chevalier grand-croix de son ordre du Lion de Zaehringen, grand officier de l'ordre impérial de la Légion d'honneur, etc., etc., son ministre d'État au département de la Maison et des affaires étrangères ; — Lesquels, après s'être communiqué leurs pleins pouvoirs respectifs, trouvés en bonne et due forme, sont convenus des articles suivants :

ART. 1er. La reproduction, dans l'un des deux pays, des timbres et marques de fabrique, apposés sur les produits industriels ou manufacturiers de l'autre pays pour en constater l'origine et la qualité, sera assimilée à la contrefaçon des œuvres d'art et d'esprit, et les dispositions concernant la répression de cette contrefaçon, insérées dans le traité y relatif de ce jour, seront applicables à la reproduction desdits timbres et marques de fabriques.

2. Les timbres et marques de fabrique dont les sujets de l'un des deux États voudront s'assurer la propriété dans l'autre devront être déposés exclusivement, savoir : les timbres et marques d'origine badoise, au greffe du tribunal de commerce de la Seine, et les timbres et marques d'origine française, au bureau du bailliage de la ville de Carlsruhe.

3. Pour faciliter la pleine exécution de cette convention, les deux hautes

parties contractantes se communiqueront respectivement les lois, ordonnances et règlements que chacune d'elles aurait promulgués ou promulguerait à l'avenir pour garantir le commerce légitime contre la contrefaçon des produits industriels et manufacturiers.

4. La présente convention demeurera en vigueur pendant six ans, à partir de l'échange des ratifications. — Dans le cas où l'une des hautes parties contractantes ne l'aura pas dénoncée six mois, au moins, avant l'expiration des six années précitées, elle restera en vigueur pendant six autres années, et ainsi de suite.

5. La présente convention sera ratifiée, et les ratifications en seront échangées, à Carlsruhe, dans le délai de six semaines à partir du jour de la signature, ou plus tôt, si faire se peut. — En foi de quoi, les plénipotentiaires respectifs l'ont signée et y ont apposé le cachet de leurs armes.

Fait à Carlsruhe, le deuxième jour du mois de juillet de l'an de grâce 1857.

      (L. S.) *Signé* SERRE.   (L. S.) *Signé* MEYSENBUG.

ARTICLE SÉPARÉ.

Les deux hauts gouvernements Français et Badois s'engagent à employer mutuellement leurs bons offices pour déterminer, dans le plus bref délai possible, l'accession des autres gouvernements étrangers, et notamment celle des États limitrophes de leurs territoires respectifs, aux dispositions consacrées par la convention signée cejourd'hui à Carlsruhe, à l'effet d'établir la garantie réciproque du droit de propriété industrielle. — Le présent article aura même force et valeur que s'il était textuellement inséré dans ladite convention.

Fait à Carlsruhe, le 2 juillet 1857.

      (L. S.) *Signé* SERRE.   (L. S.) *Signé* MEYSENBUG.

TRAITÉ DE COMMERCE ET DE NAVIGATION DU 14 JUIN 1857,

Conclu entre la FRANCE *et la* RUSSIE, *et stipulant certaines garanties réciproques pour la propriété industrielle et les marques de fabrique.*

Le 14 juin 1857, a été signé à Saint-Pétersbourg, par l'entremise de M. le comte de MORNY, ambassadeur de France, et de MM. le prince Alexandre GORTCHACOW, ministre des affaires étrangères, et Pierre de BROCK, ministre des finances de Russie, un traité de commerce et de navigation entre la France et la Russie, qui contient des dispositions d'une haute importance pour le commerce et l'industrie et en particulier pour la propriété des marques de fabrique. Voici ces dispositions.

(Commerce et industrie.)

Art. 1er. Il y aura réciproquement pleine et entière liberté de commerce et de navigation pour les bâtiments et les sujets des hautes parties contractantes dans tous les ports de leurs domaines respectifs où la navigation est actuellement permise ou sera permise, à l'avenir, aux navires de toute autre nation étrangère.

Les Français en Russie et les Russes en France pourront réciproquement entrer, voyager ou séjourner en toute liberté, dans quelque partie que ce soit des territoires respectifs, pour y vaquer à leurs affaires, et ils jouiront, à cet effet, pour leurs personnes et leurs biens, de la même protection et sécurité que les nationaux.—Ils auront la faculté, dans les villes et ports, de louer ou posséder les maisons, magasins, boutiques et terrains qui leur seront nécessaires, sans être assujettis à des taxes soit générales, soit locales, ni à des impôts ou obligations, de quelque nature qu'ils soient, autres que ceux qui sont ou pourront être établis sur les nationaux.—De la même manière, ils jouiront, en matière de commerce et d'industrie, de tous les priviléges, immunités et autres faveurs quelconques dont jouissent ou jouiront les nationaux.

Il est entendu, toutefois, que les stipulations qui précèdent ne dérogent en rien aux lois, ordonnances et règlements spéciaux en matière de commerce, d'industrie et de police en vigueur dans chacun des deux pays et applicables à tous les étrangers en général.

Art. 2. Les sujets des deux hautes parties contractantes seront réciproquement exempts de tout service personnel, soit dans les armées de terre ou de mer, soit dans les gardes ou milices nationales. Ils seront également dispensés de toute charge et fonction judiciaire ou municipale quelconque.

(Marques de fabrique.)

Art. 22. Les hautes parties contractantes, désirant assurer dans leurs Etats une complète et efficace protection à l'industrie manufacturière de leurs sujets respectifs, sont convenues, d'un commun accord, que toute reproduction dans l'un des deux pays des marques de fabrique apposées dans l'autre sur certaines marchandises, pour constater leur origine et leur qualité, sera sévèrement interdite et réprimée, et pourra donner lieu à une action en dommages-intérêts valablement exercée par la partie lésée devant les tribunaux du pays où la contrefaçon aura été constatée. — Les marques de fabrique, dont les sujets de l'un des deux Etats voudraient s'assurer la propriété dans l'autre, devront être déposées exclusivement, savoir : les marques d'origine russe, à Paris, au greffe du tribunal de la

Seine, et les marques d'origine française, à Saint-Pétersbourg, au département des manufactures et du commerce intérieur.

ART. 23. Les hautes parties contractantes se réservent de déterminer, dans une convention spéciale, les moyens de garantir réciproquement la propriété littéraire et artistique dans leurs Etats respectifs.

ART. 24. Le présent traité sera ratifié, et les ratifications en seront échangées à Saint-Pétersbourg, dans le délai de deux mois, ou plus tôt, si faire se peut. Il aura force et valeur pendant six ans à dater du jour dont les hautes parties contractantes conviendront pour son exécution simultanée, dès que la promulgation en sera faite d'après les lois particulières à chacun des deux Etats. Si, à l'expiration des six années, le présent traité n'est pas dénoncé un an à l'avance, il continuera à être obligatoire d'année en année, jusqu'à ce que l'une des deux hautes parties contractantes ait annoncé à l'autre, mais un an à l'avance, son intention d'en faire cesser les effets.

En foi de quoi, les plénipotentiaires respectifs ont signé le présent traité, et y ont opposé le cachet de leurs armes.

Fait à Saint-Pétersbourg, le 14 (2) juin de l'an de grâce 1857.

(L. S.) *Signé* MORNY.　　　　(L.-S.) *Signé* GORTCHACOW.

　　　　　　　　　　　　　　(L.-S.) *Signé* BROCK.

NOTA. — L'échange des ratifications de ce traité a eu lieu à Saint-Pétersbourg le 16 juillet 1857. Il a été promulgué en France par décret impérial du 30 juillet 1857, et inséré au *Bulletin des lois* le 8 août même année. Bull. 529, nᵒ 4837, XIᵉ série.

LÉGISLATION DANOISE.

Loi du 29 décembre 1857,

RELATIVE A LA PROPRIÉTÉ LITTÉRAIRE ET ARTISTIQUE.

Nous Frédéric VII, roi de Danemark, faisons savoir que la Diète a adopté et nous avons sanctionné la loi suivante :

§ 1. L'auteur qui, en publiant un ouvrage, se sera fait connaître, aura le droit exclusif de le réimprimer en totalité ou en partie, ou de le reproduire par tout autre procédé mécanique.

§ 2. Lorsque l'auteur d'un ouvrage aura cédé à autrui le droit de l'éditer, il ne pourra pas en être fait de nouvelle édition soit par l'auteur, soit par les tiers, pendant trente années à partir du décès de l'auteur, tant que la première édition n'aura pas été entièrement épuisée. — Par contre, ce transport n'autorisera l'éditeur à en faire une nouvelle édition qu'autant que ce droit lui aura été expressément cédé. — Toutefois, l'auteur ne peut pas conférer de droit exclusif au delà de trente années après son décès.

§ 3. Si l'auteur n'a pas aliéné le droit de publier son manuscrit ou de faire une nouvelle édition d'un de ses ouvrages déjà publiés, son droit exclusif de reproduction pendant trente années, à compter du jour de son décès, passera à celui au profit duquel il en aura disposé par testament ; à défaut de testament, il passera à sa femme, et après le décès de l'un et de l'autre, à ses héritiers descendants ou, s'il n'y en a pas, à ses ascendants ou frères et sœurs, conformément aux lois en vigueur en matière de succession.

§ 4. Lorsqu'un ouvrage a été composé en commun par plusieurs personnes qui y sont nommées, sans que l'on puisse assigner à chacune d'elles une part déterminée comme auteur, les trente années fixées par les paragraphes 2 et 3 devront être comptées à partir de l'année du décès du survivant.

§ 5. Le traducteur d'un ouvrage écrit en langue étrangère sera considéré comme auteur en ce qui concerne sa traduction.

§ 6. Les ouvrages anonymes ou pseudonymes, ainsi que les œuvres posthumes, jouiront de la protection établie par les paragraphes 1, 2 et 3, pendant trente ans, à partir de l'année de la publication. Néanmoins, les ouvrages anonymes et pseudonymes jouiront d'une protection complète si, avant l'expiration des trente années, l'auteur se nomme ou est nommé par une personne qui en ait le droit, soit sur une nouvelle édition, soit par une déclaration faite suivant les règles prescrites pour les publications judiciaires.

§ 7. L'éditeur d'un écrit périodique ou d'un ouvrage composé d'articles originaux émanés de collaborateurs différents jouira du même droit exclusif que les auteurs pendant trente ans, à compter de l'année dans laquelle ledit ouvrage ou une de ses parties aura été publiée pour la première fois, et cela que l'éditeur soit un établissement ou une société scientifique, ou même un simple particulier.— Toutefois, à moins de convention contraire, les auteurs de ces articles auront le droit de les publier autrement un an après leur première publication, et, dans ce cas, ils rentreront dans la plénitude de leurs droits d'auteur, conformément à la présente loi.

§ 8. Pour les ouvrages publiés en plusieurs parties, mais dont la réunion formera un ouvrage complet, le terme de trente ans devra être compté à partir de la publication de la dernière partie, s'il ne s'est pas écoulé plus de trois ans entre la publication de deux de ces parties ; dans ce dernier cas, le terme pour les parties qui auront paru d'abord sera compté à partir de la publication de la dernière d'entre elles.

§ 9. Seront considérés comme ouvrages imprimés les dessins et cartes géographiques, topographiques, scientifiques et autres analogues qui, d'après leur but principal, ne peuvent point être considérés comme des ouvrages d'art.

§ 10. Il en sera de même des compositions musicales qui sont publiées par la voie de l'impression ou de tout autre procédé mécanique.

§ 11. Toute reproduction d'ouvrages faite en contravention aux dispositions qui précèdent est une contrefaçon qui rend le contrevenant passible d'amende et de dommages-intérêts, conformément aux règles établies ci-après. — La contrefaçon existe par le fait même de l'impression.

§ 12. La reproduction est permise lorsque depuis cinq ans l'éditeur ne possède plus aucun exemplaire de la dernière édition.

§ 13. Ne sont pas considérés comme contrefaçons : — 1° les citations littérales de passages d'un ouvrages imprimé ; — 2° la reproduction, dans des journaux, d'articles ou de communications empruntés à d'autres journaux, à la condition que la source en sera, chaque fois, expressément indiquée ; — 3° l'impression de poésies comme texte de compositions musicales ; — 4° l'insertion de morceaux détachés, de poésies ou autres extraits d'ouvrages imprimés, dans une œuvre de critique ou dans une histoire de la littérature ; — 5° l'insertion de morceaux détachés de poésies, comme il est dit ci-dessus, dans des livres d'éducation et d'école, dans des recueils de chansons ou autres collections semblables , s'il s'est écoulé au moins un an depuis la première édition de l'œuvre à laquelle ces emprunts ont été faits ; — 6° des reproductions analogues de compositions musicales. — Toutefois, ces reproductions ne pourront avoir lieu qu'à la condition de faire connaître, dans les troisième et cinquième cas, le nom de l'auteur et, dans le sixième, celui des compositeurs, si ces noms ont été publiés, et de les ajouter aux œuvres littéraires ou musicales dont on fera un pareil emploi.

§ 14. Par contre le caractère de contrefaçon n'est point détruit par cela qu'un ouvrage serait reproduit avec des retranchements, des additions ou des changements dans la rédaction.

§ 15. Nul ne peut, sans l'assentiment de l'auteur, ou de ses ayants droit (§ 3), faire imprimer ou reproduire de toute autre manière, si trente ans ne se sont pas écoulés depuis son décès, ses ouvrages, manuscrits, sermons, discours de circonstance, leçons ou conférences verbales. — Cette interdiction ne s'applique pas à la publication des actes de la Diète, du Conseil d'État, des assemblées communales tenues publiquement, des tribunaux, des élections et autres réunions publiques semblables.

§ 16. Nul ne peut acquérir un droit exclusif à la publication des lois, ordonnances, arrêtés ministériels ou des autorités, si ce n'est en vertu d'une loi spéciale.

§ 17. Nul n'a le droit, sans l'assentiment de l'auteur, de jouer publiquement des ouvrages dramatiques ou des compositions musicales destinées à la scène. — Ne sont pas considérées comme rentrant dans cette interdiction la représentation, sans appareil scénique, de tout ou partie d'un ouvrage dramatique ou l'exécution, dans des concerts, d'ouvertures ou morceaux détachés d'œuvres musicales.

§ 18. Lorsqu'un auteur aura cédé, pour l'avenir, à un tiers le droit de jouer un ouvrage de ce genre, cela ne l'empêchera pas, à moins de convention contraire expresse, de céder le même droit à une autre personne. Il en aura le droit, dans tous les cas, lorsque celui auquel il aura cédé le droit exclusif de représentation d'une œuvre dramatique ou musicale aura laissé écouler cinq années consécutives sans la jouer publiquement. Toutefois, pour les ouvrages faisant l'objet de contrats antérieurs, le délai de cinq ans ne courra que du jour de la publication de la présente loi.

§ 19. Le droit attribué à l'auteur par les dispositions qui précèdent passe après sa mort à celui auquel il l'a cédé par contrat, et, s'il n'y a pas eu de contrat, à celui auquel il l'aura transmis par testament, ou, à défaut de testament, à sa femme et, après elle, à ses descendants, ou, s'il n'en existe pas, à ses ascendants ou à ses frères et sœurs, conformément aux lois qui régissent les successions. Trente ans après le décès de l'auteur, les œuvres dramatiques ou musicales pourront être jouées par toute personne autorisée à donner des représentations publiques de ce genre. — Cette disposition est applicable aux pièces du théâtre royal, encore bien que dans les priviléges théàtraux il soit interdit de jouer aucun ouvrage appartenant au répertoire du théâtre royal.

§ 20. Tous les exemplaires, destinés à la vente, des ouvrages imprimés dans le royaume ou à l'étranger, en contravention avec la présente loi et que l'on trouvera dans ce royaume, devront être confisqués et détruits, à moins que l'auteur, et, s'il y a un éditeur spécial, l'auteur et l'éditeur, n'en demandent la remise. — Celui qui se sera rendu coupable de réimpression ou de contrefaçon ou qui aura importé, pour en faire le commerce, un ouvrage d'auteur danois imprimé illégalement hors du royaume, ou qui en aura sciemment trafiqué, devra indemniser les intéressés de tout le dommage qu'ils en auront éprouvé ; ce dommage sera calculé sur le prix fort d'un nombre d'exemplaires égal à celui de la dernière édition légale, comme nombre prouvé ou présumable des exemplaires produits par l'édition illégale. — En outre le contrevenant, si, par sa conduite, il ne s'est pas rendu passible d'une peine plus forte, devra payer une amende de 50 à 1,000 rixdales (200 à 4,000 fr.). Cette amende pourra toutefois être réduite à 20 rixdales (80 fr.) à l'égard de celui qui n'aura fait que trafiquer d'un ouvrage contrefait ou importé par un autre.

§ 21. L'exécution illégale en public d'œuvres dramatiques ou musicales sera punie d'une amende de 10 à 200 rixdales (80 à 800 fr.). Le contrevenant devra en outre payer à la partie intéressée une indemnité équivalente au dommage qu'elle pourra vraisemblablement en avoir éprouvé. Pour la fixation de cette indemnité, on devra spécialement tenir compte du bénéfice retiré de la représentation ou des représentations illégales.

§ 22. L'action pour infraction à la présente loi ne pourra être exercée que par la partie lésée et ne sera admise pour l'application des dommages-intérêts qu'autant qu'il ne se sera pas écoulé un an et un jour depuis l'annonce de la mise en vente de l'ouvrage contrefait dans le lieu où a été publiée la dernière édition légale, ou depuis la représentation illégale.

§ **23.** Les dispositions de la présente loi pourront être rendues applicables, en totalité ou en partie, aux ouvrages publiés en pays étrangers, par des ordonnances royales basées sur le principe de la réciprocité.

§ **24.** L'ordonnance du 7 janvier 1741 est abrogée ; néanmoins les priviléges et interdits spéciaux basés sur l'ancienne législation resteront en vigueur, en tant qu'ils n'accorderont pas aux auteurs ou à leurs ayants cause des droits plus étendus que ceux que leur accorde la présente loi.

'Que chacun ait à s'y conformer. — Donné à notre château de Frederiksborg, le 29 décembre 1857, sous notre sceau et signature royale.

(L. S.) KRIEGER.   FRÉDÉRIC, roi.

Ordonnance du roi de Danemark.

(6 novembre 1858.)

Nous Frédéric VII, roi de Danemark, faisons savoir :

Attendu que, par décret du gouvernement français, en date du 22 mars 1852, les sujets des pays étrangers jouissent en France, à l'égard des contrefaçons, de la même protection que les sujets du pays ; — Vu l'article 23 de la loi du 29 décembre 1857 relative aux contrefaçons, d'après lequel les dispositions de la loi pourront, par ordonnance royale basée sur le principe de la réciprocité être appliquées, en tout ou en partie, aux ouvrages publiés en pays étranger ;

Nous avons ordonné et ordonnons que les ouvrages publiés en France seront également admis au bénéfice des dispositions de ladite loi contre les contrefaçons.

Que chacun ait à s'y conformer. — Donné en notre château royal de Christiansborg, le 6 novembre 1858, sous notre sceau et seing royal.

FRÉDÉRIC.

Par le roi : J.-J. UNSGAARD.

FRANCE ET HAMBOURG.

Décret du 10 septembre 1857,

Portant qu'à dater du 1ᵉʳ octobre 1857, la vente des impressions ou reproductions d'ouvrages dont la propriété est établie sur le territoire de la ville libre de Hambourg cessera d'avoir lieu en France.

(Bull. 541, n° 4,977.)

NAPOLÉON, etc... Vu l'article 7 de la convention littéraire conclue, le 2 mai 1856, entre la France et la ville libre et hanséatique de Hambourg ; sur le rapport de notre garde des sceaux, ministre secrétaire d'Etat au département de la justice, chargé par intérim du département de l'intérieur, — Avons décrété et décrétons ce qui suit :

Art. 1er. A dater du 1er octobre 1857, la vente des impressions ou reproductions d'ouvrages dont la propriété est établie sur le territoire de la ville de Hambourg cessera d'avoir lieu dans toute l'étendue de l'empire français.

Art. 2. Notre garde des sceaux, ministre secrétaire d'Etat au département de la justice, chargé par intérim du département de l'intérieur, est chargé de l'exécution du présent décret.

Fait au camp de Châlons, le 10 septembre 1857.

NAPOLÉON.

Convention du 30 octobre 1858,

Conclue entre la FRANCE *et le canton de* GENÈVE *pour la protection des œuvres d'esprit et d'art, et des marques de fabrique.*

(Échange des ratifications à Berne, le 22 décembre 1858. — Promulgation en France par décret impérial du 8 janvier 1859. — Insertion au *Bulletin des lois,* le 17 janvier 1859, Bull. 660, nᵘ 6155, XIᵉ s.)

Le gouvernement de S. M. l'Empereur des Français, et le Conseil fédéral de la Confédération suisse, au nom du canton de Genève, également pénétrés des considérations de justice et de moralité qui recommandent d'assurer à la propriété des œuvres de l'esprit et de l'art, au moyen d'une convention, le degré de sécurité et de protection que permet de leur conférer la législation qui existe dans les deux États contractants, ont nommé pour plénipotentiaires, savoir : — S. M. l'Empereur des Français, le sieur Jean-Raymond-Sigismond-Alfred comte de Salignac-Fénelon, son envoyé extraordinaire et ministre plénipotentiaire près de la Confédération suisse, grand-officier de son ordre impérial de la Légion d'honneur, chevalier de l'ordre royal de Léopold de Belgique, etc. ; — Et le Conseil fédéral, sur la proposition du Conseil d'État du canton de Genève, le sieur Jacques-Moïse Piguet, conseiller d'État, chargé du département de l'instruction publique du canton de Genève ; — Lesquels, après avoir échangé leurs pleins pouvoirs, trouvés en bonne et due forme, sont convenus, sous réserve de ratification, des articles suivants :

Art. 1er. Les auteurs et les éditeurs de livres, brochures et autres écrits, de compositions musicales, d'œuvres de dessin, de peinture, de sculpture, de gravure, de photographie, de lithographie et de toutes autres productions du domaine des lettres et des arts, publiés dans l'un des deux États contractants, jouiront réciproquement, dans chacun de ceux-ci, des avantages que la loi ou les concordats avec des tiers y confèrent ou y conféreront à la propriété artistique et littéraire ; et ils auront contre toute atteinte portée à cette propriété la protection et le recours légal accordés dans cet État aux auteurs et aux éditeurs indigènes. — Il s'entend, toutefois, que cette protection ne pourra dépasser celle qui est acquise aux auteurs et aux éditeurs dans leur propre pays.

Art. 2. Sont placés sous la susdite protection les traités scientifiques et méthodes d'enseignement, de même que les morceaux de musique intitulés *arrangements*.

Art. 3. Pour assurer à tous les ouvrages d'esprit ou d'art la protection stipulée dans les articles précédents, et pour que les auteurs ou les éditeurs de ces ouvrages soient admis, en conséquence, devant les Tribunaux des deux pays, à exercer des poursuites contre la contrefaçon, il suffira que lesdits auteurs ou éditeurs justifient de leur droit de propriété en établissant, par un certificat émanant de l'autorité publique compétente de chaque pays, que l'ouvrage en question est une œuvre originale qui, dans le pays où elle a été publiée, jouit de la protection légale contre la contrefaçon ou la reproduction illicite. Pour les ouvrages publiés en France, ce certificat sera délivré, à Paris, par le bureau de l'imprimerie, de la librairie et de la presse au ministère de l'intérieur, et, dans les départements autres que celui du département de la Seine, par les bureaux des préfectures. Ce certificat devra être légalisé sans frais par la mission de Suisse à Paris, ou par les consulats suisses dans les départements. Pour les ouvrages publiés dans le canton de Genève, il sera délivré par le département de l'intérieur et légalisé sans frais par la mission de France ou par un consulat français en Suisse.

Art. 4. Nonobstant les stipulations des articles 1 et 6 de la présente convention, les articles extraits des journaux, revues ou recueils périodiques publiés dans l'un des deux pays, pourront être reproduits ou traduits dans les journaux, revues ou recueils périodiques de l'autre pays, pourvu que l'on y indique la source à laquelle on les aura puisés. — Toutefois, cette permission ne s'étendra pas à la reproduction et à la traduction, dans l'un des deux pays, des articles de journaux, revues ou recueils périodiques publiés dans l'autre, lorsque les auteurs auront formellement déclaré dans le journal, la revue ou le recueil même où ils les auront fait paraître, qu'ils en interdisent la reproduction et la traduction. — Dans aucun cas, cette interdiction ne pourra atteindre les articles de discussion politique.

Art. 5. En cas de contravention aux dispositions des articles précédents, la saisie des objets de contrefaçon sera opérée et les Tribunaux appliqueront les peines déterminées par la législation respective, de la même manière que si l'infraction avait été commise au préjudice d'un ouvrage ou d'une production d'origine nationale. — Les caractères constituant la contrefaçon seront déterminés par les Tribunaux de l'un ou de l'autre pays, d'après la législation en vigueur dans chacun des deux États.

Art. 6. Sont expressément assimilées aux ouvrages originaux les traductions faites dans l'un des deux États d'ouvrages nationaux ou étrangers dont le droit de traduction n'est pas réservé. Ces traductions jouiront, à ce titre, de la protection stipulée par l'article 1er, en ce qui concerne la reproduction non autorisée dans l'autre État. Il est bien entendu, toutefois, que l'objet de ce présent article est simplement de protéger le traducteur par rapport à la version qu'il a donnée de l'ouvrage original, et non pas de conférer un droit exclusif de traduction au premier traducteur d'un ouvrage quelconque écrit en langue morte ou vivante.

Art. 7. L'auteur de tout ouvrage publié dans l'un des deux États qui aura entendu réserver son droit de traduction jouira pendant cinq années, à partir du jour de la première publication de la traduction de son ouvrage autorisée par lui, du privilége de protection contre la publication dans l'autre État de toute traduction du même ouvrage non autorisée par lui, et ce, sous les conditions suivantes : 1° il faudra que l'auteur ait indiqué en tête de son ouvrage son intention de se réserver le droit de traduction ; — 2° ladite traduction devra avoir paru, au moins en partie, dans le délai d'un an à compter de la date de la publication de l'œuvre originale, et, en totalité, dans un délai de trois ans à partir de la même date.

Pour les ouvrages publiés par livraisons, il suffira que la déclaration de l'auteur qu'il entend se réserver le droit de traduction soit exprimée sur la première livraison. Toutefois, en ce qui concerne le terme de cinq années assigné par le présent article pour l'exercice du droit privilégié de traduction, chaque livraison sera considérée comme un ouvrage séparé.

Art. 8. Les mandataires légaux, héritiers ou ayants droit des personnes mentionnées à l'article 1er, jouissent de tous les droits de celles-ci.

Art. 9. L'exposition et la vente des contrefaçons et reproductions faites à l'étranger, des ouvrages mentionnés à l'article 1er, sont prohibées et punies dans le territoire des États contractants, comme si ces contrefaçons et reproductions étaient faites sur ce territoire même.

Art. 10. Les stipulations de cette convention ne sauraient infirmer le droit des deux hautes parties contractantes de surveiller, de permettre ou d'interdire, à leur convenance, chacune sur son territoire, par des mesures législatives ou administratives, le commerce, la représentation, l'exposition ou la vente de productions littéraires ou artistiques. — De même aucune des stipulations de la présente convention ne saurait être interprétée de manière à contester le droit des hautes parties contractantes de prohiber l'importation, sur leur propre territoire, des livres que leur législation intérieure ou des traités avec d'autres États feraient entrer dans la catégorie des reproductions illicites.

Art. 11. Les deux gouvernements prendront des mesures pour empêcher toute difficulté qui pourrait naître, quant au passé, du fait de la possession ou de la vente que feront des éditeurs, imprimeurs ou libraires français ou génevois, d'ouvrages non tombés dans le domaine public qui auront été fabriqués ou importés antérieurement à la ratification de la présente convention.

Art. 12. A cet effet, les éditeurs, imprimeurs ou libraires pourront publier les volumes et livraisons nécessaires à l'achèvement desdits ouvrages non tombés dans le domaine public, dont une partie aura déjà été publiée avant la ratification de la convention actuelle ; mais ce tirage ne pourra dépasser celui du dernier volume ou de la dernière livraison publiée avant cette ratification. On devra observer d'ailleurs, en ce qui concerne ce tirage exceptionnel, les dispositions qui seront prises par les deux hautes parties contractantes, en vertu de l'article précédent.

Art. 13. Les éditeurs, imprimeurs ou libraires français et génevois de revues et de recueils périodiques réimprimés jusqu'ici en France ou dans le canton de Genève, auront droit de publier, jusqu'au 31 mars 1859, sans indemnité pour l'auteur original, les livraisons destinées à compléter les souscriptions de leurs abonnés, ou les collections non vendues qui existent dans leurs magasins.

Art. 14. Les mesures prévues par l'article 11 s'appliqueront également aux clichés, bois et planches gravées de toute sorte, ainsi qu'aux pierres lithographiques existant en magasin chez les éditeurs ou imprimeurs français et génevois et constituant une reproduction non autorisée des modèles génevois et français.— Il est accordé un délai d'un an, à partir de l'échange des ratifications de la présente convention, pour l'usage des clichés existant antérieurement à la mise en vigueur de celle-ci. Le nombre des exemplaires qui pourront être tirés pendant ce délai est limité à quinze cents.

Art. 15. Il en sera de même pour les planches gravées de toute sorte, les photographies et les lithographies publiées isolément. — Les éditeurs français ou génevois pourront, aux mêmes conditions et dans le même délai que les propriétaires des clichés, en tirer un nombre d'exemplaires nouveaux également limité à quinze cents.

Art. 16. Il est, d'ailleurs, entendu que les éditeurs français ou génevois qui voudront profiter des dispositions qui précèdent, ne pourront, dans aucun cas, mettre en vente les exemplaires de leurs clichés, bois, planches gravées, photographiées ou lithographiées, imprimés ou tirés après la mise en vigueur de ladite convention, sans avoir préalablement satisfait aux prescriptions mentionnées à l'article 11.

Quant aux bois, planches gravées, photographiées ou lithographiées, destinés à orner le texte d'un livre imprimé, il est accordé aux éditeurs français et génevois un délai d'un an pour faire tirer les épreuves nécessaires pour compléter les volumes du texte imprimé, sans indemnité au profit de l'éditeur original.

Art. 17. Il demeure formellement entendu que les stipulations des articles 11, 12, 13, 14, 15 et 16 ci-dessus, ne seront obligatoires pour les parties intéressées qu'autant qu'elles n'y auront pas dérogé par des conventions particulières intervenues, d'un commun accord, avant ou après la conclusion de la présente convention.

Art. 18. Pendant la durée de la présente convention, les droits actuellement établis à l'importation licite, par terre ou par mer, dans le territoire de l'Empire français, des livres et mémoires scientifiques en langue française ou étrangère, des estampes, gravures, photographies, lithographies, cartes géographiques ou marines, ainsi que de la musique, publiés dans

Livres, brochures et mémoires scientifiques brochés, cartonnés ou reliés, le canton de Genève, demeureront réduits et fixés aux taux ci-après :

en langue française....................	20 fr. les 100 kilog.
En toute autre langue morte ou vivante...	1 fr. les 100 kilog.
Estampes	
Gravures.	
Photographies	
Lithographies.	20 fr. les 100 kilog.
Cartes géographiques ou marines	
Musique.	

Il est convenu, en outre, que si, par la suite, un dégrèvement plus considérable était accordé, à l'entrée en France, aux produits des presses d'un autre État, ce dégrèvement serait étendu de plein droit aux produits similaires du canton de Genève, et ce, gratuitement, si la concession avait lieu à titre gratuit, ou moyennant compensation, si elle n'était effectuée qu'à titre onéreux ; toutefois, cette compensation ne pourra porter préjudice aux droits de la Confédération suisse ou à ceux des autres cantons.

Les publications pour lesquelles on réclamera, à leur introduction en France, le bénéfice du présent tarif, devront être accompagnées d'un certificat d'origine délivré dans la forme et par les autorités que le gouvernement cantonal de Genève aura désignées à cet effet.

Art. 19. Les États contractants ayant reconnu, en outre, l'utilité d'appliquer aux travaux de l'industrie la protection qu'ils octroient par la convention actuelle à ceux de l'art et de l'esprit, considéreront désormais les marques de fabrique comme comprises dans ces derniers, et en assimileront en conséquence la reproduction, sous tous les rapports, à la contrefaçon artistique et littéraire.

Les marques destinées à assurer la propriété industrielle des ressortissants de l'une ou de l'autre des parties contractantes seront déposées, en ce qui concerne l'industrie genevoise, au greffe du Tribunal de commerce de Paris, conformément aux dispositions de la loi du 23 juin 1857 et du décret impérial du 26 juillet 1858, et, en ce qui touche l'industrie française, entre les mains de l'autorité genevoise chargée par la loi de recevoir les dépôts semblables des industriels indigènes.

Art. 20. Les hautes parties contractantes se communiqueront mutuellement toutes les ordonnances, règlements et mesures d'exécution décrétés à présent, ou plus tard, chez elles, en vue des matières réglées par la présente convention, de même que les modifications qui pourraient y être apportées ultérieurement.

Art. 21. La faculté d'adhérer ultérieurement à la présente convention est réservée aux autres cantons de la Confédération suisse.

Art. 22. La présente convention demeurera en vigueur pendant six ans, à partir de l'échange des ratifications, qui aura lieu dans le plus bref délai ; et si, dans ces six ans, aucune dénonciation n'a été déclarée, soit par la France, soit par la Confédération ou par le canton de Genève, la convention sera prolongée tacitement de six ans, et ainsi de suite.

En foi de quoi, les plénipotentiaires l'ont signée et y ont apposé le cachet de leurs armes.

Fait à Berne, le 30 octobre 1858.

Le plénipotentiaire de France,   *Le plénipotentiaire de Suisse,*
      Signé : DE SALIGNAC-FÉNELON.   *Signé :* MOÏSE PIGUET.

Ministère de l'Intérieur.

AVIS AU COMMERCE DE LA LIBRAIRIE.

(*Moniteur* du 30 janvier 1859.)

La convention littéraire et artistique conclue, le 30 octobre 1858, entre la France et le canton de Genève, promulguée par décret impérial du 8 janvier courant, contient quelques dispositions sur lesquelles le ministre secrétaire d'État au département de l'intérieur croit devoir appeler, tout particulièrement, l'attention des écrivains, des compositeurs, des artistes et des libraires.

La convention ne prescrit aucune formalité soit de dépôt d'exemplaires, soit d'enregistrement. Aux termes de l'article 3 de l'acte international, il suffit que l'auteur ou l'éditeur, qui veut exercer des poursuites en contrefaçon dans le canton de Genève, justifie de son droit de propriété, en établissant, par un certificat émanant de l'autorité compétente, que l'ouvrage pour lequel il réclame la protection conventionnelle jouit, en France, des garanties légales contre la reproduction illicite. — Ce certificat est délivré, à Paris, par le bureau de l'imprimerie et de la librairie, et dans les départements, autres que celui de la Seine, par les bureaux de préfectures.—Cette pièce est légalisée sans frais, par la mission de Suisse à Paris, ou par les consulats suisses dans les départements.

Aux termes de l'article 18, les droits affectés à l'importation des produits de la presse genevoise sont réduits et fixés aux taux ci-après : — ouvrages en langue française, 20 francs les 100 kilogrammes ; ouvrages en langues mortes ou étrangères, 1 franc les 100 kilogrammes ; estampes, cartes et musique, 20 francs les 100 kilogrammes. — MM. les libraires ne perdront pas de vue que, pour jouir des réductions de la nouvelle taxe conventionnelle, ils doivent fournir un certificat d'origine délivré dans la forme et par les autorités que le gouvernement cantonal de Genève désignera à cet effet. — En l'absence de cette pièce, l'ancien tarif serait nécessairement appliqué.

Les publications expédiées de France, dans le canton de Genève, ne sont pas soumises à la formalité du certificat.

Arrêté du Conseil d'Etat du canton de Genève,

Relatif à l'exécution de la convention conlue avec la France, pour la protection de la propriété littéraire et artistique.

(19 janvier 1859.)

Le Conseil d'Etat; — Vu les articles 11, 12, 13, 14, 15 et 16 de la convention passée entre le canton de Genève et la France, pour la protection de la propriété littéraire et artistique, sur le pré-avis de la Commission nommée par arrêté du 28 décembre 1858; — Arrête :

Art. 1. Les libraires et les éditeurs genévois de livres, brochures et autres écrits, de compositions musicales, d'œuvres de dessin, de peinture, de sculpture, de gravure, de photographie, de lithographie et de toutes autres productions du domaine des lettres et des arts, sont invités à faire, au département de l'intérieur, et dans le délai de quinze jours, à dater de la publication du présent arrêté, la déclaration exacte de celles de ces productions, n'importe de quelle provenance, qui seraient la contrefaçon ou la reproduction de publications non tombées dans le domaine public, et qu'ils auraient en magasin au 20 janvier 1859; — Cette déclaration devra être accompagnée d'un catalogue nominatif de ces productions.

Art. 2. Pareille déclaration devra être faite des ouvrages en cours de publication dont la reproduction des livraisons à venir est autorisée par la convention.

Art. 3. Les ouvrages et productions ainsi déclarés seront, par les soins du département de l'intérieur, revêtus d'un timbre spécial destiné à les mettre à l'abri de toute poursuite ultérieure.

Art. 4. Le département de l'intérieur est chargé de l'exécution du présent arrêté.

Genève, le 19 janvier 1859.

Certifié conforme : *Le chancelier,* Marc Viridet.

Décret des 9-31 décembre 1857,

Portant que les lois et autres actes y désignés, qui régissent la propriété littéraire et artistique dans la métropole, sont déclarés exécutoires dans les colonies françaises.

(XI⁰ s., Bull. 570, n° 5173).

Napoléon, etc.; Sur le rapport de notre ministre secrétaire d'Etat de la marine et des colonies; — Vu les articles 6 et 18 du sénatus-consulte du

3 mai 1854, qui règle la constitution des colonies ; vu l'avis du comité consultatif des colonies, en date du 30 novembre 1857, avons décrété :

Art. 1er. Sont déclarés exécutoires dans les colonies de la Martinique, de la Guadeloupe, de la Guyane française, de la Réunion, du Sénégal, de Gorée, des établissements français dans l'Inde et dans l'Océanie, les lois et autres actes ci-après désignés qui régissent la propriété littéraire et artistique dans la métropole, savoir :

1° Les articles 2, 3, 4 et 5 de la loi du 13 janvier 1791, relative à la propriété des œuvres dramatiques ;

2° Les articles 1er et 2 de la loi du 19 juillet 1791, sur les droits des auteurs de productions dramatiques ;

3° Le décret du 19 juillet 1793, relatif à la propriété littéraire et artistique ;

4° Les articles 2 et 3 du décret du 1er septembre 1793, relatif à la propriété des ouvrages dramatiques ;

5° Le décret du 23 prairial an III (13 juin 1795), relatif aux autorités chargées de constater les délits de contrefaçon ;

6° Le décret impérial du 1er germinal an XIII (22 mars 1805), relatif à la propriété des œuvres posthumes ;

7° Les articles 10, 11 et 12 du décret impérial du 8 juin 1806, relatif à la représentation des œuvres dramatiques posthumes ;

8° Le décret impérial du 20 février 1809, relatif à l'impression des manuscrits des bibliothèques et des établissements publics ;

9° Les articles 39, 41, premier alinéa, n° 7 ; 42, 43, 45, 47 du décret impérial du 5 février 1810, relatif à l'imprimerie et à la propriété littéraire;

10° Les articles 72 et 73 du décret impérial du 13 octobre 1812, relatif à la représentation des œuvres dramatiques ;

11° La loi du 3 août 1844, relative à la propriété des œuvres dramatiques ;

12° Le décret du 28 mars 1852, relatif à la propriété littéraire et artistique des ouvrages publiés à l'étranger ;

13° La loi du 8 avril 1854, portant extension de la durée des droits de propriété littéraire et artistique.

Art. 2. Notre ministre de la marine et des colonies est chargé, etc.

Décret du 2 août 1858,

Ouvrant le bureau des douanes de Culoz à l'importation et au transit de la librairie en langue française.

(Bulletin des lois, XIe s., n° 625.)

Voir le texte de ce décret aux Annales, tome IV, p. 369.

LOI DU 23 JUIN 1857

SUR LES MARQUES DE FABRIQUE ET DE COMMERCE.

Promulguée par décret impérial du 23 juin 1857 inséré au *Bulletin des lois*
le 27 du même mois, XI⁰ s., bull. 514, n° 4720. Exécutoire depuis le 28 décembre 1857.

TITRE I⁰⁰.

Du droit de propriété des marques.

Art. 1⁰⁰. La marque de fabrique ou de commerce est facultative.

Toutefois, des décrets rendus en la forme des règlements d'administration publique peuvent, exceptionnellement, la déclarer obligatoire pour les produits qu'ils déterminent.

Sont considérés comme marques de fabrique et de commerce les noms sous une forme distinctive, les dénominations, emblèmes, empreintes, timbres, cachets, vignettes, reliefs, lettres, chiffres, enveloppes et tous autres signes servant à distinguer les produits d'une fabrique ou les objets d'un commerce.

Art. 2. Nul ne peut revendiquer la propriété exclusive d'une marque, s'il n'a déposé deux exemplaires du modèle de cette marque au greffe du Tribunal de commerce de son domicile.

Art. 3. Le dépôt n'a d'effet que pour quinze années.

La propriété de la marque peut toujours être conservée pour un nouveau terme de quinze années au moyen d'un nouveau dépôt.

Art. 4. Il est perçu un droit fixe de 1 franc pour la rédaction du procès-verbal de dépôt de chaque marque et pour le coût de l'expédition, non compris les frais de timbre et d'enregistrement.

TITRE II.

Dispositions relatives aux étrangers.

Art. 5. Les étrangers qui possèdent en France des établissements d'industrie ou de commerce jouissent, pour les produits de leurs établissements, du bénéfice de la présente loi, en remplissant les formalités qu'elle prescrit.

Art. 6. Les étrangers et les Français dont les établissements sont situés hors de France jouissent également du bénéfice de la présente loi pour les produits de ces établissements, si, dans les pays où ils sont situés, des conventions diplomatiques ont établi la réciprocité pour les marques françaises.

Dans ce cas, le dépôt des marques étrangères a lieu au greffe du Tribunal de commerce du département de la Seine.

TITRE III.

Pénalités.

Art. 7. Sont punis d'une amende de 50 à 3,000 francs, et d'un emprisonnement de trois mois à trois ans, ou de l'une de ces peines seulement :

1° Ceux qui ont contrefait une marque ou fait usage d'une marque contrefaite ;

2° Ceux qui ont frauduleusement apposé sur leurs produits ou les objets de leur commerce une marque appartenant à autrui ;

3° Ceux qui ont sciemment vendu ou mis en vente un ou plusieurs produits revêtus d'une marque contrefaite ou frauduleusement apposée.

Art. 8. Sont punis d'une amende de 50 francs à 2,000 francs, et d'un emprisonnement d'un mois à un an, ou de l'une de ces peines seulement :

1° Ceux qui, sans contrefaire une marque, en ont fait une imitation frauduleuse de nature à tromper l'acheteur, ou ont fait usage d'une marque frauduleusement imitée ;

2° Ceux qui ont fait usage d'une marque portant des indications propres à tromper l'acheteur sur la nature du produit ;

3° Ceux qui ont sciemment vendu ou mis en vente un ou plusieurs produits revêtus d'une marque frauduleusement imitée ou portant des indications propres à tromper l'acheteur sur la nature du produit.

Art. 9. Sont punis d'une amende de 50 à 1,000 francs, et d'un emprisonnement de quinze jours à six mois, ou de l'une de ces peines seulement :

1° Ceux qui n'ont pas apposé sur leurs produits une marque déclarée obligatoire ;

2° Ceux qui ont vendu ou mis en vente un ou plusieurs produits ne portant pas la marque déclarée obligatoire pour cette espèce de produits ;

3° Ceux qui ont contrevenu aux dispositions des décrets rendus en exécution de l'article 1er de la présente loi.

Art. 10. Les peines établies par la présente loi ne peuvent être cumulées.

La peine la plus forte est seule prononcée pour tous les faits antérieurs au premier acte de poursuite.

Art. 11. Les peines portées aux articles 7, 8 et 9 peuvent être élevées au double en cas de récidive.

Il y a récidive lorsqu'il a été prononcé contre le prévenu, dans les cinq années antérieures, une condamnation pour un des délits prévus par la présente loi.

Art. 12. L'article 463 du Code pénal peut être appliqué aux délits prévus par la présente loi.

Art. 13. Les délinquants peuvent en outre être privés du droit de participer aux élections des Tribunaux et des Chambres de commerce, des Chambres consultatives des arts et manufactures et des Conseils de prud'hommes, pendant un temps qui n'excédera pas dix ans.

Le Tribunal peut ordonner l'affiche du jugement dans les lieux qu'il détermine, et son insertion intégrale ou par extrait dans les journaux qu'il désigne, le tout aux frais du condamné.

Art. 14. La confiscation des produits dont la marque serait reconnue contraire aux dispositions des articles 7 et 8 peut, même en cas d'acquittement, être prononcée par le Tribunal, ainsi que celle des instruments et ustensiles ayant spécialement servi à commettre le délit.

Le Tribunal peut ordonner que les produits confisqués soient remis au propriétaire de la marque contrefaite ou frauduleusement apposée ou imitée, indépendamment de plus amples dommages-intérêts, s'il y a lieu.

Il prescrit, dans tous les cas, la destruction des marques reconnues contraires aux dispositions des articles 7 et 8.

Art. 15. Dans le cas prévu par les deux premiers paragraphes de l'article 9, le Tribunal prescrit toujours que les marques déclarées obligatoires soient apposées sur les produits qui y sont assujettis.

Le Tribunal peut prononcer la confiscation des produits, si le prévenu a encouru, dans les cinq années antérieures, une condamnation pour un des délits prévus par les deux premiers paragraphes de l'article 9.

TITRE IV.

Juridictions.

Art. 16. Les actions civiles relatives aux marques sont portées devant les tribunaux civils et jugées comme matières sommaires.

En cas d'action intentée par la voie correctionnelle, si le prévenu soulève pour sa défense des questions relatives à la propriété de la marque, le Tribunal de police correctionnelle statue sur l'exception.

Art. 17. Le propriétaire d'une marque peut faire procéder par tous huissiers à la description détaillée, avec ou sans saisie, des produits qu'il prétend marqués à son préjudice, en contravention aux dispositions de la présente loi, en vertu d'une ordonnance du président du Tribunal civil de première instance, ou du juge de paix du canton, à défaut de Tribunal dans le lieu où se trouvent les produits à décrire ou à saisir.

L'ordonnance est rendue sur simple requête et sur la présentation du procès-verbal constatant le dépôt de la marque. Elle contient, s'il y a lieu, la nomination d'un expert, pour aider l'huissier dans sa description.

Lorsque la saisie est requise, le juge peut exiger du requérant un cautionnement, qu'il est tenu de consigner avant de faire procéder à la saisie.

Il est laissé copie, aux détenteurs des objets décrits ou saisis, de l'ordonnance et de l'acte constatant le dépôt du cautionnement, le cas échéant : le tout à peine de nullité et de dommages-intérêts contre l'huissier.

Art. 18. A défaut par le requérant de s'être pourvu, soit par la voie civile, soit par la voie correctionnelle, dans le délai de quinzaine, outre un jour par cinq myriamètres de distance entre le lieu où se trouvent les objets décrits ou saisis et le domicile de la partie contre laquelle l'action doit être dirigée, la description ou saisie est nulle de plein droit, sans préjudice des dommages-intérêts qui peuvent être réclamés, s'il y a lieu.

TITRE V.

Dispositions générales et transitoires.

Art. 19. Tous les produits étrangers portant, soit la marque, soit le nom d'un fabricant résidant en France, soit l'indication du nom ou du lieu d'une fabrique française, sont prohibés à l'entrée et exclus du transit et de l'entrepôt, et peuvent être saisis, en quelque lieu que ce soit, soit à la diligence de l'administration des douanes, soit à la requête du ministère public ou de la partie lésée.

Dans le cas où la saisie est faite à la diligence de l'administration des douanes, le procès-verbal de saisie est immédiatement adressé au ministère public.

Le délai dans lequel l'action prévue par l'article 18 devra être intentée, sous peine de nullité de la saisie, soit par la partie lésée, soit par le ministère public, est porté à deux mois.

Les dispositions de l'article 14 sont applicables aux produits saisis en vertu du présent article.

Art. 20. Toutes les dispositions de la présente loi sont applicables aux vins, eaux-de-vie et autres boissons, aux bestiaux, grains, farines, et généralement à tous les produits de l'agriculture.

Art. 21. Tout dépôt de marques opéré au greffe du Tribunal de commerce antérieurement à la présente loi aura effet pour quinze années à dater de l'époque où ladite loi sera exécutoire.

Art. 22. La présente loi ne sera exécutoire que six mois après sa promulgation. Un règlement d'administration publique déterminera les formalités à remplir pour le dépôt et la publicité des marques, et toutes les autres mesures nécessaires pour l'exécution de la loi.

Art. 23. Il n'est pas dérogé aux dispositions antérieures qui n'ont rien de contraire à la présente loi.

CIRCULAIRE DE S. EXC. M. LE MINISTRE DE LA JUSTICE.
27 juin 1857.

Monsieur le procureur général, la loi relative aux marques de fabrique, qui va être incessamment promulguée, établit pour la répression des fraudes qui se commettent en cette matière de nouvelles pénalités. Son exécution exigera dans certains cas le concours de l'administration des douanes et de l'autorité judiciaire.

Lorsque les agents de douanes auront, aux termes de l'article 19 de la loi, opéré la saisie de produits venus de l'étranger avec une marque française, ils devront dresser procès-verbal de cette saisie et le transmettre immédiatement au ministère public. — Outre l'envoi de ce procès-verbal, il arrivera quelquefois que, pour l'instruction de la procédure, les marchandises saisies seront transportées en tout ou en partie au greffe du Tribunal, ce qui suspendra nécessairement l'accomplissement des formalités de douane et l'exercice des droits appartenant à l'administration. — Afin de garantir à cet égard toute sécurité aux intérêts de l'industrie et de l'Etat, que la douane a également mission de protéger, M. le ministre des finances demande que, dès que le Tribunal aura, soit prononcé la confiscation, soit ordonné la remise aux propriétaires de la marque contrefaite des marchandises arrêtées à la douane, ces marchandises, lorsqu'elles auront été déposées au greffe, soient réintégrées au bureau de la douane, pour y demeurer jusqu'à ce que toutes les formalités légales aient été accomplies. — Le chef de service des douanes de la localité sera d'ailleurs tenu, d'après les instructions qui lui seront adressées, de justifier au procureur impérial de l'exécution des dispositions du jugement du Tribunal.

M. le ministre des finances a exprimé, en second lieu, le désir que, dans tous les cas, les frais du procès-verbal de transport et autres qui auraient été avancés par la douane soient liquidés dans le jugement à la charge de la partie condamnée.

Ces demandes m'ayant paru fondées, je vous prie, monsieur le procureur général, de vouloir bien y donner dès à présent satisfaction, en adressant à vos substituts des instructions pour qu'ils veillent à ce que les mesures ci-dessus spécifiées ne soient jamais négligées, et en les invitant à se concerter, toutes les fois qu'il en sera besoin, avec les chefs de douane de leur arrondissement, pour aplanir les difficultés qui pourraient se présenter. Je désire que vous m'accusiez réception de cette circulaire, et m'informiez de ce que vous aurez prescrit pour son exécution.

Le garde des sceaux, ministre de la justice,

Signé : ABBATUCCI.

CIRCULAIRE DE LA DIRECTION DES DOUANES ET DES CONTRIBUTIONS INDIRECTES.
6 août 1857.

Le *Bulletin des Lois*, n° 514, du 27 juin dernier, a publié la loi sur les marques de fabrique et de commerce, qui a été sanctionnée par l'Empereur le 23 du même mois. Une ampliation de cette loi est jointe à la présente. Les dispositions de l'article 19 comportent quelques explications pour guider le service dans l'application qu'il aura à en faire.

Et d'abord, je dois faire remarquer qu'une saisie de l'espèce, quoique exercée à la diligence de l'administration des douanes, ne s'opère en réalité que dans un intérêt d'ordre public, et à la requête du ministère public. — Le procès-verbal à rédiger dans ces occasions devra donc être libellé à la requête de M. le procureur impérial près le tribunal auquel ressortira le bureau de douane où cet acte sera rédigé. Il devra donner une description exacte des marchandises arrêtées et des marques dont elles sont revêtues ; si ces marques consistent en étiquettes ou autres impressions susceptibles d'être enlevées, on en annexera une ou plusieurs au procès-verbal de saisie, en les y fixant par une empreinte en cire du cachet en usage dans le bureau. Les marchandises seront d'ailleurs, dans tous les cas, scellées sur l'enveloppe extérieure d'une ou plusieurs empreintes du même cachet.

Les procès-verbaux de ces sortes de saisies n'étant de nature à faire foi en justice que jusqu'à preuve contraire, il n'est pas nécessaire qu'ils soient suivis de toutes les formalités prescrites par la loi de douane du 9 floréal an VII, notamment de l'affirmation ; mais il sera indispensable qu'ils soient enregistrés avant l'expiration du terme de quatre jours, fixé par l'article 20 de la loi du 22 frimaire an VII, le délai de deux mois spécifié dans le dernier paragraphe de l'article 19 devant courir d'une date certaine.

Les receveurs transmettront immédiatement au procureur impérial les procès-verbaux ainsi régularisés, et si aucun avis ne leur parvient touchant la suite qui y sera donnée, ils devront, dix jours au moins avant l'expiration du délai de deux mois dont je viens de parler, réclamer d'office de ce magistrat un avis qui puisse fixer le service sur le sort ultérieur de la saisie. Les marchandises déposées au bureau après la saisie y seront conservées avec soin, à moins que le Tribunal n'en ordonne l'apport au greffe. Dans ce dernier cas, l'expédition s'en effectuera sous la garantie du plombage et d'un acquit-à-caution qui devra être souscrit par l'agent chargé du transport, et dans lequel on stipulera l'obligation de le rapporter dans un bref délai, revêtu d'un certificat de réception des objets par le greffier du Tribunal.

Conformément aux instructions que S. Exc. le garde des sceaux vient d'adresser, de son côté, à MM. les procureurs généraux, instructions dont je joins une ampliation à la suite de la présente, les marchandises amenées au greffe seront, après la solution du procès, réintégrées au bureau de la douane où la saisie en aura été opérée, à l'effet d'y être soumises à l'application du régime qui leur sera propre, selon qu'elles seront ou non frappées de prohibition à l'entrée. Ce renvoi devra être accompagné, soit d'une expédition, soit d'un extrait authentique du jugement du Tribunal. Si cette pièce n'était pas produite, les receveurs devraient la réclamer immédiatement près du procureur impérial.

Les quatre cas différents qui sont à prévoir peuvent se résumer ainsi : — 1° ou il y aura abstention de poursuites de la part du ministère public et de la partie lésée ; — 2° ou le Tribunal aura déclaré la saisie nulle pour défaut de fondement, et ordonné la remise des marchandises au détenteur dépossédé ; — 3° ou il aura ordonné la remise des marchandises à la partie lésée ; — 4° ou enfin il aura prononcé la confiscation de ces mêmes marchandises.

Dans le premier cas, le receveur, après la notification reçue du ministère public, remettra la marchandise pour la destination indiquée dans la déclaration au détenteur saisi, contre son récépissé motivé et écrit sur papier timbré. Il conservera ce récépissé pour la décharge de sa responsabilité.

Dans le second cas, le receveur devra également, contre récépissé, remettre les marchandises aux mains de qui il aura été ordonné par le jugement, dont ampliation ou extrait authentique sera entre ses mains. Ces marchandises demeureront soumises au régime sous lequel les plaçait la déclaration de l'importateur réintégré dans sa propriété.

Dans le troisième cas, la remise des marchandises s'opérera dans les mêmes conditions, avec cette seule différence que, la confirmation de la saisie et l'attribution de la propriété faite à un tiers faisant tomber la déclaration faite en douane par le premier détenteur, le nouveau propriétaire devra être admis à déposer une autre déclaration pour le transit, la réexportation, l'entrepôt ou la consommation, selon que le comporteront, d'ailleurs, la nature des produits et le régime sous lequel la législation des douanes les place.

Enfin, dans la quatrième hypothèse, c'est-à-dire quand le Tribunal aura prononcé la confiscation des marchandises, les receveurs se concerteront avec leurs collègues des domaines, pour que la vente soit effectuée sous le plus court délai possible, et avec insertion dans le cahier des charges de la clause stipulant que la vente a lieu, suivant les cas, à charge de payement des droits de douane ou de réexportation, et avec faculté, s'il y a lieu, de transit et d'entrepôt. La marchandise ne sera livrée à l'acquéreur que sous l'accomplissement préalable des dispositions qui précèdent.

Le service ne perdra pas de vue, au surplus, que, selon les termes de l'article 14 de la loi, lorsque le Tribunal prononcera la confiscation ou la remise à la partie lésée des marchandises dont la marque aura été reconnue contraire aux dispositions des articles 7 et 8, le jugement devra prescrire la *destruction* de ces marques. Lors donc que le jugement contiendra cette prescription, les receveurs des douanes devront veiller à ce que la destruction ordonnée ait lieu en présence, soit du receveur des domaines, s'il y a confiscation, soit en celle de la partie mise en possession de la marchandise, si telle est la destination donnée à cette marchandise. Les frais de cette opération suivront le sort des autres frais occasionnés par la saisie. Les directeurs référeront à l'administration des difficultés d'application qui pourraient surgir en cette matière. Les receveurs devront informer sans délai le procureur impérial qui aura été saisi de l'affaire, de l'exécution, en ce qui concerne la douane, des dispositions résultant des jugements intervenus.

Aux termes de la circulaire de S. Exc. le garde des sceaux, les frais dont l'avance aura été faite par la douane pour le procès-verbal, le transport des marchandises, s'il y a lieu, etc., seront liquidés dans le jugement à la charge de la partie condamnée. Les receveurs devront, en conséquence, fournir au procureur impérial un relevé exact et complet de ces frais de toute nature.

Je ferai remarquer en terminant que, ainsi que le porte l'article 22, la loi du 23 juin ne sera exécutoire que six mois après la date de sa promulgation, c'est-à-dire le 27 décembre prochain. — Jusqu'à cette époque, on continuera à procéder comme par le passé, en informant directement et sans retard S. Exc. le ministre de l'agriculture, du commerce et des travaux publics, de la saisie qui serait faite en douane, à l'arrivée de l'étranger, de produits revêtus de marques françaises.

Les directeurs des douanes sont invités à donner, chacun dans son ressort, des ordres conformes aux dispositions de la présente, et à tenir la main à leur ponctuelle exécution.

Le Conseiller d'État, Directeur général.
Signé : TH. GRÉTERIN.

DÉCRET DU 26 JUILLET 1858,

Portant règlement d'administration publique pour l'exécution de la loi du 23 juin 1857, sur les MARQUES DE FABRIQUE et DE COMMERCE.

(Inséré au *Bulletin des lois*, le 11 août 1858, XIe S., Bull. 625, n° 5785.)

NAPOLÉON, etc. — Vu l'article 22 de la loi du 23 juin 1857, sur les marques de fabrique et de commerce, ainsi conçu : — « Un règlement « d'administration publique déterminera les formalités à remplir pour le « dépôt et la publicité des marques et de toutes les autres mesures néces-« saires pour l'exécution de la loi ; » — Notre Conseil d'État entendu, — Avons décrété et décrétons ce qui suit :

Art. 1er. Le dépôt que les fabricants, commerçants ou agriculteurs peuvent faire de leur marque au greffe du Tribunal de commerce de leur domicile, ou, à défaut de Tribunal de commerce, au greffe du Tribunal civil, pour jouir des droits résultant de la loi du 23 juin 1857, est soumis aux dispositions suivantes.

Art. 2. Ce dépôt doit être fait par la partie intéressée ou par son fondé de pouvoir spécial. La procuration peut être sous seing privé, mais enregistrée ; elle doit être laissée au greffier.

Le modèle à fournir consiste en deux exemplaires, sur papier libre, d'un dessin, d'une gravure ou d'une empreinte représentant la marque adoptée. — Le papier forme un carré de 18 centimètres de côté, dont le modèle occupe le milieu.

Art. 3. Si la marque est en creux ou en relief sur les produits, si elle a dû être réduite pour ne pas excéder les dimensions du papier, ou si elle présente quelque autre particularité, le déposant l'indique sur les deux exemplaires, soit par une ou plusieurs figures de détail, soit au moyen d'une légende explicative.

Ces indications doivent occuper la gauche du papier où est figurée la marque ; la droite est réservée aux mentions prescrites à l'article 5, conformément au modèle annexé au présent décret.

Art. 4. Un des deux exemplaires de la marque est collé par le greffier sur une des feuilles d'un registre tenu à cet effet et dans l'ordre des présentations. L'autre est transmis dans les cinq jours, au plus tard, au ministre de l'agriculture, du commerce et des travaux publics, pour être déposé au Conservatoire impérial des arts et métiers.

Le registre est en papier libre, du format de 24 centimètres de largeur sur 40 de hauteur, coté et parafé par le président du Tribunal de commerce ou du Tribunal civil, suivant les cas.

Art. 5. Le greffier dresse le procès-verbal du dépôt dans l'ordre des présentations, sur un registre en papier timbré, coté et parafé comme il est dit à l'article précédent. Il indique dans ce procès-verbal : 1° le jour et l'heure du dépôt; 2° le nom du propriétaire de la marque et celui de son fondé de pouvoir; 3° la profession du propriétaire, son domicile et le genre d'industrie pour lequel il a l'intention de se servir de la marque.

Chaque procès-verbal porte un numéro d'ordre. Ce numéro est également inscrit sur les deux modèles, ainsi que le nom, le domicile ou la profession du propriétaire de la marque, le lieu et la date du dépôt, et le genre d'industrie auquel la marque est destinée.

Lorsque, au bout de quinze ans, le propriétaire d'une marque en fait un nouveau dépôt, cette circonstance doit être mentionnée sur les modèles et dans le procès-verbal de dépôt.

Le procès-verbal et les modèles sont signés par le greffier et par le déposant ou par son fondé de pouvoir. — Une expédition du procès-verbal de dépôt est délivrée au déposant.

Art. 6. Il est dû au greffier, outre le droit fixe de 1 franc pour le procès-verbal de dépôt de chaque marque, y compris le coût de l'expédition, le remboursement des droits de timbre et d'enregistrement. Le remboursement du timbre du procès-verbal est fixé à 55 centimes. — Toute expédition délivrée après la première donne également lieu à la perception de 1 franc au profit du greffier.

Art. 7. Le greffier du Tribunal de commerce du département de la Seine, chargé, dans le cas prévu par l'article 6 de la loi du 23 juin 1857, de recevoir le dépôt des marques des étrangers et des Français, dont les établissements sont situés hors de France, doit en former un registre spécial, et mentionner, dans le procès-verbal de dépôt, le pays où est situé l'établissement industriel, commercial ou agricole du propriétaire de la marque, ainsi que la convention diplomatique par laquelle la réciprocité a été établie.

Art. 8. Au commencement de chaque année, les greffiers dressent sur papier libre et d'après le modèle donné par le ministre de l'agriculture, du commerce et des travaux publics, une table ou répertoire des marques dont ils ont reçu le dépôt pendant le cours de l'année précédente.

Art. 9. Les registres, procès-verbaux et répertoires déposés dans les greffes, ainsi que les modèles réunis au dépôt central du Conservatoire impérial des arts et métiers, sont communiqués sans frais.

Art. 10. Notre ministre de l'agriculture, du commerce et des travaux publics, et notre garde des sceaux, ministre de la justice, sont chargés, chacun en ce qui le concerne, de l'exécution du présent décret.

Fait à Plombières, le 26 juillet 1858.

Signé : NAPOLÉON.

Par l'Empereur :

Le ministre secrétaire d'État au département
de l'agriculture et des travaux publics,   ·
Signé : E. ROUHER.

Réduction, à la moitié, du MODÈLE *annexé au décret du 26 juillet 1858,*
pour l'exécution de la loi sur les marques de fabrique et de commerce,
en ce qui concerne le dépôt.

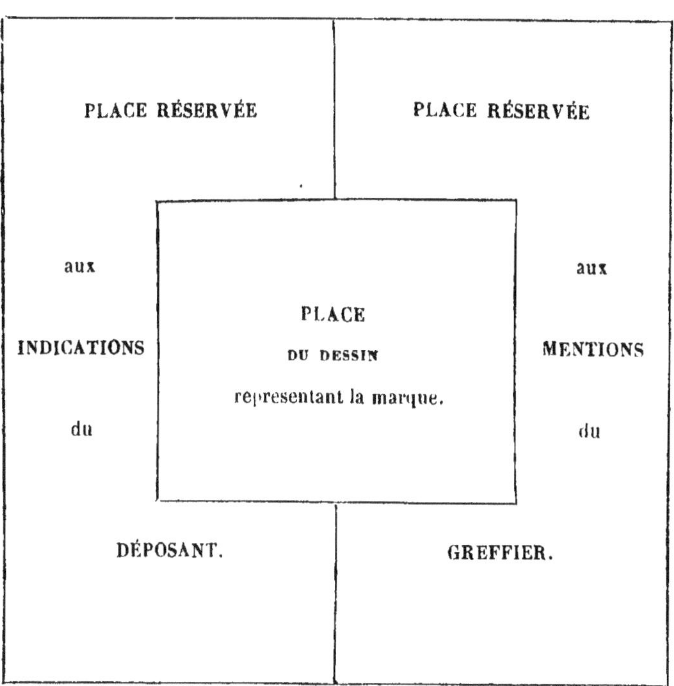

NOTA. Le papier doit former, en tout, un carré de 18 centimètres de chaque côté ; la place réservée au dessin de la marque occupe le centre et ne doit pas excéder un cadre de 10 centimètres de large sur 8 centimètres de haut.

Instruction ministérielle

Arrêtée de concert entre le garde de sceaux, ministre de la justice, et le ministre de l'agriculture, du commerce et des travaux publics, pour l'exécution de la loi du 23 juin 1857 et du décret du 26 juillet 1858, sur les marques de fabrique et de commerce.

(*Moniteur universel,* 8 septembre 1858.)

Les fabricants, commerçants ou agriculteurs qui veulent déposer leurs marques au greffe du Tribunal de commerce, ou, à défaut de Tribunal de commerce, au greffe du Tribunal civil, peuvent, soit s'y présenter eux-mêmes, soit se faire représenter par un fondé de pouvoir spécial. Dans ce dernier cas, la procuration peut être dressée sous seing privé ; mais elle doit être enregistrée et laissée au greffier pour être annexée au procès-verbal mentionné ci-après.

Le déposant doit fournir, en double exemplaire, sur papier libre, le modèle de la marque qu'il a adoptée. Ce modèle consiste en un dessin, une gravure ou une empreinte, exécutés de manière à représenter la marque avec netteté et à ne pas s'altérer trop aisément. Le papier sur lequel le modèle est tracé doit présenter la forme d'un carré de 18 centimètres de côté, et la marque doit être tracée au milieu du papier. Dans le modèle annexé au décret, un espace de 8 centimètres de hauteur sur 10 centimètres de largeur est réservé à la marque. On ne pourrait admettre un dessin excédant sensiblement cette limite et ne laissant pas les espaces nécessaires pour les mentions à insérer en vertu du décret.

Si la marque est en creux ou en relief sur les produits, si elle a dû être réduite pour ne pas excéder les dimensions prescrites, ou si elle présente quelque autre particularité, le déposant doit l'indiquer sur les deux exemplaires, soit par une ou plusieurs figures de détail, soit au moyen d'une légende explicative.

Ces indications doivent occuper la gauche du papier où est figurée la marque ; la droite est réservée aux mentions qui doivent être ajoutées par le greffier, ainsi qu'il sera dit ci-après.

Le greffier vérifie les deux exemplaires. S'ils ne sont pas dressés sur papier de dimension ou conformément aux prescriptions énoncées ci-dessus, ils sont rendus aux déposants pour être rectifiés ou remplacés.

Dans le cas où les deux modèles de la marque ne seraient pas exactement semblables l'un à l'autre, le greffier devrait également refuser de les admettre. Le déposant désigne au greffier celui des deux exemplaires qui doit rester au greffe, et sur lequel doit être écrit le mot *primata*, et celui qui est destiné à être déposé au Conservatoire impérial des arts et métiers, et sur lequel on écrit le mot *duplicata.*

Le greffier colle le premier de ces exemplaires sur une des feuilles d'un registre qu'il tient à cet effet. Les modèles y sont placés à la suite les uns des autres, d'après l'ordre des présentations. Le registre est fourni par le greffier; il doit être en papier libre, du format de 24 centimètres de hauteur. Le papier de chaque modèle ayant 18 centimètres de côté, il doit en tenir deux sur le recto ou le verso de chaque feuillet, et il doit rester une marge de 3 centimètres à gauche et à droite, et de 2 centimètres en haut et en bas. Le registre est coté et parafé par le président du Tribunal de commerce ou du Tribunal civil, suivant les cas. Le nombre des feuillets est proportionné au nombre des dépôts qui s'effectuent ordinairement dans la localité.

Le greffier dresse ensuite sur un registre en papier timbré, coté et parafé comme le registre mentionné ci-dessus, le procès-verbal du dépôt, dans l'ordre des présentations. Il indique : 1° le jour et l'heure du dépôt ; 2° le nom du propriétaire de la marque et, le cas échéant, le nom de son fondé de pouvoir ; 3° la profession du propriétaire, son domicile et le genre d'industrie pour lequel il a l'intention de se servir de la marque. Le greffier inscrit en outre un numéro d'ordre sur chaque procès-verbal, et reproduit ce numéro dans l'espace réservé à la droite de chacun des deux exemplaires du modèle. Il y joint le nom, le domicile et la profession du propriétaire de la marque, le lieu et la date du dépôt, et le genre d'industrie auquel la marque est destinée. De plus, lorsqu'au bout de quinze ans le propriétaire d'une marque en fera un nouveau dépôt, cette circonstance devra être mentionnée sur les deux modèles et dans le procès-verbal du dépôt.

Le greffier et le déposant ou son fondé de pouvoir doivent apposer leur signature : 1° au bas du procès-verbal : 2° au-dessous des mentions portées à droite et à gauche sur les deux exemplaires du modèle. Si le déposant ne sait ou ne peut signer, il doit se faire représenter par un fondé de pouvoir qui signe à sa place.

Pour le registre des procès-verbaux comme pour le registre des modèles, le nombre des feuillets est proportionné à celui des dépôts qui s'effectuent ordinairement dans la localité.

Il est dû au greffier, outre le droit fixe de 1 franc pour le procès-verbal de dépôt de chaque marque, y compris le coût de l'expédition, le remboursement des droits de timbre et d'enregistrement. Le remboursement du timbre du procès-verbal est fixé à 35 centimes.

Dans le cas où une expédition du procès-verbal est demandée ultérieurement au greffier par une personne quelconque, elle doit être délivrée moyennant l'acquittement d'un droit fixe de 1 franc et le remboursement du droit de timbre.

Les modèles déposés au greffe, ainsi que les procès-verbaux dressés par le greffier, doivent être communiqués sans frais à toute réquisition.

Le second exemplaire de chaque modèle déposé sera transmis par le greffier, dans les cinq jours de la date du procès-verbal, au ministre de l'agriculture, du commerce et des travaux publics. Cet exemplaire est destiné au Conservatoire impérial des arts et métiers, où il sera communiqué sans frais à toute réquisition.

Au commencement de chaque année, le greffier dressera sur papier libre, et d'après le modèle qui sera donné par le ministre de l'agriculture, du commerce et des travaux publics, un répertoire des marques dont il aura reçu le dépôt pendant le cours de l'année précédente. Ce répertoire sera conservé au greffe et communiqué sans frais à toute réquisition, comme les documents ci-dessus.

INSTRUCTION

De la direction générale de l'enregistrement et des domaines.

Sur les droits de timbre et autres en matière de marques de fabrique et de commerce.

6 octobre 1858, — n° 2133.

Cette instruction, après avoir reproduit les articles de la loi du 23 juin 1857 et du règlement du 26 juillet 1858 relatifs au dépôt des marques, se termine ainsi :

Il résulte des dispositions ci-dessus transcrites : 1° qu'il doit être tenu au greffe du Tribunal de commerce, ou, à défaut de Tribunal de commerce, au greffe du Tribunal civil, deux registres, dont l'un, *en papier non timbré*, sur lequel seront collés les modèles de marques, également exemptés du timbre, et l'autre, *en papier timbré*, pour la rédaction des procès-verbaux de dépôt des marques ; 2° que ces procès-verbaux sont assujettis à l'enregistrement comme les autres actes du greffe, et passibles du droit fixe de 3 francs ; mais qu'il n'est dû de droits de greffe, ni pour la rédaction ni pour l'expédition des procès-verbaux, la loi du 23 juin 1857 et le décret réglementaire ayant attribué au greffier, pour ces formalités, un salaire spécial, sans parler de la perception des droits de greffe.

L'article 7 du décret du 26 juillet impose au greffier du Tribunal de commerce du département de la Seine l'obligation de tenir un registre spécial pour les dépôts des marques des étrangers et des Français dont les établissements sont situés hors de France. Ce registre, destiné à recevoir les modèles des marques, est exempt du timbre. Il en est de même du répertoire dont la formation est prescrite par l'article 8 du décret.

Lors de la vérification des greffes, les employés supérieurs auront à s'assurer que le registre des procès-verbaux de dépôt est en papier timbré, et que ces procès-verbaux ainsi que les procurations sous seing privé laissées au greffier, en conformité de l'article 2 du décret, ont été enregistrés. Les procurations dont il s'agit ne sont pas affranchies du timbre.

La loi du 23 juin 1857 et le décret réglementaire du 26 juillet 1858 ne concernent que les marques de fabrique, et remplacent le décret du 11 juin 1809, mentionné au paragraphe 5 de l'instruction n° 1755. Il n'y a donc pas lieu d'en faire l'application aux dépôts de dessins qui continuent à être régis par la loi du 18 mars 1806, par la décision du 20 juin 1809 (instruction n° 437) et par l'ordonnance du 17 août 1825, d'après lesquelles le registre de dépôt est exempt du timbre, tandis que le certificat remis au déposant doit être rédigé sur papier timbré et enregistré gratis.

Le directeur général de l'enregistrement et des domaines,
Signé : TOURNUS.

CONFÉDÉRATION GERMANIQUE.
Propriété littéraire et artistique.

Après avoir, aux pages 204 et suivantes du *Code international*, fait connaître les diverses résolutions de la Diète, qui constituent le droit commun des quarante Etats composant la Confédération germanique, nous avons, à la page 207, donné le texte même de la dernière résolution du 19 juin 1845; nous complétons ces documents par la résolution suivante, relative aux ouvrages des auteurs décédés antérieurement à la résolution du 9 novembre 1837.

RÉSOLUTION DE LA DIÈTE DU 6 NOVEMBRE 1856.

La protection assurée par l'article 2 de l'acte du 9 novembre 1837, et par l'acte du 10 juin 1845, contre la contrefaçon ou reproduction illicite par voie mécanique des ouvrages de littérature ou d'art, ainsi que la protection qui a été accordée par des actes particuliers de la Confédération, en faveur de certains auteurs individuellement, reçoit une extension ainsi définie, que cette protection continue à couvrir encore jusqu'au 9 novembre 1867 les ouvrages des auteurs qui sont décédés antérieurement à l'acte du 9 novembre 1837. — Néanmoins le présent acte ne s'appliquera qu'aux ouvrages qui sont actuellement protégés encore, dans toute l'étendue de la Confédération, par des lois ou des priviléges, contre la contrefaçon ou la reproduction illicite.

SUISSE.
Propriété littéraire et artistique.

Il résulte des explications qu'a données, au Congrès de Bruxelles, M. Gaullieur, professeur d'histoire à l'Académie de Genève, et secrétaire de l'Institut génevois, que la Suisse est complétement divisée sur tout ce qui concerne la presse et la propriété littéraire et artistique. Elle se compose, on le sait, de vingt-deux cantons confédérés qui, pour tout ce qui ne touche pas aux intérêts généraux réglés par l'acte fédéral, sont, chacun dans les limites de son territoire, souverains chez eux. Or, divisés de religion, de langage, de mœurs et d'habitudes, ils n'ont, en matière de presse, de littérature et d'art, ni les mêmes goûts ni les mêmes intérêts. Aussi, lorsque, sur la proposition de quelques cantons, le pouvoir fédéral a essayé de faire adopter une législation uniforme en cette matière, il a trouvé une indifférence complète chez les uns et une certaine résistance chez d'autres. L'un d'eux aurait notamment répondu aux ouvertures qui lui furent faites à ce sujet, que n'ayant jamais eu d'imprimerie, et espérant bien n'en jamais avoir, le concordat proposé ne pouvait pas le concerner. — La même divergence d'opinions devait nécessairement se manifester lorsqu'il s'est agi de traiter avec des nations étrangères; on devait même s'attendre à une opposition plus forte encore. Aussi les ouvertures faites par la **France** n'ont-elles, jusqu'à présent, eu de résultat qu'avec Genève. Quoi qu'il en soit, le traité récent conclu avec ce canton [1], et les négociations qui restent entamées avec quelques autres, donnent une importance toute particulière au concordat du 3 décembre 1856, qui constitue aujourd'hui la législation commune de tous les cantons adhérents. — Nous appelons particulièrement l'attention sur l'article 8 qui, tout en permettant d'étendre le bénéfice du concordat, par voie de traité, aux États étrangers qui offriront la réciprocité, stipule que ces traités n'engagent que les cantons qui y auront expressément adhéré.

CONCORDAT DU 3 DÉCEMBRE 1856,

Pour la protection de la propriété littéraire et artistique.

(Ce concordat n'a force de loi que pour les cantons adhérents.)

Les États confédérés de ZURICH, BERNE, URI, UNTERWALDEN (haut et bas), GLARIS, BALE (ville et campagne), SCHAFFHOUSE, APPENZELL, RHODES (intérieurs), GRISONS, THURGOVIE, TESSIN [2], VAUD et GENÈVE, ont conclu le concordat ci-après, pour la protection de la propriété littéraire et artistique [3].

Art. 1er. Les écrivains et les artistes ont exclusivement le droit de publier ou faire publier leurs œuvres. Ce droit s'étend à toutes les productions du domaine de la littérature et des arts, qui sont imprimées ou publiées dans l'un des cantons concordants. — Les citoyens des États concordants, qui publient leurs œuvres hors du territoire de l'État, peu-

---

[1] V. le traité du 30 octobre 1858, *supra*, p. 56.

[2] Le Tessin, qui est régi en outre par une loi particulière du 20 mai 1835, a adhéré à la Convention conclue entre l'Autriche et la Sardaigne.

[3] Le canton d'Argovie a adhéré à ce concordat, le **13 février 1857**.

vent pareillement acquérir ce droit en remettant chaque fois un exemplaire de l'ouvrage à leur gouvernement et en faisant connaître officiellement leur qualité d'auteur.

Art. 2. Le droit de l'auteur dure toute sa vie et, s'il meurt avant l'expiration de la trentième année à dater de la première publication, ce droit continue de subsister, pour le reste de ce temps, en faveur de ses successeurs (héritiers ou cessionnaires). — Si la publication n'a pas eu lieu du vivant de l'auteur, ses héritiers ou autres ayants droit ont le privilége exclusif de publier l'ouvrage pendant dix ans, à dater de la mort de l'auteur. S'ils en font usage, la protection dure trente ans à partir de cette mort.

Art. 3. Les reproductions qui exigent un travail intellectuel propre ne constituent pas une lésion du droit d'auteur. Elles sont, au contraire, au bénéfice de ce droit.

Art. 4. Ne constituent pas non plus une violation du droit d'auteur : — 1° l'impression des actes et délibérations d'autorités publiques, à moins que le gouvernement fédéral ou un gouvernement cantonal n'ait remis à un éditeur la publication de ses actes ; — 2° l'impression de discours prononcés en public ; — 3° la reproduction d'articles publiés dans les journaux ; — 4° l'insertion, dans un recueil, de passages, morceaux ou chapitres extraits d'un ouvrage.

Art. 5. La publication illicite d'une œuvre littéraire ou d'art, au moyen de la contrefaçon, ou de la vente d'ouvrages contrefaits opérée sciemment, sera, sur la dénonciation de l'auteur ou de ses ayants droit, punie d'une amende jusqu'à concurrence de 1,000 francs, et les exemplaires non encore vendus seront confisqués au profit de l'auteur.

Art. 6. L'auteur lésé ou son ayant droit peut, en outre, réclamer une indemnité que le Tribunal fixe dans la mesure qu'il juge convenable, après avoir entendu les parties.

Art. 7. Les contraventions au présent concordat sont jugées par les tribunaux compétents du canton dans lequel la contrefaçon ou la vente illicite a eu lieu.

Art. 8. La protection de la propriété littéraire et artistique peut être étendue, par voie de traité, aux productions des États étrangers qui usent de réciprocité et qui, par des droits d'entrée modérés sur les productions de la littérature et de l'art suisse, en facilitent le débit. — Un pareil traité n'obligera les cantons qu'autant qu'ils y auront adhéré.

Art. 9. Le présent concordat entrera en vigueur dès que la majorité des cantons l'aura accepté et que l'autorité fédérale en aura pris connaissance, aux termes de l'article 7 de la constitution de la Confédération suisse.

Le Conseil fédéral suisse : — Vu le concordat ci-dessus conclu sur la base de la conférence des hauts États, du 15 juillet 1854, et ensuite de la circulaire du Conseil fédéral, du 7 août 1854, — en application de l'article 7 de la constitution fédérale ; — Considérant que ce concordat ne renferme rien qui soit contraire aux droits de la Confédération ou d'autres cantons, — ARRÊTE :

Ledit concordat sera inséré au recueil officiel des lois de la Confédération et entrera en vigueur dès le 1er janvier 1857.

Berne, le 3 décembre 1856.

TURQUIE.

Législation sur la propriété littéraire.

Au mois de janvier 1857 (20 djemazi-ul-akhyr 1273), le gouvernement turc a publié, sur les imprimeries de l'empire, un règlement qui contenait un article concernant la propriété littéraire, et ainsi conçu :

Art. 8. Les auteurs qui, par leurs travaux littéraires, ont obtenu une récompense du gouvernement, et dont les ouvrages sont déjà imprimés, jouiront jusqu'à leur mort de la propriété entière et exclusive desdits ouvrages. Aucune imprimerie n'aura le droit de reproduire ces ouvrages par la publication de nouvelles éditions, si cette imprimerie n'en a pas obtenu l'autorisation de l'auteur.

Un second arrêté de la même époque, publié dans le journal de Constantinople du 19 avril 1857, a complété de la manière suivante les droits des auteurs :

Art. 1er. Le monopole de tous livres déjà imprimés est aboli à l'avenir. Chacun imprimera les livres qu'il jugera convenable à ses intérêts.

Art. 2. Afin d'encourager les publicistes et les auteurs, le droit d'impression de ses œuvres appartiendra désormais à l'auteur, pendant toute la durée de sa vie.

Art. 3. Dans le cas où l'auteur n'imprimerait pas lui-même son ouvrage, toute personne qui voudra le faire devra, au préalable, prendre avec cet auteur tels arrangements que de besoin, et fixer avec lui le prix de la vente.

Art. 4. Ces arrangements devront être communiqués au Conseil d'instruction publique.

Art. 5. Dans le cas où l'État viendrait à faire publier lui-même, dans ses ateliers, un ouvrage dont l'impression lui paraîtrait nécessaire, le Conseil d'instruction publique fixera l'indemnité à accorder à l'auteur.

Art. 6. Au cas où des exemplaires d'un ouvrage seraient imprimés au delà du nombre fixé dans le contrat passé entre l'imprimeur et l'auteur, ce fait sera assimilé à un délit de vol, et le prévenu sera puni d'après une loi qui sera spécialement décrétée.

Art. 7. Au cas où un ouvrage sera imprimé à l'imprimerie impériale, remise sera faite à l'auteur dudit ouvrage des exemplaires qui se trouveraient dépasser le chiffre fixé du tirage.

LOI AUTRICHIENNE DU 7 DÉCEMBRE 1858

Sur les dessins et modèles de fabrique.

(Exécutoire depuis le 1er mars 1859.)

Nous FRANÇOIS-JOSEPH Ier, par la grâce de Dieu, empereur d'Autriche, etc., afin de garantir à l'industrie nationale une protection convenable, pour les nouveaux dessins de fabrique et modèles de ses produits, et d'en avancer le développement, nous avons trouvé bon, nos ministres et notre Conseil de l'empire entendus, de décréter les dispositions législatives suivantes, et ordonnons qu'elles seront mises en vigueur dans toute l'étendue de notre empire, à partir du 1er mars 1859. — Notre ministre du commerce, de l'industrie et des travaux publics est chargé de l'exécution de la présente loi. — Donné en notre ville capitale et résidence de Vienne, le 7 décembre 1858, la onzième année de notre règne.

FRANÇOIS-JOSEPH.

Le ministre du commerce,
Chevalier DE TOGGENBURG,
Par ordonnance de l'Empereur,
MARHERR.

Loi pour la protection des dessins de fabrique et modèles des produits de l'industrie.

I. — DISPOSITIONS GÉNÉRALES.

ART. 1er. — On entend, dans la présente loi, par dessin de fabrique et modèle, tout type qui se rapporte à la forme d'un produit industriel, et qui peut être identifié avec lui. — Tout ce qui se dit dans les articles suivants des dessins de fabrique est aussi applicable aux modèles.

ART. 2. — Celui qui produit un dessin original, soit par lui-même, soit par un autre, mais pour son compte, a seul le droit de l'appliquer à la fabrication des produits industriels, et ce pendant le temps et aux conditions déterminées par la présente loi. — Il peut aussi transmettre ce droit à d'autres, soit en totalité, soit en partie.

Nul ne peut acquérir le droit à l'usage exclusif déterminé par la présente loi, sur des dessins de fabrique du pays ou de l'étranger, qu'il se serait illégalement attribués. (V. art. 11, lettre c.)

ART. 3. — Un droit exclusif ne peut être reconnu à des dessins de copie des œuvres d'art d'un autre.

ART. 4. — Le droit exclusif d'usage dure, sans distinction de dessins, pendant trois ans, à partir de l'époque de l'enregistrement.

II. — DÉPÔT DE DESSINS ET MODÈLES.

Art. 5. — Celui qui veut s'assurer un droit exclusif à l'usage (exploitation) d'un dessin doit, avant de mettre dans le commerce un produit confectionné d'après ce dessin, en faire le dépôt à la Chambre de commerce et d'industrie du district où il a son domicile, ou de celui où est situé l'établissement dans lequel il veut exploiter le dessin. — Il est loisible au déposant de présenter le dessin à découvert ou sous enveloppe cachetée. — L'employé ou fonctionnaire, nommé à cet effet par la Chambre de commerce, inscrit le dessin ou le paquet, selon le numéro d'ordre, dans le registre des dessins. — Procès-verbal est dressé du dépôt ; il contient le nom ou la raison commerciale et le domicile du déposant, le jour et l'heure de la présentation et le numéro d'inscription au registre ; il est signé par la partie intéressée. Le dessin ou le paquet cacheté est attaché au procès-verbal par un fil cacheté ; on y met le numéro du registre avec la signature officielle. — Le procès-verbal est conservé dans les archives, et un certificat contenant les mêmes indications est délivré au déposant. — Si le dessin a été présenté à découvert et en double exemplaire, alors les indications ci-dessus doivent être portées sur le duplicata même, avec la signature officielle, et c'est ce duplicata qui est délivré à la partie intéressée, au lieu du certificat ci-dessus mentionné.

Art. 6. — L'enregistrement de chaque dessin est soumis à une taxe de 10 florins (25 francs), qui est versée dans la caisse de la Chambre de commerce.

Art. 7. — Il est permis de présenter plusieurs dessins sous la même enveloppe ; mais dans ce cas le nombre des dessins doit être indiqué sur l'enveloppe, et la taxe payée pour chaque dessin. — Toute déclaration inexacte portée sur l'enveloppe, et tendant à frustrer les droits de taxe, est punie d'une amende équivalente au triple des droits frustrés.

Art. 8. — Celui au nom duquel un dessin est enregistré (le déposant) est considéré comme étant le propriétaire réel du dessin, jusqu'à preuve du contraire.

Art. 9. — L'ayant droit à la protection doit, dans le terme d'un an, exploiter le dessin dans le pays, pour la fabrication des produits de l'industrie, et mettre ses produits dans le commerce. Pendant ce temps, les dessins, déposés sous enveloppe cachetée, sont conservés dans cet état. Après une année, les scellés sont levés en présence de deux témoins ; procès-verbal en est dressé, et l'inspection en est permise à chacun, de même qu'elle est permise pour les dessins déposés à découvert.

III. — NULLITÉ DE L'ENREGISTREMENT. — PERTE DU DROIT AU DESSIN.

Art. 10. — L'enregistrement d'un dessin est nul et sans effet s'il est prouvé : — a, que déjà avant l'époque du dépôt des produits de l'industrie, confectionnés d'après les dessins déposés, étaient dans le commerce, soit dans le pays, soit à l'étranger ; — *b*, que le dessin a déjà paru dans un ouvrage imprimé et publié ; — *c*, qu'il avait déjà été auparavant enregistré dans le pays sous le nom d'un autre ; — *d*, que le déposant s'est illégalement attribué le dessin (art. 2).

Art. 11. — Le droit à l'exploitation exclusive d'un dessin s'éteint : — *a*, si, dans le terme d'une année, le déposant n'exploite pas dans l'étendue de l'empire d'Autriche le dessin protégé ; — *b*, Si le déposant introduit en Autriche des marchandises confectionnées à l'étranger d'après le même dessin.

IV. — USURPATIONS. — CONTRAVENTIONS. — PEINES.

Art. 12. — Toute usurpation de droit à un dessin de fabrique, soit que l'usurpation ait lieu par la cession ou la contrefaçon d'un dessin protégé, soit par la vente de marchandises confectionnées d'après ce dessin, donne droit à la partie lésée de demander la cessation de toute exploitation ultérieure du dessin et de la vente desdites marchandises. Elle peut aussi demander la destruction de tous les instruments et appareils accessoires servant exclusivement à la production de la contrefaçon. Les réclamations de dommages-intérêts élevées par la partie lésée, pour préjudice souffert, sont de la compétence des tribunaux et doivent être jugées d'après les dispositions du Code civil.

Art. 13. — Une contrefaçon ne cesse pas d'être défendue, si l'on n'a changé que les dimensions et les couleurs du dessin.

Art. 14. — Si l'usurpation a été commise sciemment, le coupable est passible d'une amende de 25 à 500 florins (62 fr. 50 c. à 1,250 francs), indépendamment des peines prononcées par le Code pénal général.

Art. 15. — En cas de récidive, la peine peut être doublée. En cas d'une nouvelle récidive, le coupable sera passible, indépendamment de l'amende, d'un emprisonnement d'une semaine à trois mois.

Art. 16. — Si l'amende devait porter trop sensiblement atteinte aux moyens pécuniaires du condamné, ou aux ressources dont il a besoin pour sa subsistance ou celle de sa famille, ou pouvait l'empêcher de satisfaire aux dommages-intérêts auxquels il serait condamné, l'amende devrait être convertie en un emprisonnement d'un jour pour chaque montant de 5 florins.

Art. 17. — Le juge du délit peut aussi ordonner que le jugement de condamnation soit rendu public.

Art. 18. — Le montant des amendes est versé à la caisse du fonds des pauvres du lieu où la contravention a été commise.

V. — AUTORITÉ ET MODE DE PROCÉDER.

Art. 19. — La procédure et le jugement à rendre, relatifs aux usurpations du droit au dessin, ainsi que l'instruction et la punition, si l'usurpation prend le caractère d'une contravention, d'après l'article 15, sont de la compétence de la préfecture pour les délits et contraventions en fait d'industrie. — La préfecture statue aussi sur la nullité du dépôt ou la perte du droit au dessin. — Quant aux réclamations de dommages-intérêts (art. 12) et aux conflits au sujet de la propriété d'un dessin, la décision en appartient au juge civil.

ART. 20. — S'il arrive, pendant le procès ou l'instruction, que la décision dépend d'une question préjudicielle dont la justice civile doit connaître, la Préfecture renverra les parties devant la juridiction civile compétente, et elle ne pourra prononcer son propre jugement qu'après que la décision du juge civil, passée en force de chose jugée, lui aura été produite. — La décision, passée en force de chose jugée, de la préfecture, qui déclare quelqu'un coupable d'usurpation du droit d'exploitation d'un dessin, sert à la partie lésée pour faire valoir, devant le juge civil, sa réclamation à des dommages-intérêts.

ART. 21. — Si la poursuite des contraventions désignées dans la présente loi n'est pas faite d'office, conformément aux dispositions du Code pénal général, par le tribunal correctionnel, elle ne pourra être faite qu'à la requête de la partie lésée. — Cependant, si la partie lésée retire la demande de condamnation avant le jugement à rendre par l'autorité, alors elle est déchue du droit de demander ultérieurement la condamnation ou une nouvelle instruction pour y arriver, sans préjudice toutefois de son droit privé aux dommages-intérêts.

ART. 22. — Toutes les fois qu'il s'agira, pour constater une usurpation, de faire la comparaison entre deux dessins, l'autorité devra en référer au jugement d'experts; les parties seront appelées pour être présentes aux opérations des experts ; ceux-ci les entendront dans leurs dires et observations. — Le jugement des experts ne peut être attaqué que pour suspicion contre les experts ou pour vice de forme.— Si le jugement n'est pas complet ou qu'il soit obscur, on peut exiger qu'il soit complété ; mais on ne peut pas en demander la révision.

ART. 23. — Dans tous les cas de contestation, la préfecture et le tribunal ont le droit de se faire remettre, contre récépissé, le dessin déposé à la Chambre de commerce et d'industrie. Si le paquet cacheté doit être ouvert, le déposant doit être appelé. S'il ne se présente pas, on requerra l'assistance de deux témoins impartiaux. Un procès-verbal sera dressé sur l'ouverture du paquet.

ART. 24. — La partie lésée a le droit de demander, même avant qu'une décision ait été prise au sujet de la plainte, la saisie des produits d'industrie désignés comme ayant été confectionnés au préjudice de son droit à l'exploitation du dessin, ainsi que des instruments ou appareils (art. 12) qui ont servi à leur confection, ou toute autre garantie. — La préfecture doit de suite l'ordonner sur la présentation du certificat authentique ou duplicata du certificat délivré conformément à l'article 5. — Toutefois, l'autorité peut aussi, si elle le juge convenable, exiger, par contre, une sûreté préalable contre l'outrage et le préjudice qui pourraient résulter de la poursuite pour le défendeur. En même temps qu'elle ordonne la saisie ou autre garantie, l'autorité doit demander la remise du dessin déposé à la Chambre de commerce et d'industrie, dans le sens de l'article 23.

ART. 25. — S'il est reconnu qu'une usurpation du droit à l'exploitation du dessin a eu lieu, les objets y relatifs demeureront scellés sous le sceau officiel, jusqu'à l'expiration du terme de la protection. On prendra des mesures pour leur garde et leur conservation, aux frais de la partie condamnée, dans le cas où il n'en aurait pas été autrement disposé par une transaction entre les intéressés.

ART. 26. — Si le défendeur est reconnu innocent et la plainte comme ayant été méchamment faite, la préfecture peut condamner le plaignant, au profit de la caisse des pauvres, à une amende dont le montant pourra s'élever jusqu'à 300 florins (750 francs), sans préjudice du droit du défendeur à demander une satisfaction ou réparation.

LOI AUTRICHIENNE DU 7 DÉCEMBRE 1858

Sur les marques de fabrique.

(Exécutoire depuis le 1er janvier 1859.)

Nous FRANÇOIS-JOSEPH Ier, par la grâce de Dieu, empereur d'Autriche, etc., afin de garantir les industriels et les consommateurs du préjudice qu'ils souffrent par l'abus que l'on fait des marques de fabrique et autres, nous avons trouvé bon, nos ministres et notre Conseil d'Etat entendus, de décréter les dispositions législatives suivantes, pour la protection des marques de fabrique et autres, et ordonnons qu'elles seront mises en vigueur dans toute l'étendue de notre empire, à partir du 1er janvier 1859.

Notre ministre du commerce, de l'industrie et des travaux publics est chargé de l'exécution de la présente loi. — Donné en notre ville capitale et résidence de Vienne, le 7 décembre 1858, la onzième année de notre règne.

FRANÇOIS-JOSEPH.

Le ministre du commerce,

Chevalier DE TOGGENBURG.

Par ordonnance de l'Empereur,

MARHERR.

Cette loi est de la teneur suivante :

I. — DISPOSITIONS GÉNÉRALES.

ART. 1er. — Sous le nom de marques de fabrique on entend, dans la présente loi, les signes particuliers servant à distinguer dans le commerce les produits et les marchandises d'un industriel, des produits et marchandises d'un autre (emblèmes, chiffres, vignettes, etc.).

Art. 2. — Lorsqu'un industriel voudra s'assurer l'usage exclusif d'une marque de fabrique, il devra la faire enregistrer, conformément aux dispositions du chapitre suivant.

Art. 3. — On ne peut obtenir un droit exclusif à des marques consistant en certains signes généralement en usage dans le commerce pour certaines marchandises, ni aux marques qui ne consistent qu'en lettres, mots ou chiffres, ou dans les armes de l'État ou des provinces.

Art. 4. — Le droit exclusif à une marque de fabrique n'exclut, pour les autres industriels, le droit à l'usage de la même marque, qu'à l'égard de l'espèce de marchandises appartenant à la production ou aux objets du commerce et de l'industrie, à laquelle la marque protégée est destinée.

Art. 5. — Le droit à une marque exclusive est inhérent à l'entreprise industrielle à laquelle la marque est destinée ; ce droit s'éteint avec l'entreprise ; le changement de l'entreprise en change aussi le propriétaire. Dans ce dernier cas, cependant, le nouveau propriétaire est obligé de faire transcrire, dans les trois mois, la marque en son nom, à peine de déchéance ; excepté toutefois dans le cas où l'industrie serait continuée par la veuve ou un héritier mineur de l'industriel, ou pour compte de la masse d'une succession ou d'une faillite.

Art. 6. — Personne ne peut prendre arbitrairement les noms, la raison commerciale, ni s'attribuer l'écusson ou la dénomination de l'établissement d'un autre industriel ou producteur indigène, pour désigner des marchandises ou des produits.

Art. 7. — Tout ce qui est dit dans la présente loi de la marque des marchandises s'étend également aux marques portées sur les emballages, caisses, vases, enveloppes, etc.

Art. 8. — La présente loi ne change rien aux dispositions existantes à l'égard des marques particulières ordonnées pour certaines marchandises, notamment aux dispositions sur le poinçonnement.

II. — ENREGISTREMENT DES MARQUES.

Art. 9. — La marque pour laquelle un industriel veut s'assurer le droit exclusif (art. 2) doit être déposée en double exemplaire à la Chambre de commerce et d'industrie du district où est située l'entreprise industrielle et où il doit en être fait usage ; l'un des exemplaires reste déposé à la Chambre de commerce et d'industrie et attaché au registre d'inscription ; l'autre est rendu, muni des constatations désignées dans l'article suivant.

Art. 10. — Sur chacun des deux exemplaires l'employé ou fonction-

naire, nommé à cet effet par la Chambre de commerce et d'industrie, in-
scrira : — *a*, le numéro d'ordre du registre ; — *b*, le jour et l'heure de
la présentation ; — *c*, le nom pour lequel la marque a été enregistrée ;
— *d*, la désignation de l'entreprise commerciale à laquelle la marque est
destinée ; — il signera et y apposera le sceau officiel.

Art. 11. — L'enregistrement est soumis à une taxe de 10 florins, qui
sera versée dans la caisse de la Chambre de commerce.

Art. 12. — Du jour et de l'heure de la présentation de la marque à la
Chambre de commerce et d'industrie commence, pour le déposant, le droit
exclusif à l'usage de la marque, et c'est d'après cette époque que l'on
juge de son droit de priorité, dans le cas où la même marque serait déposée à la même Chambre ou dans d'autres Chambres de commerce et
d'industrie.

Art. 13. — Pour obtenir la transcription d'un droit à la marque, dans
le sens de l'article 5, le demandeur doit présenter la preuve que le droit
avait déjà été obtenu par l'entreprise industrielle dont il s'agit. — La
transcription est soumise à la même taxe que le premier enregistrement.

Art. 14. — Les Chambres de commerce et d'industrie tiendront toujours les registres des marques ouverts aux recherches du public.

III. — USURPATIONS, CONTRAVENTIONS ET PEINES.

Art. 15. — Toute usurpation du droit à la marque, soit qu'elle ait lieu
par l'attribution illégale ou la contrefaçon d'une marque, soit par la vente
de marchandises portant cette marque illégale, donne droit à la partie
lésée de demander la cessation de tout usage ultérieur de la marque illégale et sa suppression sur les marchandises qui en sont revêtues et qui
sont destinées à la vente. — La partie lésée peut également demander la
destruction des instruments et appareils servant exclusivement ou principalement à contrefaire ces marques. — Les réclamations de la partie
lésée à des dommages-intérêts, pour le préjudice souffert par suite de l'u-
surpation de son droit à la marque, seront jugées suivant les dispositions
du Code civil.

Art. 16. — Il y a contrefaçon lorsque les marques en question ne peuvent être distinguées les unes des autres, sans y mettre une attention plus
grande que d'ordinaire.

Art. 17. — Les dispositions contenues dans l'article 15 sont aussi applicables contre ceux — *a*, qui s'attribuent illégalement le nom, la raison
commerciale, l'écusson ou la dénomination particulière de l'établissement
d'un centre industriel ou producteur pour désigner des marchandises
destinées à la vente, et ceux — *b*, qui mettent en vente des produits ou
des marchandises marqués d'un signe interdit de cette nature.

Art. 18. — Si l'usurpation (art. 15 et 17) a été sciemment commise, le coupable est passible d'une amende de 25 à 500 florins (62 fr. 50 c. à 1,250 francs), indépendamment des peines qui pourraient être prononcées contre lui, suivant les dispositions du Code pénal général.

Art. 19. — En cas de récidive, la peine peut être doublée. — Dans le cas d'une nouvelle récidive, le coupable sera passible, indépendamment de l'amende, d'un emprisonnement d'une semaine à trois mois.

Art. 20. — Si l'amende devait porter trop sensiblement atteinte aux moyens pécuniaires du condamné ou aux ressources dont il a besoin pour sa subsistance et celle de sa famille, ou pouvait l'empêcher de satisfaire aux dommages-intérêts auxquels il serait condamné, l'amende devra être convertie en un emprisonnement d'un jour pour chaque montant de 5 florins (12 fr. 50 c.).

Art. 21. — Le juge du délit peut aussi ordonner que le jugement de condamnation soit rendu public.

Art. 22. — Le montant des amendes est versé à la caisse des fonds des pauvres du lieu où la contravention a été commise.

IV. — AUTORITÉS ET MODE DE PROCÉDER.

Art. 23. — La procédure et le jugement à rendre, relatifs aux usurpations (art. 15 et 17), ainsi que l'instruction et la punition des contraventions désignées aux articles 18 et 19, sont de la compétence de la préfecture, conformément aux prescriptions existantes pour la procédure et la marche de l'instance dans les délits et contraventions en fait d'industrie. — La préfecture décide aussi du cas de conflit concernant le droit à la marque de fabrique, à sa priorité, à sa transmission, et des questions qui pourront s'élever dans le cas d'identité de plusieurs marques. — Mais au juge civil appartient la décision sur la demande de dommages-intérêts mentionnés à l'article 15.

Art. 24. — Si la poursuite des contraventions désignées dans la présente loi n'est point faite d'office, conformément au Code pénal général, par le tribunal qui doit en connaître, elle ne pourra être faite qu'à la requête de la partie lésée. — Cependant, si la partie lésée retire sa demande de condamnation avant le jugement à rendre par l'autorité, alors elle est déchue de tout droit ultérieur à demander la condamnation ou l'instruction, sans préjudice toutefois de son droit privé aux dommages-intérêts.

Art. 25. — Toutes les fois qu'il s'agira de constater une usurpation par la comparaison de deux marques, l'autorité devra en référer au jugement d'experts. — Les parties seront appelées pour être présentes aux opérations des experts ; ceux-ci les entendront dans leurs dires et observations. — Le jugement des experts ne peut être attaqué que par suspicion contre eux, ou pour vice de forme ; si le jugement est incomplet ou obscur, on peut insister pour qu'il soit complété. Une révision n'est pas permise.

Art. 26. — La partie lésée a le droit de demander, même avant qu'il soit intervenu une décision sur sa plainte, la saisie ou autre garantie contre les marchandises signalées en contravention à la présente loi, ou contre les instruments employés pour la commettre. — La préfecture ordonnera immédiatement cette saisie ou cette garantie, sur l'indication des marchandises et la présentation de l'exemplaire authentique de la marque déposé suivant l'article 10. — Il est cependant aussi loisible à l'autorité de demander une garantie préalable contre l'outrage et le préjudice qui pourraient résulter pour le défendeur de la poursuite.

V. — DISPOSITIONS TRANSITOIRES.

Art. 27. — Les industriels qui sont actuellement en possession d'une marque ne peuvent en obtenir l'usage exclusif que suivant les conditions fixées par la présente loi.

Art. 28. — A cette fin, il leur est accordé un délai jusqu'au 30 juin 1859 ; ce délai aura l'effet que, la marque étant enregistrée avant son expiration, chacun aura le droit de faire valoir, contre quiconque, son droit à la priorité de la marque dont il a fait usage avant la publication de la présente loi, et de le revendiquer contre celui qui aurait fait enregistrer la même marque avant lui, mais qui n'en aurait pas effectivement fait usage avant l'introduction de la présente loi.

Art. 29. — Si, avant la mise en vigueur de la présente loi, plusieurs industriels ont fait usage de la même marque, alors le droit exclusif à la marque appartiendra à celui qui, l'ayant fait enregistrer dans le délai fixé à l'article 28, prouvera qu'il en a fait usage avant les autres. — Tout conflit à ce sujet sera jugé par la préfecture, qui entendra les deux parties et statuera d'après les preuves que chacune d'elles administrera sur l'antériorité de l'époque à laquelle elles ont commencé à en faire usage. — Feront foi, dans ce cas, les registres pour l'inscription des marques de fabrique (contrôles des marques) que l'on tenait déjà dans quelques provinces avant la publication de la présente loi, et qui étaient considérés comme preuves authentiques, à moins qu'il ne s'élève des objections contre le contenu de ces registres. — Dans le cas où aucune des parties en litige ne pourrait administrer la preuve de la priorité de l'usage de la marque, la décision se fera par la voie du sort.

Art. 30. — Quant aux marques dont on ne demandera l'enregistrement qu'après le 30 juin 1859, on ne pourra pas se prévaloir de l'usage qu'on en aurait fait avant la publication de la présente loi pour réclamer un droit de priorité.

CONVENTION DU 30 AOUT 1858,

*Conclue entre la Belgique et les Pays-Bas pour la garantie
réciproque de la propriété des œuvres scientifiques et littéraires.*

(Échange des ratifications à Bruxelles le 28 février 1859. — Promulgation en
Belgique le 14 mars. — Mise à exécution fixée, de commun accord, au
1er avril 1859.)

S. M. le roi des Belges et S. M. le roi des Pays-Bas, également animés
du désir d'étendre dans les deux pays la jouissance des droits d'auteur,
pour les ouvrages scientifiques et littéraires qui pourront être publiés
pour la première fois dans l'un des deux, ont jugé à propos de conclure
dans ce but une convention spéciale, et ont nommé à cet effet pour leurs
plénipotentiaires, savoir : — S. M. le roi des Belges, le baron Adolphe
de Vrière, commandeur de son ordre, grand'croix de l'ordre royal et militaire du Christ de Portugal, commandeur grand'croix de l'Étoile polaire
de Suède, commandeur de l'ordre de Danebrog, commandeur de l'ordre
impérial de la Couronne de fer d'Autriche, chevalier de l'ordre de Notre-
Dame de la Conception de Villa-Viciosa, son ministre des affaires étrangères ; — Et S. M. le roi des Pays-Bas, le sieur Joseph-Louis-Henri-Alfred
baron Gericke d'Herwynen, commandeur de l'ordre du Lion néerlandais,
chevalier de l'Étoile de l'ordre de la Couronne de chêne, grand'croix de
l'ordre de Notre-Dame de la Conception de Villa-Viciosa, commandeur de
l'ordre de la Légion d'honneur, son envoyé extraordinaire et ministre plénipotentiaire près S. M. le roi des Belges ; — Lesquels, après s'être communiqué leurs pleins pouvoirs respectifs, trouvés en bonne et due forme,
ont arrêté les articles suivants :

Art. 1er. A partir de l'époque à laquelle, conformément aux stipulations
de l'article 12 ci-après, la présente convention deviendra exécutoire, les
auteurs d'œuvres scientifiques ou littéraires, auxquels les lois de leur pays
garantissent actuellement, ou garantiront à l'avenir, le droit de propriété
ou d'auteur, et leurs ayants cause, auront la faculté d'exercer ce droit sur
les territoires de l'autre pays, pendant le même espace de temps et dans
les mêmes limites que s'exercerait dans cet autre pays le droit attribué
aux auteurs d'ouvrages de même nature qui y seraient publiés ; de telle
sorte que la reproduction ou la contrefaçon dans l'un des deux États des
œuvres scientifiques et littéraires publiées dans l'autre sera, pour autant
qu'il n'est pas dérogé auxdites lois par la présente convention, traitée de
la même manière que le serait la reproduction ou la contrefaçon d'ouvrages de même nature, originairement publiés dans cet autre État, et que
les auteurs de l'un des deux pays auront devant les tribunaux de l'autre

la même action, et jouiront des mêmes garanties contre la contrefaçon ou la reproduction non autorisée, que celles que la loi accorde, ou pourrait accorder par la suite, aux auteurs de ce dernier pays. — De la protection du droit de propriété ou d'auteur, stipulée par le présent article, est excepté le droit exclusif de traduction que les lois actuelles ou futures de l'un ou l'autre pays pourraient être censées réserver à l'auteur. — L'exception qui pourrait résulter, pour certaines catégories de productions, de l'article 5 de la loi du 25 janvier 1817, sera réciproquement levée à partir de la mise à exécution de la présente convention.

Art. 2. La protection stipulée par l'article 1er ne sera acquise qu'à celui qui aura fidèlement observé les lois et règlements en vigueur dans le pays de production, par rapport à l'ouvrage pour lequel cette protection sera réclamée. — Un certificat délivré par le département de l'intérieur à Bruxelles ou par le ministre de l'intérieur à la Haye, servira à constater que les formalités voulues par les lois et règlements ont été remplies.

Art. 3. La protection accordée aux ouvrages originaux est étendue aux traductions. Il est bien entendu, toutefois, que l'objet du présent article est simplement de protéger le traducteur par rapport à sa propre traduction, et non pas de conférer le droit exclusif de traduction soit à l'auteur, soit au premier traducteur d'un ouvrage quelconque. — La langue flamande et la langue hollandaise seront considérées, quant à l'application de la présente convention, comme ne formant qu'une seule et même langue. La reproduction en langue flamande d'un ouvrage publié en langue hollandaise, et la reproduction en langue hollandaise d'un ouvrage publié en langue flamande, seront considérées comme contrefaçon.

Art. 4. Nonobstant les stipulations des articles 1, 2 et 3 de la présente convention, les articles extraits des journaux ou des recueils périodiques, publiés dans l'un des deux pays, pourront être reproduits dans les journaux ou recueils périodiques de l'autre pays, pourvu que l'origine en soit indiquée. — Toutefois, cette faculté ne saurait être comprise comme s'étendant à la reproduction, dans l'un des deux pays, des feuilletons de journaux ou des articles de recueils périodiques, publiés dans l'autre, dont les auteurs auraient déclaré, d'une manière évidente, dans le journal ou le recueil même où ils les auront fait paraître, qu'ils en interdisent la reproduction. — Cette dernière disposition ne sera pas applicable aux articles de discussions politiques.

Art. 5. Sont interdites l'importation, la vente et l'exposition dans l'un ou l'autre des deux pays, de toute contrefaçon d'ouvrages jouissant du privilége de protection contre la contrefaçon, en vertu des articles 1, 2, 3 et 4 de la présente convention, que ces contrefaçons soient originaires du pays où l'ouvrage a été publié, ou bien de toute autre contrée étrangère. — L'importation sera considérée comme contrefaçon. — Le produit de l'amende sera, dans le cas prévu par cette dernière stipulation, attribué au fisc de l'Etat dans lequel la peine aura été prononcée.

Art. 6. En cas de contravention aux dispositions des articles précédents, les ouvrages contrefaits seront saisis, et les individus qui se seront rendus coupables de ces contraventions seront passibles, dans chaque pays, de la peine et des poursuites qui sont ou seraient prescrites par les lois de ce pays contre le même délit commis à l'égard de tout ouvrage ou production d'origine nationale.

Art. 7. La présente convention ne pourra faire obstacle à la libre continuation de la vente, dans les États respectifs, des ouvrages qui auraient été publiés en contrefaçon, en tout ou en partie, avant la mise en vigueur de ladite convention; par contre, on ne pourra faire aucune nouvelle publication, dans l'un des deux États, des mêmes ouvrages, ni introduire de l'étranger des exemplaires autres que ceux destinés à remplir les expéditions ou souscriptions précédemment commencées.

Art. 8. Pour faciliter l'exécution de la présente convention, les deux hautes parties contractantes s'engagent à se communiquer les lois et règlements actuellement existants, ainsi que ceux qui pourront être ultérieurement établis dans les États respectifs, à l'égard des droits d'auteur, pour les ouvrages protégés par les stipulations de la présente convention.

Art. 9. Les stipulations de la présente convention ne pourront, en aucune manière, porter atteinte au droit que chacune des deux hautes parties contractantes se réserve expressément de surveiller et de défendre, au moyen de mesures législatives et de police intérieure, la vente, la circulation et l'exposition de tout ouvrage ou de toute production à l'égard desquels l'un ou l'autre pays jugerait convenable d'exercer ce droit.

Art. 10. Rien dans cette convention ne sera considéré comme portant atteinte au droit de l'une ou de l'autre des hautes parties contractantes, de prohiber l'importation dans ses propres États des livres qui, d'après les lois intérieures ou des stipulations souscrites avec d'autres puissances, sont ou seraient déclarés être des contrefaçons ou des violations du droit d'auteur.

Art. 11. Pendant la durée de la présente convention, l'importation licite, en Belgique ou dans les Pays-Bas, des livres publiés dans l'un ou l'autre des deux pays, aura réciproquement lieu en franchise de tout droit.

Art. 12. La présente convention sera mise à exécution le plus tôt possible après sa promulgation, conformément aux lois de chacun des deux pays, et à partir d'un jour qui sera alors fixé par chacune des deux hautes parties contractantes. — Dans chaque pays, le gouvernement fera dûment connaître d'avance le jour qui sera convenu à cet effet. — La présente convention restera en vigueur pendant une année encore, après que l'une ou l'autre des deux hautes parties contractantes l'aura dénoncée. — Les hautes parties contractantes se réservent cependant la faculté d'apporter à la présente convention, d'un commun accord, toute modification qui ne serait pas incompatible avec l'esprit et les principes qui en sont la base et dont l'expérience aurait démontré l'opportunité. — Si par la suite le gouvernement des Pays-Bas accordait à une autre puissance, en matière de propriété littéraire ou artistique, des droits quelconques plus étendus que ceux qui sont stipulés par la présente convention ; les auteurs ou artistes belges acquerraient, par ce fait même, et à la seule condition d'une réciprocité complète pour les auteurs ou artistes néerlandais, les mêmes droits.

Art. 13. La présente convention sera ratifiée et les ratifications en seront échangées dans un délai de six mois, ou plus tôt, si faire se peut. — En foi de quoi, les plénipotentiaires ont signé la présente convention et y ont apposé leurs cachets.

Fait à Bruxelles, le trentième jour du mois d'août de l'an de grâce mil huit cent cinquante-huit.

 (L. S.) A. DE VRIÈRE.   (L. S.) L. GERICKE.

Déclaration.

Au moment de signer la convention pour la garantie réciproque de la propriété scientifique et littéraire, les plénipotentiaires soussignés sont mutuellement convenus que les deux gouvernements aviseront, si la nécessité s'en faisait sentir, aux mesures à prendre pour s'assurer que les livres appelés à jouir du bénéfice de l'article 11 ont été réellement publiés dans l'un des deux pays.

Fait à Bruxelles, en double original, le trentième jour du mois d'août de l'an de grâce mil huit cent cinquante-huit.

Le plénipotentiaire de S. M. le roi des Belges,
  (L. S.) A. DE VRIÈRE.

Le plénipotentiaire de S. M. le roi des Pays-Bas,
  (L. S.) L. GERICKE.

Belgique. — Œuvres de littérature et d'art. — Transit.

(Décision du 11 avril 1859. — *Moniteur belge* du 28 avril 1859.)

Par modification aux instructions antérieures, les œuvres d'art et de littérature expédiées en transit direct par le chemin de fer, en waggons fermés, cadenassés ou plombés, ne seront plus soumises désormais à la vérification et à la justification d'origine ; elles seront, en outre, dispensées de la déclaration en détail, lorsque celle-ci n'est pas exigée par la loi.

France et Belgique. — Œuvres de littérature et d'art. — Transit.

AVIS DU MINISTÈRE DE L'INTÉRIEUR AU COMMERCE DE LA LIBRAIRIE.

(*Moniteur universel* du 31 juillet 1859.)

Le gouvernement belge a décidé que les ouvrages de littérature et d'art expédiés de France, en transit, par les chemins de fer, seraient affranchis de toute justification d'origine, aux douanes frontières du royaume, sous la condition d'être renfermés dans des waggons cadenassés ou plombés. — De son côté, le département de l'intérieur, de concert avec le département des finances, a décidé qu'à l'avenir les livres belges expédiés en transit, par la France, seraient exemptés de la formalité du certificat d'origine, en restant soumis toutefois aux vérifications d'usage.

Librairie. — Droits d'entrée en Hollande.

MINISTÈRE DE L'INTÉRIEUR.

Avis au commerce de la librairie.

(*Moniteur universel* du 14 mai 1859.)

Aux termes de l'article 11 de la convention littéraire conclue, le 30 août 1858, entre la Belgique et la Hollande, l'importation des livres belges dans les Pays-Bas a lieu en franchise de tout droit. — D'un autre côté, l'article 1er de la loi de douane néerlandaise du 1er septembre 1854 décide que tous les avantages douaniers qui seraient concédés par les Pays-Bas, en vertu de traités spéciaux, seraient applicables aux nations avec lesquelles il n'aurait pas été conclu de conventions de même nature.

Il résulte de ces dispositions que les livres de tout pays, et par conséquent les livres français, sont libres de tout droit d'entrée en Hollande, à partir du jour de la mise à exécution de la convention hollando-belge, c'est à dire depuis le 1er avril 1859.

Le ministre secrétaire d'État au département de l'intérieur, en portant ces renseignements à la connaissance des libraires et de ceux qu'ils peuvent intéresser, croit devoir ajouter que des ordres ont été donnés par l'administration néerlandaise, à l'effet d'assurer l'application du régime nouveau dans tous les bureaux de douanes frontières du royaume.

CONVENTION DU 30 AVRIL 1859,

Conclue entre la BELGIQUE *et l'*ESPAGNE, *pour la garantie réciproque de la propriété des œuvres artistiques et littéraires.*

(L'échange des ratifications a eu lieu à Bruxelles, le 28 juillet 1859, et la mise à exécution fixée au 1er septembre 1859. — Elle a été promulguée en Belgique par une loi du 6 août 1859, insérée au *Moniteur*.)

S. M. le roi des Belges et S. M. la reine d'Espagne, également animés du désir d'étendre dans les deux pays la jouissance des droits d'auteur pour les ouvrages de littérature et de beaux-arts qui pourront être publiés pour la première fois dans l'un des deux, ont jugé à propos de conclure dans ce but une convention spéciale, et ont nommé à cet effet pour leurs plénipotentiaires, savoir : — S. M. le roi des Belges, le baron Adolphe de Vrière, commandeur de son ordre de Léopold, grand-croix de l'ordre royal et militaire du Christ de Portugal, grand-croix de l'ordre de l'Étoile polaire, grand-croix de l'ordre du Danebrog, chevalier grand-croix de l'ordre de l'Aigle blanc de Russie, commandeur de l'ordre de la Couronne de fer d'Autriche, chevalier de l'ordre de Notre-Dame de Villa-Vitiosa, membre de la Chambre des représentants, son ministre des affaires étrangères ; — Et S. M. la reine d'Espagne, don Eduardo Sancho, commandeur de nombre de l'ordre royal d'Isabelle la Catholique, chevalier de l'ordre illustre de Saint-Jean de Jérusalem et de l'ordre royal et distingué de Charles III, commandeur de l'ordre de Léopold de Belgique, de Saint-Louis de Parme et de Saint-Grégoire des États pontificaux, son ministre résidant près S. M. le roi des Belges ; lesquels, après s'être communiqué leurs pleins pouvoirs respectifs, trouvés en bonne et due forme, ont arrêté les articles suivants :

ART. 1er. A partir de l'époque à laquelle, conformément aux stipulations de l'article quinzième ci-après, la présente convention deviendra exécutoire, les auteurs d'œuvres de littérature ou d'art, auxquels les lois de l'un des deux pays garantissent actuellement, ou garantiront à l'avenir le droit de propriété ou d'auteur, auront la faculté d'exercer ledit droit sur les territoires de l'autre pays, pendant le même espace de temps, et dans les mêmes limites que s'exercerait dans cet autre pays le droit attribué aux auteurs d'ouvrages de même nature qui y seraient publiés ; de telle sorte que la reproduction ou la contrefaçon dans l'un des deux États de toute œuvre de littérature ou d'art publiée dans l'autre, sera traitée de la même manière que le serait la reproduction ou la contrefaçon d'ouvrages de même nature originairement publiés dans cet autre État ; et que les auteurs de l'un des deux pays auront, devant les tribunaux de l'autre, la même action, et jouiront des mêmes garanties contre la contrefaçon ou la reproduction non autorisée, que celle que la loi accorde ou pourrait accorder à l'avenir aux auteurs de ce dernier pays. — Il est entendu que ces mots : « œuvres de littérature ou d'art, » employés au commencement de cet article, comprennent les publications de livres, d'ouvrages dramatiques, de composition musicale, de dessin, de peinture, de sculpture, de gravure, de lithographie, et de toute autre production quelconque de littérature et de beaux-arts. — Les mandataires ou ayants cause des auteurs, traducteurs, compositeurs, peintres, sculpteurs ou graveurs, jouiront, à tous égards, des mêmes droits que ceux que la présente convention accorde aux auteurs, traducteurs, compositeurs, peintres, sculpteurs ou graveurs eux-mêmes.

Art. 2. La protection accordée aux ouvrages originaux est étendue aux traductions. Il est bien entendu, toutefois, que l'objet du présent article est simplement de protéger le traducteur par rapport à sa propre traduction, et non pas de conférer le droit exclusif de traduction au premier traducteur d'un ouvrage quelconque, hormis dans les cas et les limites prévus par l'article suivant.

Art. 3. L'auteur de tout ouvrage publié dans l'un des deux pays, qu aura entendu réserver son droit de traduction, jouira, pendant cinq années à partir du jour de la première publication de la traduction de son ouvrage autorisée par lui, du privilége de protection contre la publication dans l'autre pays de toute traduction du même ouvrage non autorisée par lui, et ce sous les conditions suivantes : — § 1er. L'ouvrage original sera enregistré et déposé dans l'un des deux pays dans un délai de trois mois, à partir du jour de la première publication dans l'autre pays. — § 2. I faudra que l'auteur ait indiqué en tête de son ouvrage l'intention de se réserver le droit de traduction. — § 3. Ladite traduction autorisée devra avoir paru, au moins en partie, dans le délai d'un an à compter de la date de l'enregistrement et du dépôt de l'original, et en totalité dans le délai de trois ans à partir dudit dépôt. — § 4. La traduction devra être publiée dans l'un des deux pays, et être enregistrée et déposée conformément aux dispositions de l'article 8. — Pour les ouvrages publiés par livraisons, il suffira que la déclaration de l'auteur, portant qu'il entend se réserver le droit de traduction, soit exprimée dans la première livraison. Toutefois, en ce qui concerne le terme de cinq ans assigné par cet article pour l'exercice du droit privilégié de traduction, chaque livraison sera considérée comme un ouvrage séparé, et chacune d'elles sera enregistrée et déposée dans l'un des deux pays dans les trois mois à partir de sa première publication dans l'autre.

Art. 4. Les stipulations des articles précédents s'appliqueront également à la représentation des ouvrages dramatiques et à l'exécution des compositions musicales, en tant que les lois de chacun des deux pays sont ou seront applicables, sous ce rapport, aux ouvrages dramatiques et de musique représentés ou exécutés publiquement dans ces deux pays pour la première fois. — Toutefois, pour avoir droit à la protection légale, en ce qui concerne la traduction d'un ouvrage dramatique, l'auteur devra faire paraître sa traduction trois mois après l'enregistrement et le dépôt de l'ouvrage original. — Il est bien entendu que la protection stipulée par le présent article n'a point pour objet de prohiber les imitations faites de bonne foi, ou les appropriations des ouvrages dramatiques aux scènes respectives de Belgique et d'Espagne, mais seulement d'empêcher les traductions en contrefaçon. — La question d'imitation ou de contrefaçon sera déterminée dans tous les cas par les tribunaux des pays respectifs, d'après la législation en vigueur dans chacun des deux Etats.

Art. 5. Nonobstant les stipulations des articles 1 et 2 de la présente convention, les articles extraits de journaux ou de recueils périodiques publiés dans l'un des deux pays, pourront être reproduits ou traduits dans les journaux ou recueils périodiques de l'autre pays, pourvu qu'on y indique la source à laquelle on les aura puisés. — Toutefois, cette permission ne saurait être comprise comme s'étendant à la reproduction, dans l'un des deux pays, des articles de journaux ou de recueils périodiques publiés dans l'autre, dont les auteurs auraient déclaré d'une manière évidente, dans le journal ou le recueil même où ils les auront fait paraître, qu'ils en interdisent la reproduction. — Cette dernière disposition ne sera pas applicable aux articles de discussion politique.

ART. 6. L'introduction et la vente dans chacun des deux États d'ouvrages ou d'objets de reproduction non autorisée, définis par les articles 1, 2, 3 et 4 ci-dessus, sont prohibées, soit que lesdites reproductions non autorisées proviennent de l'un des deux pays, soit qu'elles proviennent d'un pays étranger quelconque.

ART. 7. En cas de contravention aux dispositions des articles précédents, les ouvrages ou objets contrefaits seront saisis et détruits, et les individus qui se seront rendus coupables de ces contraventions seront passibles, dans chaque pays, de la peine et des poursuites qui sont ou seraient prescrites par les lois de ce pays contre le même délit commis à l'égard de tout ouvrage ou reproduction d'origine nationale.

ART. 8. Les auteurs et traducteurs, de même que leurs représentants ou ayants cause légalement désignés, n'auront droit, dans l'un ou l'autre pays, à la protection stipulée par les articles précédents, et le droit d'auteur ne pourra être réclamé, dans l'un des deux pays, qu'après que l'ouvrage aura été enregistré de la manière suivante : — § 1er. Si l'ouvrage a paru pour la première fois en Belgique, il faudra qu'il ait été enregistré au ministère du fomento, à Madrid. — § 2. Si l'ouvrage a paru pour la première fois en Espagne, il faudra qu'il ait été enregistré au ministère de l'intérieur, à Bruxelles. — La susdite protection ne sera acquise qu'à celui qui aura fidèlement observé les lois et règlements en vigueur dans les pays respectifs, par rapport à l'ouvrage pour lequel cette protection serait réclamée. Pour les livres, cartes et estampes, comme aussi pour les œuvres dramatiques et les publications musicales, à moins que ces œuvres dramatiques et publications musicales n'existent qu'en manuscrit, la susdite protection ne sera acquise qu'autant que l'on aura remis gratuitement, dans l'un ou l'autre des dépôts mentionnés ci-dessus, suivant les cas respectifs, un exemplaire de la meilleure édition, ou dans le meilleur état, destiné à être déposé au lieu indiqué à cet effet dans chacun des deux pays, c'est-à-dire, en Espagne, à la bibliothèque nationale de Madrid, et en Belgique, à la bibliothèque royale de Bruxelles. — Dans tous les cas, les formalités du dépôt et de l'enregistrement devront être remplies sous les trois mois qui suivront la première publication de l'ouvrage dans l'autre pays. A l'égard des ouvrages publiés par livraisons chaque livraison sera considérée comme un ouvrage séparé.

Le certificat, délivré conformément aux lois espagnoles et constatant l'enregistrement d'un ouvrage dans ce pays, conférera en Espagne le droit exclusif de reproduction, jusqu'à ce que quelque autre personne ait fait admettre devant un tribunal un droit mieux établi. — Une copie authentique de l'inscription, délivrée conformément aux lois belges, et constatant l'enregistrement d'un ouvrage dans ce pays, aura la même force et valeur dans toute l'étendue du territoire du royaume de Belgique.

Au moment de l'enregistrement d'un ouvrage dans l'un des deux pays, il en sera délivré, si on le demande, un certificat ou copie certifiée, et ce certificat relatera la date précise à laquelle l'enregistrement aura eu lieu. — Le coût de l'enregistrement d'un seul ouvrage, conformément aux stipulations du présent article, ne pourra pas dépasser la somme de 5 réaux en Espagne et de 1 fr. 25 c. en Belgique, et les frais additionnels pour le certificat d'enregistrement ne devront pas excéder la somme de 25 réaux en Espagne, ou de 6 fr. 25 c. en Belgique.

Les présentes stipulations ne s'étendront pas aux articles de journaux ou de recueils périodiques, pour lesquels le simple avertissement de l'auteur, ainsi qu'il est prescrit à l'article 5, suffira pour garantir son droit contre la reproduction ou la traduction. Mais si un article ou un ouvrage, qui aura paru pour la première fois dans un journal ou dans un recueil périodique, est ensuite reproduit à part, il sera soumis aux stipulations du présent article.

Art. 9. Quant à ce qui concerne tout objet de littérature et d'art, autre que les livres, estampes, cartes et publications musicales, pour lesquels on pourrait réclamer la protection en vertu de l'article 1er de la présente convention, il est entendu que tout mode d'enregistrement, autre que le mode prescrit par l'article précédent, qui est ou qui pourrait être appliqué par la loi, dans un des deux pays, à l'effet de garantir le droit de propriété à toute œuvre quelconque ou article mis pour la première fois au jour dans ce pays, ledit mode d'enregistrement sera étendu, sous des co n ditions égales, à toute œuvre ou objet similaire, mis au jour pour la première fois dans l'autre pays.

Art. 10. Il est entendu que si, dans une convention quelconque, pour garantir la propriété littéraire et artistique, de plus grandes faveurs étaient accordées par l'une des deux hautes parties contractantes à une troisième puissance, l'autre partie serait aussi admise à jouir des mêmes avantages et aux mêmes conditions.

Art. 11. Il est convenu que, pour faciliter l'exécution de la présente convention, en ce qui regarde l'origine des livres publiés dans chacun des deux pays, le titre de ces livres devra indiquer la ville ou la localité dans laquelle ils auront été publiés.

Art. 12. Pour faciliter l'exécution de la présente convention, les deux hautes parties contractantes s'engagent à se communiquer mutuellement les lois et règlements qui pourront être ultérieurement établis dans les États respectifs, à l'égard des droits d'auteur, pour les ouvrages et productions protégés par les stipulations de la présente convention.

ART. 13. Les stipulations de la présente convention ne pourront, en aucune manière, porter atteinte au droit que chacune des deux hautes parties contractantes se réserve expressément de surveiller ou de défendre, au moyen de mesures législatives ou de police intérieure, la vente, la circulation, la représentation et l'exposition de tout ouvrage ou de toute production, à l'égard desquels l'un ou l'autre pays jugerait convenable d'exercer ce droit.

ART. 14. Rien, dans cette convention, ne sera considéré comme portant atteinte au droit de l'une ou de l'autre des deux hautes parties contractantes de prohiber l'importation dans ses propres États des livres qui, d'après des lois intérieures ou des stipulations souscrites avec d'autres puissances, sont ou seraient déclarés être des contrefaçons ou des violations du droit d'auteur.

ART. 15. La présente convention sera mise à exécution le plus tôt possible après l'échange des ratifications. Dans chaque pays, le gouvernement fera dûment connaître d'avance le jour qui sera convenu à cet effet, et les stipulations de la convention ne seront applicables qu'aux œuvres et articles publiés après la mise en vigueur de la convention. — La convention restera en vigueur pendant six années à partir du jour où elle pourra être mise à exécution ; et dans le cas où l'une des deux parties contractantes n'aurait pas signifié, douze mois avant l'expiration de ladite période de six années, son intention d'en faire cesser les effets, la convention continuera à rester en vigueur encore une année, et ainsi de suite, d'année en année, jusqu'à l'expiration d'une année à partir du jour où l'une ou l'autre des parties l'aura dénoncée. — Les hautes parties contractantes se réservent cependant la faculté d'apporter à la présente convention, d'un commun accord, toute modification qui ne serait pas incompatible avec l'esprit et les principes qui en sont la base, et dont l'expérience aurait démontré l'opportunité.

ART. 16. La présente convention sera ratifiée et les ratifications en seront échangées à Bruxelles dans le délai de trois mois à partir du jour de la signature, ou plus tôt, si faire se peut. — En foi de quoi, les plénipotentiaires respectifs l'ont signée en double original, et y ont apposé le cachet de leurs armes.

Fait à Bruxelles, le trentième jour du mois d'avril de l'an de grâce mil huit cent cinquante-neuf.

(L. S.) Baron DE VRIERE.   (L. S.) E. SANCHO.

Propriété littéraire et artistique. — Droit international. — État de situation de nos rapports avec les nations étrangères. — Conventions diplomatiques et législations.

Pour toute personne qui veut, soit apprécier dans son ensemble la portée d'une loi ou d'une convention diplomatique, soit en étudier l'esprit et les termes pour une application spéciale, rien ne saurait remplacer le texte même. Aussi avons-nous scrupuleusement reproduit les textes entiers de toutes les conventions intervenues entre la France et les puissances étrangères pour la protection réciproque de la propriété littéraire et artistique. Toutefois, comme il arrive assez souvent que l'on désire simplement se rendre compte d'une manière approximative, soit de l'étendue de ses droits, soit des principales mesures à prendre pour les conserver, nous avons eu soin, dans la première partie de notre Code international[1], de donner un tableau des États avec lesquels la réciprocité était établie en vertu, soit de traités, soit des législations respectives, et un précis des formalités à remplir. Depuis la publication de notre Code, quatre nouvelles conventions ont été signées, savoir : avec la ville de Hambourg, la Saxe, le duché de Luxembourg et le canton de Genève ; et, bien que nous en ayons donné le texte dans les *Annales*, notre intention était, pour faciliter les recherches, de compléter, par un nouveau précis, l'état de situation actuel de nos rapports avec les puissances étrangères, en matière de propriété littéraire et artistique. — Le ministère de l'intérieur, dont on connaît la sollicitude pour tout ce qui touche à cette importante matière, nous a prévenus, en adressant aux préfets une instruction, remarquable de méthode et de clarté, que nous nous faisons un devoir de donner dans son entier, bien que la partie consacrée à l'analyse des traités fasse, en quelque sorte, double emploi avec nos propres précis. — Nous devons seulement signaler une lacune dans ce travail, c'est qu'il n'indique pas les décrets, ordonnances et arrêtés rendus, soit en France, soit en pays étranger, pour la mise à exécution de ces conventions; comme nous reproduisons régulièrement tous ces documents, aussitôt après leur

---

[1] Ire partie, chap. II, sect. II, § 12, p. 49 et suiv.

publication, il nous a suffi, pour remplir cette lacune et approprier ainsi ce travail à notre publication, de les signaler dans des notes, en indiquant les volumes de notre recueil où ils ont été insérés.

Ajoutons, pour les auteurs et artistes français, qui veulent uniquement savoir ce qu'ils ont à faire pour conserver tous leurs droits en pays étranger, qu'ils doivent :

1° S'il s'agit d'œuvres littéraires ou musicales, mentionner en tête de l'ouvrage la réserve de tous leurs droits, et spécialement du droit de traduction. — Cette mention peut se formuler ainsi : *Droit de reproduction et de traduction réservé.* — On la place de préférence sur la page formant titre, au-dessous de l'indication de l'éditeur. — Toutefois, ainsi qu'on le verra en parcourant l'instruction ministérielle, si cette mention est nécessaire pour les pays avec lesquels a été stipulée la réserve du droit de traduction, elle est sans effet pour certains autres, et, en tout cas, elle ne le conserve que pendant cinq ans, et encore à la condition d'avoir commencé la publication de sa propre traduction dans l'année, et de l'avoir terminée dans les trois ans [1].

2° Veiller à ce que le dépôt exigé par notre législation soit régulièrement fait. — En général, c'est l'imprimeur lui-même qui se charge de ce soin ; mais on devra s'assurer de son accomplissement et retirer un récépissé. — En ce qui touche les œuvres de sculpture, bien que la jurisprudence admette que le dépôt n'est pas nécessaire, cependant on fera bien de le faire, et de retirer également un récépissé, toutes les fois que cela sera possible.

3° Faire, dans les trois mois de la publication, le dépôt d'un exemplaire, savoir : — Pour l'Angleterre, à l'hôtel de la corporation des libraires (*stationer's hall*), à Londres ; — pour la Belgique, soit directement à Bruxelles, au ministère de l'intérieur, soit à Paris, à la chancellerie de la légation belge ; — pour l'Espagne, au ministère du *fomento*, à Madrid, et pour le Portugal, à la bibliothèque publique de Lisbonne. — A l'égard de la Saxe, il suffit d'un enregistrement qui est reçu à Leipsick, à la direction du Cercle, sur la présentation d'un duplicata du récépissé de dé-

---

[1] V. notre article sur le droit de traduction, t. II, p. 65, et pour l'Espagne, *infrà*, p. 302.

pôt fait en France[1]. — Pour tous les autres pays avec lesquels il existe des traités, l'enregistrement et le dépôt ne sont pas nécessaires.

Nous rappelons qu'il existe, en outre, un certain nombre d'États qui ont inscrit dans leur législation le principe de la réciprocité, et qui la doivent, dès lors, à la France, en échange des droits consacrés au profit de leurs nationaux, par le décret du 28 mars 1852 : ce sont l'Autriche, la Bavière, le Danemark, les deux duchés d'Anhalt, la Grèce, la principauté de Lippe-Detmold, la Prusse, le duché de Saxe-Altenbourg, et le royaume de Suède et de Norwége. — Toutefois, il n'y a que le Danemark qui l'ait déclaré par une ordonnance explicite et spéciale à la France[2]. — Dans ces différents États, le dépôt, pour les ouvrages français, n'est obligatoire qu'en Bavière.

En ce qui concerne les auteurs et artistes étrangers, il n'y a que ceux qui en sont affranchis par les traités conclus avec les pays auxquels ils appartiennent, qui puissent se dispenser de faire le dépôt en France. Tous les autres doivent, conformément à notre législation, déposer deux exemplaires au ministère de l'intérieur, bureau de la librairie, sinon pour conserver leurs droits, du moins pour pouvoir les faire valoir[3].   PATAILLE.

INSTRUCTION DU MINISTRE DE L'INTÉRIEUR

SUR L'EXÉCUTION DES CONVENTIONS LITTÉRAIRES ET ARTISTIQUES.

Paris, le 1er septembre 1859.

Monsieur le préfet, chaque fois que le gouvernement de l'Empereur a conclu avec une puissance étrangère une convention nouvelle, ayant pour objet la protection internationale de la propriété des œuvres d'esprit et d'art, mon département s'est empressé de vous faire parvenir des instructions particulières, ou de signaler, dans des avis insérés au *Moniteur*, les dispositions de ces actes qui devaient spécialement intéresser l'administration et le public.

Il me paraît nécessaire de réunir aujourd'hui ces diverses explications,

[1] Ces dépôts et enregistrements sont précédés d'une déclaration signée du déposant, dont on peut se procurer des modèles tout imprimés au Cercle de la librairie, à Paris.

[2] V. cette ordonnance, t. IV, p. 463, et la loi danoise, *ibid.*, p. 161.

[3] V. le décret du 28 mars 1852 au Code international, p. 67 et 68.

de les préciser et de les coordonner, de manière à en former comme un tableau à l'aide duquel vous puissiez, d'un côté, saisir l'esprit de nos conventions, la nature et l'étendue des droits qu'elles consacrent, leurs rapports ou leurs divergences ; de l'autre, vous pénétrer de toutes les formalités et de toutes les obligations auxquelles est subordonnée la jouissance des garanties conventionnelles.

Ces instructions, sans doute, ne vous dispenseront pas de l'étude des textes. C'est par cette étude que vous parviendrez à embrasser complétement l'économie générale de nos traités littéraires, et que vous aplanirez plus d'une difficulté que je ne devais pas aborder.

Toutes nos conventions, vous le savez, ont été publiées, avec les décrets de promulgation, au *Moniteur* et au *Bulletin des lois*. C'est à ces deux recueils officiels que vous devrez vous reporter. Les indications dont j'ai eu soin de faire suivre la mention de chacun de nos actes internationaux rendront vos recherches extrêmement faciles [1].

Vous remarquerez d'ailleurs que, dans ce travail, j'ai suivi l'ordre chronologique des traités, comme le plus rationnel, et aussi comme le plus propre à faire ressortir le développement que le principe de la protection littéraire et artistique a reçu, depuis 1843 jusqu'à ce jour, en France et dans les principaux États de l'Europe.

I. — ÉTATS-SARDES.

Première convention, conclue le 28 août 1843, promulguée le 12 octobre de la même année, insérée au *Bulletin des lois*, IXᵉ série, nᵒ 1046 [2].

Deuxième convention (supplémentaire), conclue le 22 avril 1846, promulguée le 13 mai de la même année, insérée au *Bulletin des lois*, IXᵉ série, nᵒ 1294 [3].

Troisième convention (supplémentaire), conclue le 5 novembre 1850, promulguée le 10 février 1851, insérée au *Bulletin des lois*, Xᵉ série, nᵒ 354 [4].

Ces trois conventions, qui se complètent mutuellement, consacrent la garantie réciproque de la propriété des œuvres d'esprit et d'art, publiées, soit avant, soit après l'ordonnance de promulgation (12 octobre 1843).

La première de ces conventions, celle du 28 août 1843, pose le principe fondamental de la répression de la contrefaçon, en prohibant celle-ci

---

[1] Nous ajouterons, pour chaque pays, une note renvoyant aux volumes et aux pages de notre recueil, tant pour le texte même des conventions que pour les décrets, ordonnances et arrêtés relatifs à leur exécution, et les procès auxquels elles ont donné lieu.

[2] V. Code international. p. 321.

[3] V. Code international. p. 323.

[4] V. Code international. p. 325. — V. également aff. Ollendorff, *Annales*, t. I, p. 28, et t. III, p. 169.

sous ses deux faces : fabrication intérieure ; interdiction, à l'entrée, des reproductions illicites.

Les garanties stipulées s'appliquent également à la représentation des pièces de théâtre et à l'exécution des pièces musicales.

La protection assurée à l'œuvre originale s'étend à la traduction, sans aucune limite de temps, dans les cas suivants : — 1° Lorsque l'auteur se réserve le droit de traduire son œuvre et qu'il fait paraître sa traduction dans le délai d'un an à trois ans. Cette réserve doit être inscrite en tête de l'ouvrage, avec mention de la date du dépôt. —2° Lorsque, faite dans la langue de l'un des deux États, la traduction a pour objet des ouvrages publiés hors des territoires respectifs.

En vertu de l'article 1er de la convention supplémentaire du 22 avril 1846, les auteurs français ou leurs ayants cause peuvent poursuivre en contrefaçon dans les États-Sardes, en produisant simplement, à l'appui de leur instance, un duplicata du récépissé de dépôt délivré, soit au ministère de l'intérieur, bureau de l'imprimerie et de la librairie, soit au secrétariat des préfectures. — Ainsi, les conventions franco-sardes ne prescrivent d'autre enregistrement et d'autre dépôt que ceux qui sont prescrits dans le pays d'origine.

La convention de 1843 avait permis la reproduction des articles de journaux et d'écrits périodiques, pourvu que l'origine en fût indiquée. La convention de 1846, modifiant cette disposition, interdit la reproduction de ces articles, toutes les fois que les auteurs ont déclaré eux-mêmes qu'ils réservent leurs droits.

La seconde et dernière convention supplémentaire, du 5 novembre 1850, qui a surtout pour but de rendre plus efficaces les garanties internationales stipulées en faveur des œuvres littéraires ou artistiques publiées dans les deux pays, soumet à la formalité du certificat d'origine les envois réciproques de livres, gravures, lithographies, musique, objets d'art sculptés ou moulés. —Ce certificat doit énoncer, d'une part, la liste complète, le titre, le nombre d'exemplaires de chacun des ouvrages auxquels il s'applique, et constater, de l'autre, que ces ouvrages sont tous édition non contrefaite et propriété nationale du pays d'où l'exportation s'effectue. —Les certificats d'origine, pour les envois de France en Sardaigne, sont délivrés à Paris, au ministère de l'intérieur (bureau de l'imprimerie et de la librairie), et, dans les départements, aux secrétariats des préfectures.

Les stipulations qui font l'objet des trois conventions franco-sardes, valables pour six années, à partir de la dernière (10 février 1851), doivent se prolonger d'autant d'années qui s'écouleront sans qu'une des parties contractantes ait signifié à l'autre son intention d'en faire cesser les effets.

II. — PORTUGAL.

Convention conclue le 12 avril 1851, promulguée le 27 août de la même année,
insérée au *Bulletin des lois*, X⁰ série, n° 437 [1].

La convention franco-portugaise garantit la propriété des œuvres
d'esprit et d'art, la représentation des pièces de théâtre et l'exécution des
compositions musicales. — Sont protégées les œuvres antérieures comme
les œuvres postérieures au décret de promulgation.

L'exercice du droit de propriété, dans les deux pays, est subordonné
au dépôt réciproque d'un exemplaire de chaque publication nouvelle.—Ce
dépôt, pour les publications françaises, est effectué directement à la bibliothèque publique de Lisbonne, et pour les publications portugaises, au
ministère de l'intérieur. — Pour être admis à poursuivre en contrefaçon
devant les tribunaux des deux pays, il suffit que les auteurs français et
portugais, ou leurs ayants cause, produisent, à l'appui de leur instance,
le certificat de dépôt délivré par les administrations, soit française, soit
portugaise.

La protection assurée à l'œuvre originale s'étend à la traduction, sans
aucune limite de temps, sous les conditions suivantes: —1° L'auteur doit
faire connaître, par une mention inscrite en tête de son livre, qu'il se réserve le droit de traduire ou de le faire traduire ;—2° La traduction doit
paraître dans l'année du dépôt et de l'enregistrement du texte original ;
—3° L'ouvrage, publié avec réserve du droit de traduction, doit être rigou-
reusement déposé, soit à Lisbonne, soit à Paris, dans les trois mois qui
suivent la publication de l'original.—Les ouvrages qui se composent de
plusieurs volumes, et dont les tomes se publient les uns après les autres,
sont considérés comme autant d'ouvrages séparés. En conséquence, le
délai de trois mois ne commence à courir, pour les ouvrages dont il s'a-
git, qu'à chaque publication d'un tome nouveau.—Si l'ouvrage est publié
par livraisons, la réserve du droit de traduction doit être inscrite sur la
première, et l'indication de la date du dépôt apposée sur la dernière, à
partir de laquelle seulement commence le délai fixé pour l'exercice du
droit de traduction.

L'interdiction portée, en principe, contre les traductions non autorisées,
ne s'étend pas aux œuvres dramatiques ; mais l'auteur de l'œuvre originale perçoit un droit de représentation.

Les articles publiés dans les journaux ou écrits périodiques sont protégés, soit contre la reproduction, soit contre la traduction, aux conditions suivantes : — 1° L'auteur doit se réserver le droit, soit de reproduction, soit de traduction, par une déclaration insérée dans le numéro du
journal où les articles ont été publiés ; — 2° La traduction doit paraître

---

[1] V. Code international, p. 285.

dans le délai d'un an. — Toutefois, les articles de journaux ne sont soumis au dépôt que lorsqu'ils sont réunis en volumes.

Le certificat d'origine est obligatoire pour les envois réciproques d'ouvrages d'esprit ou d'art, même lorsqu'il s'agit de transit.

La convention franco-portugaise est résiliable d'année en année, après une période de six ans.

III. — HANOVRE.

Convention conclue le 20 octobre 1851, promulguée le 16 janvier 1852, insérée au *Bulletin des lois*, X^e série, n° 480 [1].

Cette convention garantit la propriété des ouvrages d'esprit et d'art, la représentation des pièces de théâtre et l'exécution des compositions musicales. — Elle s'applique aux œuvres publiées, soit avant, soit après le décret de promulgation. — Elle ne contient aucune stipulation en ce qui concerne le droit de traduction et les articles de journaux. — La jouissance des garanties conventionnelles est réciproquement dégagée de toute obligation, soit d'enregistrement, soit de dépôt d'exemplaires. Pour être admis à poursuivre en contrefaçon devant les tribunaux hanovriens, les auteurs français ou leurs représentants doivent établir, par un témoignage émanant d'une autorité publique, que leurs ouvrages jouissent en France de la protection légale contre la reproduction illicite. — Ce témoignage, pour les auteurs français, consiste dans le duplicata du récépissé de dépôt délivré, à Paris, au ministère de l'intérieur, et dans les départements, aux secrétariats des préfectures. — Les envois de livres dans les deux pays ne sont pas soumis au certificat d'origine.

La convention franco-hanovrienne est résiliable, d'année en année, après une période de cinq ans.

IV. — GRANDE-BRETAGNE.

Convention conclue le 3 novembre 1851, promulguée le 22 janvier 1852, insérée au *Bulletin des lois*, X^e série, n° 481 [2].

La convention franco-anglaise est tout à la fois littéraire et artistique, c'est-à-dire qu'elle comprend, sous une égale protection, les publications de livres, d'ouvrages dramatiques, de compositions musicales, de dessin, de peinture, de sculpture, de gravure, de lithographie et de toute autre production quelconque de littérature et de beaux-arts. — Cette protection

---

[1] V. Code international, p. 241.

[2] Nous avons donné le texte de cette convention au Code international, p. 124, et aux pages 130 et suivantes, les ordonnances, actes et décrets rendus, tant en Angleterre qu'en France, pour son exécution.

s'étend à la représentation des œuvres dramatiques et à l'exécution des compositions musicales. — La convention ne garantit que les œuvres postérieures au décret de promulgation.

La traduction est protégée comme l'œuvre originale, mais dans les cas, dans les limites et sous les conditions qui suivent : — 1° La réserve du droit de traduction doit être inscrite en tête de l'ouvrage. Si l'ouvrage est publié par livraisons, il suffit que cette déclaration soit exprimée sur la première. — 2° La traduction doit paraître, au moins en partie, dans l'année de la publication, et en totalité dans le délai de trois ans. Ce délai est de trois mois pour les ouvrages dramatiques. — En ce qui concerne les œuvres théâtrales, il faut remarquer que, si la traduction en contrefaçon est prohibée, l'imitation faite de bonne foi, comme par exemple l'appropriation d'une pièce française à la scène anglaise, et réciproquement, est autorisée. — 3° Le privilège relatif au droit de traduction est de cinq ans.

Les articles de discussion politique publiés dans les journaux et écrits périodiques peuvent être reproduits, à la seule condition d'indiquer la source. — L'auteur peut interdire la reproduction de tous les articles étrangers aux matières politiques.

La jouissance des droits de propriété stipulés dans la convention est subordonnée à l'accomplissement des formalités d'enregistrement et de dépôt. — L'enregistrement est reçu, à Paris, pour les publications anglaises, au ministère de l'intérieur, bureau de l'imprimerie et de la librairie. — Le coût de l'enregistrement est de 1 fr. 25 c. ; celui du certificat, si on le demande, est de 6 fr. 25 c. — L'enregistrement est reçu à Londres, pour les publications françaises, à l'hôtel de la corporation des libraires (*stationer's hall*). — Le coût de l'enregistrement est de 1 shilling (1 fr. 25 c.); celui du certificat, si on le demande, est de 5 shillings (6 fr. 25 c.). — Le dépôt, à Paris et à Londres, se compose d'un exemplaire des livres, cartes, estampes ou publications musicales. — Ces formalités sont obligatoires pour les ouvrages originaux comme pour les traductions. — Les articles de journaux ne sont soumis à l'enregistrement et au dépôt que lorsqu'ils sont publiés à part et réunis en volumes.

Les envois réciproques de livres ne sont pas soumis au certificat d'origine. — La convention franco-anglaise est résiliable d'année en année, après une période de dix ans.

V. — DUCHÉ DE BRUNSWICK.

Convention conclue le 8 août 1852, promulguée le 19 octobre de la même année, insérée au *Bulletin des lois*, X° série, n° 583 [1].

Elle garantit la propriété des ouvrages d'esprit et d'art, la représenta-

[1] V. Code international, p. 197.

tion des pièces de théâtre et l'exécution des compositions musicales. — Elle s'applique aux œuvres publiées avant et après le décret de promulgation. — Elle ne contient aucune stipulation en ce qui concerne le droit de traduction et les articles de journaux. — La jouissance des garanties conventionnelles est réciproquement dégagée de toute obligation, soit d'enregistrement, soit de dépôt d'exemplaires. Pour être admis à poursuivre en contrefaçon dans le duché de Brunswick, les auteurs français ou leurs représentants doivent, sous peine de nullité, produire, à l'appui de leur instance, un duplicata du récépissé de dépôt délivré à Paris, au ministère de l'intérieur, et dans les départements, aux secrétariats des préfectures. — Les envois réciproques de livres ne sont pas soumis au certificat d'origine.

La convention entre la France et le duché de Brunswick restera en vigueur aussi longtemps que sera maintenu le décret du 28 mars 1852, relatif à la propriété littéraire et artistique des ouvrages publiés à l'étranger.

VI. — BELGIQUE.

Convention conclue le 22 août 1852, promulguée le 13 avril 1854, avec un article additionnel du 27 février 1854 et une déclaration du 12 avril de la même année, insérée au *Bulletin des lois*, XIe série, n° 157 [1].

La convention franco-belge s'applique aux œuvres d'esprit et d'art, à la représentation des pièces de théâtre et à l'exécution des compositions musicales. — Elle comprend les publications antérieures et postérieures au 12 mai 1854, date de la mise à exécution du traité. Mais les *droits* d'auteur sur la représentation ou l'exécution des œuvres dramatiques ou musicales n'ont été perçus qu'à partir du 12 juin 1854.

La traduction est protégée comme l'œuvre originale, mais dans les limites et sous les conditions suivantes : — 1° La réserve du droit de traduction doit être inscrite en tête de l'ouvrage. Si l'ouvrage est publié par livraisons, la déclaration doit être exprimée sur la première. — 2° La traduction doit paraître, en partie, dans le délai d'un an, et, en totalité, dans le délai de trois ans. Ce délai n'est que de trois mois pour les ouvrages dramatiques. — 3° Le privilége, en ce qui concerne le droit de traduction, est de cinq ans.

Les articles de discussion politique publiés dans les journaux et écrits

---

[1] V. notre précis et le texte de la convention ainsi que des articles additionnels au Code international, p. 176 et suiv. — V. également : décrets et arrêtés rendus pour leur exécution, *ibid.*, p. 190 et suiv.; *Annales*, t. V, p. 181 et 225, et Compte rendu des procès auxquels a donné lieu son application en Belgique : *Annales*, t. I, p. 60; t. II, p. 48, 148 et 169; t. III, p. 40, et t. V, *infrà*, p. 313.

périodiques peuvent être reproduits, à la seule condition d'indiquer la source. — L'auteur peut interdire, par une déclaration insérée dans le journal, la reproduction de tous les articles étrangers aux matières politiques.

La jouissance des garanties conventionnelles est subordonnée à l'accomplissement des formalités de dépôt et d'enregistrement. — Les publications françaises sont déposées et enregistrées soit directement à Bruxelles, au ministère de l'intérieur, soit à Paris, à la chancellerie de la légation française. — Les publications belges sont déposées et enregistrées soit directement à Paris, au ministère de l'intérieur, soit à Bruxelles, à la chancellerie de la légation française. — Le dépôt se compose d'un exemplaire des livres, cartes, estampes ou œuvres musicales. — Les formalités de dépôt et d'enregistrement doivent être remplies dans les trois mois de la publication. — Ces formalités sont obligatoires pour les traductions comme pour les ouvrages originaux. — Le coût du certificat constatant le dépôt et l'enregistrement est de 50 centimes. Ce certificat est facultatif. — Il est perçu, en outre, pour frais de transport des ouvrages déposés aux chancelleries respectives des deux pays, un droit fixe de 5 centimes par feuille ou par fraction de feuille.

Les envois réciproques de livres sont soumis au certificat d'origine. — Le certificat est visé, à Paris, au ministère de l'intérieur, et dans les départements, aux secrétariats des préfectures. — La convention francobelge pourra être résiliée d'année en année, après une période de dix ans.

VII. — GRAND-DUCHÉ DE HESSE-DARMSTADT.

Convention conclue le **18** septembre **1852**, promulguée le **23** novembre de la même année, insérée au *Bulletin des lois*, X^e série, n° 592 [1].

Elle a pour objet la garantie de la propriété des œuvres littéraires et des compositions musicales. — Cette garantie comprend également la représentation ou l'exécution des œuvres dramatiques ou musicales. — La protection s'applique aux ouvrages antérieurs comme aux ouvrages postérieurs au décret de promulgation. — Il n'est rien stipulé en ce qui concerne le droit de traduction, les articles de journaux et les productions artistiques. — Il n'y a ni enregistrement, ni dépôt d'exemplaires. Les auteurs français ou leurs représentants peuvent poursuivre en contrefaçon, dans le grand-duché de Hesse-Darmstadt, en produisant un duplicata du récépissé de dépôt, délivré au ministère de l'intérieur ou dans les préfectures. — Pas de certificat d'origine pour les envois réciproques de livres. — La convention, valable pour six ans, peut, après cette période, être résiliée d'année en année.

[1] V. Code international, p. 245.

VIII. — LANDGRAVIAT DE HESSE-HOMBOURG.

Convention conclue le 2 octobre 1852, promulguée le 23 novembre de la même année, insérée au *Bulletin des lois*, X^e série, n° 592 [1].

Cette convention a pour objet les œuvres littéraires, les compositions musicales, l'exécution de ces compositions, la représentation des ouvrages dramatiques. — Elle s'applique aux œuvres antérieures comme aux œuvres postérieures au décret de promulgation. — Les productions artistiques, le droit de traduction et les articles de journaux ne sont pas compris dans le traité.

Pas d'obligation d'enregistrement ou de dépôt d'exemplaires. Pour être admis à poursuivre en contrefaçon dans le landgraviat de Hesse-Hombourg, les auteurs français ou leurs représentants produiront un duplicata du récépissé de dépôt délivré au ministère de l'intérieur ou dans les préfectures. — Pas de certificat d'origine pour les envois réciproques de livres. — La durée de la convention est de six ans.

IX. — GRAND-DUCHÉ DE TOSCANE.

Traité de commerce conclu le 15 février 1853, promulgué le 15 mars de la même année, inséré au *Bulletin des lois*, XIe série, n° 26 [2].

Il n'existe pas de convention spéciale sur la propriété littéraire entre la France et la Toscane ; mais, aux termes de l'article 20 du traité précité, est interdite, sur les territoires respectifs, *la fabrication des contrefaçons et réimpression des œuvres artistiques et littéraires des auteurs des deux pays.* — Cette interdiction s'applique aux œuvres antérieures comme aux œuvres postérieures au décret de promulgation. — Il n'est rien stipulé en ce qui concerne l'introduction et la vente des reproductions étrangères, le droit de traduction et les articles de journaux. — Pas d'obligation d'enregistrement ou de dépôt d'exemplaires.— Pas de certificat d'origine pour les envois réciproques de livres. — La durée du traité est de six ans, après lesquels il pourra être résilié d'année en année.

X. — PRINCIPAUTÉ DE REUSS.
(BRANCHE AÎNÉE.)

Convention conclue le 24 février 1853, promulguée le 28 avril de la même année, insérée au *Bulletin des lois*, XIe série, n° 41 [3].

Les garanties qui font l'objet de cette convention concernent les œu-

---

[1] V. Code international, p. 252.
[2] V. Code international, p. 318.
[3] V. Code international, p. 297.

vres littéraires, les compositions musicales, l'exécution de ces compositions et la représentation des ouvrages dramatiques. — Ces garanties s'appliquent aux œuvres publiées soit avant, soit après le décret de promulgation. — Il n'est rien stipulé au sujet des productions artistiques, du droit de traduction et des articles de journaux.

Pas d'obligation d'enregistrement ou de dépôt d'exemplaires. Pour exercer leurs droits de propriété dans la principauté de Reuss (branche aînée), les auteurs et compositeurs français, ou leurs ayants cause, ont à produire un duplicata du récépissé de dépôt, délivré au ministère de l'intérieur ou dans les préfectures. — Pas de certificat d'origine pour les envois réciproques de livres. — La durée de la convention est de six ans.

XI. — DUCHÉ DE NASSAU.

Convention conclue le 2 mars 1853, promulguée le 27 avril de la même année, insérée au *Bulletin des lois*, XI⁰ série, n⁰ 39 [1].

Les garanties qui font l'objet de cette convention comprennent les œuvres de littérature, les compositions musicales, l'exécution de ces compositions et la représentation des pièces de théâtre. — Ces garanties s'appliquent aux œuvres antérieures comme aux œuvres postérieures au décret de promulgation. — Les productions artistiques, le droit de traduction et les articles de journaux ne sont l'objet d'aucune stipulation. — Pas d'obligation soit d'enregistrement, soit de dépôt d'exemplaires. Les auteurs et compositeurs français, ou leurs mandataires, peuvent poursuivre en contrefaçon, dans le duché de Nassau, en produisant, à l'appui de leur demande, un duplicata du récépissé de dépôt, délivré au ministère de l'intérieur ou dans les préfectures. — Pas de certificat d'origine pour les envois réciproques de livres. — La durée de la convention est de six ans.

XII. — PRINCIPAUTÉ DE REUSS.
(BRANCHE CADETTE.)

Convention conclue le 30 mars 1853, promulguée le 10 juin de la même année, insérée au *Bulletin des lois*, XI⁰ série, n⁰ 60 [2].

Elle comprend les œuvres littéraires, les compositions musicales, l'exécution de ces compositions et la représentation des ouvrages dramatiques. — Elle s'applique aux œuvres publiées soit avant, soit après le décret de promulgation. — Elle ne contient pas de stipulations concernant

[1] V. Code international, p. 257.
[2] V. Code international, p. 297.

les productions artistiques, le droit de traduction et les articles de journaux. — Point d'obligation soit d'enregistrement, soit de dépôt d'exemplaires. Les poursuites en contrefaçon peuvent être exercées, dans la principauté de Reuss (branche cadette), par les auteurs et compositeurs français ou par leurs représentants, sur la production d'un certificat de dépôt, délivré à Paris, au ministère de l'intérieur, et dans les départements, aux secrétariats des préfectures. — Pas de certificat d'origine pour les envois réciproques de livres. — La durée de la convention est de six ans.

XIII. — ÉLECTORAT DE HESSE-CASSEL.

Convention conclue le 7 mai 1853, promulguée le 25 août de la même année, insérée au *Bulletin des lois*, XIe série, n° 92 [1].

Elle comprend les œuvres d'esprit et d'art, l'exécution des compositions musicales et la représentation des pièces de théâtre. — Elle s'applique aux œuvres publiées avant ou après le décret de promulgation. — Il n'est rien stipulé au sujet du droit de traduction et des articles de journaux. — Point d'obligation soit d'enregistrement, soit de dépôt d'exemplaires. Le duplicata du récépissé de dépôt, délivré au ministère de l'intérieur ou dans les préfectures, est le titre légal au moyen duquel les auteurs et artistes français, ou leurs représentants, peuvent poursuivre en contrefaçon dans l'électorat de Hesse. — Pas de certificat d'origine pour les envois réciproques de livres. — La durée de la convention est de six ans, après lesquels elle peut être renouvelée d'année en année.

XIV. — GRAND-DUCHÉ DE SAXE-WEIMAR-EISENACH.

Convention conclue le 17 mai 1853, promulguée le 17 juin de la même année, insérée au *Bulletin des lois*, XIe série, n° 65 [2].

Elle comprend les œuvres d'esprit et d'art, l'exécution des compositions musicales et la représentation des ouvrages dramatiques. — Elle s'applique aux œuvres parues avant ou après le décret de promulgation. — Il n'est rien stipulé au sujet du droit de traduction et des articles de journaux. — L'exercice du droit de propriété littéraire ou artistique n'est soumis ni à l'enregistrement, ni au dépôt d'exemplaires. Les auteurs et compositeurs français, ou leurs représentants, peuvent poursuivre en contrefaçon, dans le grand-duché de Saxe-Weimar-

[1] V. Code international, p. 249.
[2] V. Code international, p. 334.

Eisenach, en produisant un duplicata du récépissé de dépôt, délivré, soit au ministère de l'intérieur, soit aux secrétariats des préfectures. — Pas de certificat d'origine pour les envois réciproques de livres. — La durée de la convention est de dix ans, après lesquels elle peut être renouvelée d'année en année.

XV. — GRAND-DUCHÉ D'OLDENBOURG.

Convention conclue le 1er juillet 1853, promulguée le 30 novembre de la même
année, insérée au *Bulletin des lois*, XIe série, no 109 [1].

Elle comprend les ouvrages d'esprit ou d'art, l'exécution ou la représentation des compositions musicales et des pièces de théâtre, et s'applique aux œuvres publiées, soit avant, soit après le décret de promulgation. — Rien n'est stipulé en ce qui concerne les articles de journaux et le droit de traduction. — Pas d'enregistrement ni de dépôt d'exemplaires. Les auteurs et compositeurs français, ou leurs représentants, peuvent exercer leurs droits de propriété dans le grand-duché d'Oldenbourg, en justifiant qu'ils ont accompli en France les formalités propres à garantir ces droits. Cette justification résulte de la production du récépissé de dépôt légal (duplicata), délivré, pour Paris, au ministère de l'intérieur, et pour les départements, aux secrétariats des préfectures. — Les envois réciproques de livres ne sont pas soumis au certificat d'origine. — Cette convention, en vigueur pour six ans, peut, après cette période, être renouvelée d'année en année.

XVI. — ESPAGNE.

Convention conclue le 15 novembre 1853, promulguée le 4 février 1854,
insérée au *Bulletin des lois*, XIe série, no 132 [2].

La convention franco-espagnole embrasse les œuvres d'esprit et d'art, c'est-à-dire : 1º les livres, les compositions dramatiques et musicales, les tableaux, dessins, gravures, lithographies et toutes autres productions analogues ; 2º les ouvrages publiés pour la première fois dans un journal, ainsi que les sermons, mémoires, leçons et autres discours prononcés en public, pourvu qu'ils soient réunis en collection ; 5º les traductions, mais dans les limites et sous les conditions ci-après spécifiées. — La protection conventionnelle s'étend à l'exécution des compositions musicales et à la représentation des ouvrages dramatiques. — Cette protection s'applique aux œuvres publiées, soit avant, soit après le décret de promulgation. — Ne sont pas compris au traité les objets d'art destinés à l'agriculture.

[1] V. Code international, p. 261.

[2] V. Code international : précis, p. 220; texte, p. 222. — V. également avis ministériel sur son exécution, *Annales*, t. II, p. 73.

L'exercice du droit de propriété littéraire dans les deux pays est subordonné à l'enregistrement et au dépôt de deux exemplaires de chaque publication nouvelle. — Le dépôt, pour les publications françaises, est effectué directement à Madrid, au ministère du *Fomento*, et, pour les publications espagnoles, à Paris, au ministère de l'intérieur. — Le dépôt doit être fait dans les trois mois de la publication. - Ne sont pas soumis à la formalité du dépôt les ouvrages de peinture et de sculpture, qui feront ultérieurement l'objet d'un règlement particulier.

Les règles concernant le droit de traduction sont ainsi fixées : — 1° La réserve du droit de traduction doit être inscrite en tête de l'ouvrage ; — 2° La traduction doit être publiée dans le délai de six mois, par volume. — Ce délai est de trois mois pour les ouvrages publiés par livraisons et pour les pièces de théâtre. — 3° La traduction doit être enregistrée et déposée comme l'œuvre originale, et dans les mêmes délais (trois mois). — Le privilège, en ce qui concerne le droit de traduction, est de cinq ans.

Les envois réciproques d'ouvrages littéraires, scientifiques et artistiques, destinés, soit à l'importation, soit au transit, sont soumis à la formalité du certificat d'origine.

La convention franco-espagnole est valable pour quatre ans. Après cette période, elle peut être renouvelée tacitement d'année en année.

XVII.—PRINCIPAUTÉ DE SCHWARZBOURG-SONDERSHAUSEN.

Convention conclue le **7 décembre 1853**, promulguée le **24 février 1854**, insérée au *Bulletin des lois*, XIe série, n° 143 [1].

Garantie réciproque des œuvres d'esprit et d'art. — Cette garantie s'applique également à la représentation des pièces de théâtre et à l'exécution des compositions musicales. — Elle comprend les œuvres publiées, soit avant, soit après le décret de promulgation.

Le droit de traduction et les articles de journaux ne sont l'objet d'aucune stipulation.

La jouissance des garanties conventionnelles est dégagée de toute obligation, soit d'enregistrement, soit de dépôt d'exemplaires. Le duplicata du récépissé de dépôt, délivré au ministère de l'intérieur ou dans les préfectures, est le titre légal pour poursuivre en contrefaçon dans la principauté de Schwarzbourg-Sondershausen. — Les envois de livres dans les deux pays contractants ne sont pas soumis au certificat d'origine.

La convention, en vigueur pendant dix ans, sera, après cette période, résiliable d'année en année.

---

[1] V. Code international, p. 337.

XVIII. — PRINCIPAUTÉ DE SCHWARZBOURG-RUDOLSTADT.

Convention conclue le 16 décembre 1853, promulguée le 9 février 1854,
insérée au *Bulletin des lois*, XIe série, no 137 [1].

Les garanties consacrées par cet acte comprennent les œuvres d'esprit et d'art, publiées, soit avant, soit après le décret de promulgation. — Ces garanties s'appliquent, en outre, à la représentation des pièces de théâtre et des compositions musicales. — Rien n'est stipulé en ce qui concerne le droit de traduction et les articles de journaux. — Pas d'enregistrement ni de dépôt d'exemplaires. Le duplicata du récépissé du dépôt français suffit pour poursuivre en contrefaçon dans la principauté. — Les envois réciproques de livres ne sont pas soumis au certificat d'origine. — Après une période de dix ans, la convention peut être renouvelée d'année en année.

XIX. — PRINCIPAUTÉ DE WALDECK ET PYRMONT.

Convention conclue le 4 février 1854, promulguée le 27 avril de la même année,
insérée au *Bulletin des lois*, XIe série, no 165 [2].

Les garanties qui font l'objet de cette convention embrassent les œuvres littéraires, les compositions musicales, l'exécution de ces compositions et la représentation des pièces dramatiques. — Ces garanties s'appliquent aux œuvres antérieures comme aux œuvres postérieures au décret de promulgation.

Le droit de traduction, les articles de journaux et les productions artistiques ne sont pas compris dans le traité.

Pas d'enregistrement, ni de dépôt d'exemplaires. Les auteurs et compositeurs français, ou leurs mandataires, peuvent exercer leurs droits dans la principauté de Waldeck, en justifiant, au besoin, par un duplicata du récépissé de dépôt, qu'ils ont accompli les formalités prescrites par nos lois pour garantir leurs ouvrages contre la reproduction illicite. Les livres réciproquement expédiés dans les deux États ne sont pas soumis au certificat d'origine.

La convention est valable pour six ans.

XX. — GRAND-DUCHÉ DE BADE.

Première convention conclue le 3 avril 1854, promulguée le 30 mai de la même année, insérée au *Bulletin des lois*, XIe série, no 181 [3].

Deuxième convention conclue le 2 juillet 1857, promulguée le 26 août de la même année, insérée au *Bulletin des lois*, XIe série, no 537 [4].

La première de ces conventions, qui n'était, comme la plupart de cel-

[1] V. Code international, p. 337.
[2] *Ibid.*, p. 350.
[3] *Ibid.*, p. 155.
[4] V. *Annales*, t. III, p. 289.

les précédemment conclues avec les États secondaires de l'Allemagne, que la consécration pure et simple du principe de réciprocité inscrit dans le décret du 28 mars 1852, a été étendue et complétée par l'acte du 2 juillet 1857, dans lequel ont été introduites de nouvelles stipulations concernant, principalement, les journaux, le droit de traduction et les taxes douanières. — Sont protégés : 1° Les œuvres d'esprit et d'art, publiées avant ou après le décret de promulgation du premier traité (30 mai 1854) ; 2° l'exécution ou la représentation des compositions musicales et des pièces de théâtre ; 3° les traductions et les articles de journaux, mais dans de certaines limites et sous les conditions ci-après spécifiées.

Les règles concernant le droit de traduction sont ainsi fixées : — 1° La réserve du droit de traduction doit être inscrite en tête de l'ouvrage ; — 2° La traduction doit être publiée, en partie, dans le délai d'un an, à partir de la première publication de l'œuvre originale, et, en totalité, dans le délai de trois ans. Ce délai est de trois mois pour les œuvres dramatiques. — La durée du privilége relatif aux traductions est de cinq ans.

Les articles de discussion politique publiés dans les journaux et écrits périodiques peuvent être reproduits, à la seule condition d'indiquer la source. — Mais l'auteur, par une déclaration inscrite dans le journal, peut interdire la reproduction ou la traduction de tout article étranger aux matières politiques.

La jouissance des garanties conventionnelles existe indépendamment de toute obligation soit d'enregistrement, soit de dépôt. Le duplicata du récépissé du dépôt français forme titre légal pour poursuivre en contrefaçon dans le grand-duché de Bade. — D'importantes réductions de taxes ont été stipulées au profit de la librairie badoise. — Les livres en langue française, les estampes, les gravures, les cartes géographiques ou marines et la musique payent, à l'entrée, 20 francs par 100 kilogrammes. — Les livres en langue morte ou vivante ne payent que 1 franc par 100 kilogrammes. — Mais le bénéfice du présent tarif n'est acquis qu'aux livres qui sont accompagnés d'un certificat d'origine délivré par les autorités badoises. — Il est de l'intérêt des libraires français de veiller à ce que cette formalité soit exactement accomplie. — Les publications françaises continuent à être expédiées dans le grand-duché de Bade sans certificat.

La présente convention, en vigueur pour six ans, sera, en l'absence de dénonciation six mois avant l'exécution de cette période, valable pour six autres années.

XXI. — PAYS-BAS.

Convention conclue le 29 mars 1855, promulguée le 10 août de la même année, insérée au *Bulletin des lois*, XIe série, n° 319 [1].

Les garanties stipulées dans la convention franco-hollandaise compren-

[1] V. Code international, p. **272**.

nent : 1° les œuvres littéraires et scientifiques publiées soit avant, soit après le 20 septembre 1855 ; 2° les traductions d'ouvrages nationaux, en ce sens que le premier traducteur de ces ouvrages, sans avoir un droit exclusif de traduction, est simplement protégé par rapport à celle qu'il a publiée ; 3° les feuilletons de journaux et les articles de recueils périodiques, étrangers à la politique, lorsque l'auteur a déclaré, dans le journal, en interdire la reproduction. — Il n'est rien stipulé en ce qui concerne les productions artistiques, les compositions musicales, l'exécution de ces compositions et la représentation des œuvres dramatiques.

La jouissance des garanties conventionnelles existe, indépendamment de tout enregistrement et de tout dépôt d'exemplaires. Un certificat délivré, pour les publications françaises, par le bureau de l'imprimerie et de la librairie, au ministère de l'intérieur, à Paris, et dans les départements, par le secrétariat des préfectures ; pour les publications hollandaises, par le ministre de l'intérieur, à la Haye, servira, en cas de contestation, à établir que les formalités voulues par les lois et règlements ont été remplies. — Depuis le 1er avril 1859, la librairie française est admise à l'importation dans toutes les douanes néerlandaises en franchise de droit. — Les envois réciproques de livres ne sont pas soumis au certificat d'origine.

La convention, en vigueur jusqu'au 25 juillet 1859, subsistera, après cette époque, aussi longtemps que le traité de commerce conclu entre la France et la Hollande, sous la date du 25 juillet 1840.

XXII. — VILLE LIBRE DE HAMBOURG.

Convention conclue le 2 mai 1856, promulguée le 21 juillet de la même année, insérée au *Bulletin des lois*, XIe série, n° 412 [1].

Elle garantit les œuvres d'esprit et d'art, l'exécution des compositions musicales et la représentation des pièces de théâtre. — La protection s'applique aux œuvres parues avant ou après le décret de promulgation.

Le droit de traduction est consacré aux conditions et dans les limites qui suivent :—1° La réserve du droit de traduction doit être inscrite en tête de l'ouvrage ; — 2° La traduction doit paraître, au moins en partie, dans le délai d'un an. — Le privilége relatif au droit de traduction est de cinq ans. — Il n'est rien stipulé en ce qui concerne les articles de journaux.

Pas d'enregistrement ni de dépôt d'exemplaires. Le duplicata du récépissé du dépôt français forme titre légal pour poursuivre en contrefaçon devant les tribunaux de Hambourg. — D'importantes réductions de taxes ont été stipulées en faveur de la librairie expédiée de Hambourg à destination de la France. — Mais le bénéfice du tarif conventionnel n'est ac-

---

[1] V. *Annales*, t. II, p. 193. — V. également le décret du 22 septembre 1856, fixant les droits à l'importation, *ibid.*, p. 257, et celui du 1er octobre 1857, interdisant la vente des contrefaçons, *ibid.*, t. III, p. 321.

cordé qu'aux ouvrages portant les marques de la douane de Hambourg, ou celles de tout autre État allemand ayant conclu avec la France une convention littéraire. — Il est de l'intérêt des libraires français de veiller à ce que tous les livres, gravures, œuvres musicales, etc., qui leur sont expédiés de Hambourg, soient revêtus de ces marques qui tiennent lieu de certificat d'origine.

Cette convention, en vigueur pour dix ans, pourra, après cette période, être renouvelée d'année en année.

XXIII. — ROYAUME DE SAXE.

Convention conclue le 19 mai 1856, promulguée le 13 juin de la même année, insérée au *Bulletin des lois*, XI° série, n° 399.

Elle garantit : 1° les œuvres d'esprit et d'art, publiées avant ou après le décret de promulgation ; 2° l'exécution des compositions musicales et la représentation des pièces de théâtre ; 3° les traductions et les articles de journaux, mais dans de certaines limites et aux conditions ci-dessous spécifiées. — L'exercice des droits de propriété littéraire ou artistique, dans les deux pays, est subordonné à l'enregistrement des ouvrages français ou saxons. — Pour les ouvrages français, l'enregistrement est reçu à Leipsick, à la direction du Cercle, sur la présentation d'un duplicata du récépissé du dépôt légal, délivré soit par le bureau de l'imprimerie et de la librairie, au ministère de l'intérieur, soit par le secrétariat des préfectures. — Ce duplicata doit être visé : 1° à la chancellerie du ministère des affaires étrangères ; 2° à la mission de Saxe, à Paris.— Pour les ouvrages saxons, l'enregistrement est reçu au ministère de l'intérieur, bureau de l'imprimerie et de la librairie, sur la production d'un certificat émanant de la direction du Cercle de Leipsick. — L'enregistrement s'effectue dans les deux pays sans dépôt d'exemplaires.

Les règles concernant le droit de traduction sont ainsi fixées : — 1° La réserve du droit de traduction doit être inscrite en tête de l'ouvrage. — 2° La traduction doit être publiée, en partie, dans le délai d'un an, et, en totalité, dans le délai de trois ans. Ce délai est de trois mois seulement pour les ouvrages dramatiques. — 3° L'œuvre originale devra être enregistrée dans les trois mois à partir de la publication. La traduction devra être enregistrée dans les mêmes délais. — La durée du privilége relatif aux traductions est de cinq ans.

Les articles de discussion politique publiés dans les journaux ou écrits périodiques peuvent être reproduits ou traduits, à la seule condition d'en indiquer la source. — Mais l'auteur, au moyen d'une déclaration inscrite

---

[1] V. *Annales*, t. II, p. 161. — V. également ordonnance, avis et déclarations sur son exécution, *ibid.*, p. 167 et 225.

dans le journal, peut interdire la reproduction ou la traduction de tout article étranger aux matières politiques.

Des réductions de taxes ont été stipulées au profit de la librairie saxonne. Les livres en langue française, les estampes, gravures, cartes géographiques ou marines et la musique payent, à l'entrée, 20 francs par 100 kilogrammes. — Les livres en langues mortes ou vivantes ne payent que 1 franc par 100 kilogrammes. — Mais le bénéfice du présent tarif n'est acquis qu'aux envois de livres qui sont accompagnés d'un certificat d'origine délivré par les autorités saxonnes. — Les libraires français doivent, dans leur intérêt, veiller à ce que cette formalité soit exactement observée. — Les publications françaises continuent à être expédiées en Saxe sans certificat.

La convention franco-saxonne, valable pour six ans, sera, en l'absence de dénonciation six mois avant l'expiration de cette période, en vigueur encore pendant six autres années.

XXIV. — GRAND-DUCHÉ DE LUXEMBOURG.

Convention conclue les 4 et 7 juillet 1856, promulguée le 1er décembre de la même année, insérée au *Bulletin des lois*, XIe série, n° 417 [1].

Elle protége les œuvres d'esprit et d'art, l'exécution des compositions musicales et la représentation des pièces dramatiques. — Elle s'applique aux œuvres publiées avant et après le décret de promulgation. — Il n'est rien stipulé en ce qui concerne le droit de traduction et les articles de journaux. — Pas d'enregistrement ni de dépôt d'exemplaires. La production d'un duplicata du récépissé français suffit pour exercer, dans le Luxembourg, des poursuites en contrefaçon. — Pas de certificat d'origine pour les envois réciproques de livres. — La durée de la convention est de dix ans, et, après cette période, elle pourra être renouvelée d'année en année.

XXV. — CANTON DE GENÈVE.

Convention conclue le 30 octobre 1858, promulguée le 8 janvier 1859, insérée au *Bulletin des lois*, XIe série, n° 660 [2].

Elle garantit les œuvres d'esprit et d'art, publiées avant ou après le décret de promulgation. — La protection s'étend aux traductions et aux articles de journaux, dans les limites et sous les conditions ci-après.

Les règles concernant le droit de traduction sont ainsi fixées : — 1° La

1 V. *Annales*, t. II, p. 321. — V. également le décret sur l'importation et le transit, *ibid.*, t. III, p. 65.

2 V. le texte aux *Annales*, t. V, p. 5; avis ministériel sur son exécution *ibid.*, p. 10. — Arrêté de Conseil d'Etat de Genève, *ibid.*, p. 58.

réserve du droit de traduction doit être inscrite en tête de l'ouvrage ; — 2° La traduction devra paraître, en partie, dans l'année de la publication de l'œuvre originale, et en totalité dans les trois ans. — Le privilége relatif au droit de traduction est de cinq ans.

Les articles de discussion politique publiés dans les journaux ou écrits périodiques peuvent être reproduits ou traduits, à la seule condition d'indiquer la source. — Mais l'auteur, au moyen d'une déclaration inscrite dans le journal, peut interdire la reproduction ou la traduction de tout article étranger aux matières politiques. — Il n'est rien stipulé en ce qui concerne l'exécution ou la représentation des œuvres musicales et dramatiques. — La convention ne prescrit aucune formalité, soit d'enregistrement, soit de dépôt d'exemplaire. L'auteur ou l'éditeur qui veut exercer des poursuites en contrefaçon dans le canton de Genève doit simplement justifier de son droit de propriété, en établissant, par un certificat émanant de l'autorité compétente, que l'ouvrage pour lequel il réclame la protection conventionnelle jouit en France des garanties légales contre la reproduction illicite. — Ce certificat est délivré, à Paris, par le bureau de l'imprimerie et de la librairie, au ministère de l'intérieur, et dans les départements autres que celui de la Seine, par les secrétariats de préfecture. — Cette pièce est légalisée, sans frais, par la mission de Suisse à Paris, ou par les consulats suisses dans les départements. — Pour les ouvrages publiés dans le canton de Genève, le certificat est délivré par le département de l'intérieur, et légalisé gratuitement par la mission de France, ou par un consulat français en Suisse.

Des réductions de taxe ont été stipulées en faveur des productions de la presse génevoise. Les ouvrages en langue française, les estampes, gravures, la musique et les cartes géographiques ou marines payent, à l'entrée, 20 francs par 100 kilogrammes ; les ouvrages en langues mortes et étrangères ne payent que 1 franc les 100 kilogrammes. — Le bénéfice du tarif conventionnel n'est acquis qu'aux envois de livres qui sont accompagnés d'un certificat d'origine délivré par les autorités génevoises. — Les publications expédiées de France dans le canton de Genève ne sont pas soumises à la formalité du certificat.

La convention, valable pour six ans, sera, en l'absence de dénonciation pendant cette période, prolongée de six autres années, et ainsi de suite.

<hr>

Nombre des conventions.

Il résulte des documents que nous venons d'étudier que, du 28 août 1843 au 30 octobre 1858, la France a conclu, avec vingt-cinq puissances européennes, vingt-huit conventions ayant pour objet la protection réciproque de la propriété intellectuelle.

Nature des conventions.

Dix-huit de ces conventions sont tout à la fois littéraires et artistiques, c'est-à-dire qu'elles s'appliquent à toutes les manifestations de la pensée, réalisées soit par le livre, soit par la gravure, le dessin, la peinture, etc.

Conventions littéraires et artistiques.

Les dix-huit conventions en même temps littéraires et artistiques sont celles qui ont été conclues avec les Etats-Sardes, le Portugal, le Hanovre, l'Angleterre, le Brunswick, la Belgique, l'électorat de Hesse-Cassel, le grand-duché de Saxe-Weimar-Eisenach, le grand-duché d'Oldenbourg, l'Espagne, les principautés de Schwarzbourg-Sondershausen et de Schwarzbourg-Rudolstadt, le grand-duché de Bade, la ville libre de Hambourg, le royaume de Saxe, le grand-duché de Luxembourg et le canton de Genève.

A ces Etats il faut ajouter la Toscane où, en vertu d'une clause spéciale insérée dans un traité de commerce et de navigation, la contrefaçon des œuvres littéraires et artistiques est interdite.

Conventions littéraires.

Les sept autres conventions qui n'ont pour objet que les œuvres littéraires sont celles qui ont été conclues avec le grand-duché de Hesse-Darmstadt, le landgraviat de Hesse-Hombourg, les deux principautés de Reuss, le duché de Nassau, la principauté de Waldeck et les Pays-Bas.

Contraventions garantissant le droit de traduction.

Les garanties assurées à l'œuvre originale s'étendent à la traduction, mais dans certaines limites et sous des conditions à observer dans les dix Etats suivants : Sardaigne, Portugal, Angleterre, Belgique, Espagne, grand-duché de Bade, Pays-Bas, Hambourg, Saxe (royaume) et Genève.

Conventions ne garantissant pas le droit de traduction.

Ainsi il n'est rien stipulé en ce qui concerne le droit de traduction dans nos traités avec les Etats ci-après : Hanovre, Brunswick, Hesse-Darmstadt, Hesse-Hombourg, Toscane, Reuss (branche aînée et branche cadette), duché de Nassau, Hesse-Cassel, Saxe-Weimar-Eisenach, Oldenbourg, Schwarzbourg-Sondershausen et Schwarzbourg-Rudolstadt, Waldeck et Luxembourg.

Conventions garantissant l'exécution ou la représentation des œuvres musicales et dramatiques.

L'exécution ou la représentation des œuvres musicales et dramatiques est garantie, à titre de réciprocité, bien entendu, dans les Etats-Sardes, le Portugal, le Hanovre, l'Angleterre, le Brunswick, la Belgique, la Hesse-Darmstadt, la Hesse-Hombourg, les deux principautés de Reuss, le Nassau, la Hesse-Cassel, la Saxe-Weimar-Eisenach, le grand duché d'Oldenbourg, l'Espagne, les principautés de Schwarzbourg-Sondershausen, de Schwarzbourg-Rudolstadt et de Waldeck, le grand-duché de Bade, Hambourg, le royaume de Saxe et le grand-duché de Luxembourg.

Conventions ne garantissant pas l'exécution ou la représentation des œuvres musicales et dramatiques.

Trois Etats seulement n'accordent aucune garantie relativement à l'exécution des compositions musicales ou à la représentation des pièces de théâtre. Ce sont : la Toscane, la Hollande et le canton de Genève.

Articles de journaux.

Les articles littéraires ou scientifiques insérés dans les journaux, revues et recueils périodiques, ne peuvent être reproduits ou traduits, sans le consentement de l'auteur, dans les neuf Etats qui suivent : Sardaigne, Portugal, Angleterre, Belgique, Espagne, grand-duché de Bade, Hollande, Saxe (royaume) et canton de Genève.

Conditions de l'exercice des droits de propriété littéraire et artistique.

L'exercice des droits de propriété littéraire ou artistique est subordonné à un enregistrement et à un dépôt d'exemplaires dans quatre Etats seulement, qui sont : le Portugal, l'Angleterre, la Belgique et l'Espagne.

Dans le royaume de Saxe, l'exercice de ces mêmes droits n'est soumis qu'à l'enregistrement des publications nouvelles.

Dans tous les autres Etats, les garanties conventionnelles, dégagées de toute obligation, soit de dépôt, soit d'enregistrement, peuvent être réclamées sur la simple production d'un titre établissant qu'il s'agit d'une œuvre originale qui, dans le pays où elle a été publiée, jouit de la protection légale contre la contrefaçon, ou la reproduction illicite.

Pour les ouvrages français, ce titre consiste dans le duplicata du récépissé de dépôt, délivré au ministère de l'intérieur, ou dans les préfectures.

Certificat d'origine prescrit par les conventions.

Les envois réciproques de livres, gravures, cartes géographiques et musique, entre la France et la Sardaigne, le Portugal, la Belgique et l'Espagne, doivent être accompagnés de certificats d'origine. Ces pièces sont visées, à Paris, au ministère de l'intérieur, et dans les départements, aux secrétariats des préfectures.

Les livres, gravures, cartes géographiques ou marines, et la musique, expédiés du grand-duché de Bade, du royaume de Saxe et du canton de Genève, à destination de la France, doivent être accompagnés de certificats sous peine d'être privés du bénéfice des réductions des taxes douanières.

Les ouvrages expédiés de Hambourg doivent porter les marques de la douane de cette ville, ou celles de tout autre État germanique ayant conclu avec la France une convention littéraire.

Les ouvrages expédiés de France à Hambourg, à Genève, en Saxe et dans le grand-duché de Bade, ne sont pas soumis à la formalité du certificat.

Certificat d'origine prescrit par la loi du 6 mai 1841.

Mais il importe de faire remarquer ici qu'aux termes de l'article 8 de la loi du 6 mai 1841 (§ 2) tous les livres en *langue française* dont la propriété est établie à l'étranger, ou qui sont une édition étrangère d'ouvrages français tombés dans le domaine public, ne peuvent être admis, soit à l'importation, soit au transit, sans être accompagnés d'un certificat d'origine, qui, conformément à l'article 1er de l'ordonnance royale du 13 décembre 1842, doit être confirmé et légalisé par l'autorité administrative du lieu de l'expédition.

En l'absence de dispositions contraires dans les conventions où il n'est rien stipulé en ce qui concerne les envois réciproques de livres, les prescriptions de l'article 8 de la loi précitée continuent à être en vigueur, et les livres de l'espèce, quel que soit le pays de provenance, restent soumis à la production du certificat.

Conclusion.

Telles sont, monsieur le préfet, les principales observations auxquelles les actes internationaux que nous venons d'examiner m'ont paru devoir donner lieu. Je suis loin, sans doute, d'avoir épuisé tous les détails des stipulations qu'ils contiennent ; mais j'ai voulu surtout porter à votre connaissance les renseignements pratiques dont l'étude est un devoir pour l'administration. En consultant le tableau que j'ai tracé plus haut, et en vous reportant, au besoin, au texte officiel de nos traités, vous aurez, je l'espère, sur notre nouveau droit conventionnel, toutes les notions qui sont le plus particulièrement de nature à intéresser les écrivains et le commerce.

Vous aurez soin de communiquer ces instructions aux sous-préfets de votre département et aux inspecteurs de la librairie que vous pouvez avoir sous vos ordres.

Je désire que vous m'accusiez réception de cette circulaire.

Recevez, monsieur le préfet, l'assurance de ma considération très-distinguée.

Le Ministre secrétaire d'État au département de l'intérieur,

Signé : Duc De Padoue.

Pour expédition :

Le Conseiller d'Etat chargé temporairement des services de l'imprimerie, de la librairie, de la propriété littéraire, de la presse et du colportage,

Signé : A. de La Guéronnière.

Marques et dessins de fabrique. — Droit International. — France et Angleterre.

Le traité de commerce conclu entre la France et l'Angleterre, le 23 janvier 1860, dont les ratifications ont été échangées le 4 février et qui a été promulgué en France par décret impérial du 10 mars 1860, inséré au *Bulletin des lois* le 23 du même mois, contient un article pour la garantie réciproque, dans les deux pays, des marques de commerce et dessins de fabrique. Voici le texte même de cet article, ainsi que de l'article 21, qui fixe la durée du traité.

Art. 12. Les sujets d'une des Hautes Puissances contractantes jouiront, dans les Etats de l'autre, de la même protection que les nationaux pour tout ce qui concerne la propriété des marques de commerce et des dessins de fabrique de toute espèce.

Art. 21. Le présent traité restera en vigueur pendant dix années, à partir du jour de l'échange de ses ratifications ; et dans le cas où aucune des deux Hautes Puissances contractantes n'aurait notifié, douze mois avant l'expiration de ladite période de dix années, son intention d'en faire cesser les effets, le traité continuera à rester en vigueur encore une année, et ainsi de suite, d'année en année, jusqu'à l'expiration d'une année à partir du jour où l'une ou l'autre des Hautes Puissances contractantes l'aura dénoncé. — Les Hautes Puissances contractantes se réservent la faculté d'introduire, d'un commun accord, dans ce traité, toutes modifications qui ne seraient pas en opposition avec son esprit ou ses principes et dont l'utilité serait démontrée par l'expérience.

Marques de garantie. — Nouvel alliage.

CIRCULAIRE ADRESSÉE PAR LE CONSEILLER D'ÉTAT DIRECTEUR GÉNÉRAL DES DOUANES ET DES CONTRIBUTIONS INDIRECTES AUX AGENTS DE SON ADMINISTRATION.

Paris, le 17 janvier 1860.

Par une décision rendue le 10 de ce mois, M. le ministre des finances, sur l'avis conforme de son collègue au département de l'agriculture, du commerce et des travaux publics, a autorisé la fabrication et la vente d'ouvrages composés avec un alliage qui contient de l'argent et dont MM. de Ruolz et Fontenay sont les inventeurs.

Cette décision porte que :

1° L'autorisation pourra être retirée en cas d'abus et après un certain temps d'expérience ;

2° Les ouvrages ainsi fabriqués porteront l'empreinte du poinçon des fabricants (lequel devra être de forme carrée) et le mot : *Alliage*, insculpté en toutes lettres.

Les fabricants auront, en outre, la faculté d'apposer sur leurs ouvrages le chiffre indicatif de la quantité de métal précieux qu'ils contiennent.

Le service veillera à ce que les ouvrages de l'espèce, exposés en vente ou trouvés en circulation, soient revêtus des marques ci-dessus prescrites, à l'exclusion de toute autre empreinte présentant quelque ressemblance avec les marques de la bijouterie et de l'orfévrerie au titre légal et avec celles de la garantie.

J'invite les directeurs à porter ces dispositions à la connaissance du commerce et à en surveiller l'exécution.

Le conseiller d'Etat directeur général,
TH. GRÉTERIN.

Marques de garantie. — Ouvrages dorés et argentés. — Poinçons.

En faisant connaître au *Code international* l'ensemble de notre législation sur les marques tant obligatoires que facultatives, nous avons appelé l'attention sur les dispositions spéciales qui régissent les matières d'or et d'argent[1]. Aux termes de la loi du 19 brumaire an VI, tous les ouvrages d'or et d'argent doivent, indépendamment des divers poinçonnages de garantie auxquels ils sont soumis, être poinçonnés directement par le fabricant, à l'effet de permettre à l'administration, en cas de fraude ou de contravention, de remonter au véritable coupable. Le poinçon des fabricants doit porter leurs initiales avec un symbole, et constitue dès lors, au profit de chacun d'eux, une propriété privée ; mais ce poinçon n'est pas transmissible ; les héritiers ou successeurs doivent, dans un délai déterminé, en adopter et déposer un nouveau, dans lequel, en général, ils sont admis à reproduire le même symbole avec leurs nouvelles initiales. — Pour les ouvrages de doublé ou plaqué, le poinçon du fabricant doit, aux termes de l'article 9 de la même loi, avoir une forme particulière déterminée par l'administration et indiquant, en chiffres, la quantité d'or et d'argent qu'ils contiennent. Mais la loi ne s'occupait pas des ouvrages simplement dorés ou argentés. Un décret impérial du 26 mai 1860 vient de remplir cette lacune, en étendant aux ouvrages dorés et argentés par les procédés galvaniques ou électro-chimiques les dispositions de la loi de brumaire, relatives au doublé et au plaqué, en affranchissant toutefois les fabricants de l'obligation d'indiquer la quantité d'or et d'argent qui y est superposée. Le public, à cet égard, ne pourra avoir d'autre garantie que la vue même de l'objet et la sincérité de la déclaration des fabricants. C'est assez dire toute la valeur que prendront les marques particulières de ceux des fabricants qui tiendront à honneur de ne livrer au commerce que des produits ayant réellement la quantité d'or ou d'argent annoncée dans leurs prospectus et factures. — Voici le texte de ce décret :

DÉCRET DU 26 MAI 1860

relatif à la marque des objets dorés ou argentés par les procédés chimiques.

(XI, S. Bull. 802, n° 7,720.)

NAPOLÉON, etc. : — Sur le rapport de nos ministres secrétaires d'Etat aux départements des finances et de l'agriculture, du commerce et des

---

[1] V. Code international, p. 85 et 93. Voir également, **NOUVEL ALLIAGE**, *suprà*, p. 125.

travaux publics; — Vu la loi du 19 brumaire an VI relative à la surveillance du titre des matières d'or et d'argent; — Considérant qu'il est nécessaire, dans l'intérêt du commerce comme dans celui du public, d'apposer sur les ouvrages dorés ou argentés par les procédés galvaniques ou électro-chimiques une marque particulière qui permette de les distinguer des produits de l'orfévrerie et de la bijouterie véritable ; — Avons décrété et décrétons ce qui suit :

Art 1er. Sont applicables aux fabricants d'ouvrages dorés ou argentés par les procédés galvaniques ou électro-chimiques les articles 14 et 95 à 100 de la loi du 19 brumaire an VI, relatifs aux obligations des fabricants de plaqué. — En conséquence, les fabricants d'ouvrages dorés ou argentés par les procédés ci-dessus sont tenus de se servir *exclusivement*, pour marquer leurs produits, de poinçons dont la forme est un *carré parfait*. Néanmoins, par dérogation à l'article 97 de ladite loi, ils sont dispensés d'insculpter sur leurs ouvrages le mot *doublé* et la quantité d'or et d'argent qui y est superposée.

Art. 2. Les fabricants de ces sortes d'ouvrages se conformeront immédiatement aux dispositions qui précèdent. — Un délai d'une année, à partir de la promulgation du présent décret, est accordé aux marchands non-fabricants pour la vente des ouvrages de l'espèce qui existent en leur possession.

Russie — Droit international.— Commerce et industrie. — Traitement des commerçants étrangers.

Le journal de Saint-Pétersbourg (numéros des 27 et 28 juin 1860) contient l'ukase ci-après, adressé au sénat dirigeant, le 7 du même mois [1] :

Le manifeste impérial du 1er janvier 1807 avait posé certaines limites au droit de commerce des étrangers établis à demeure ou résidant temporairement en Russie. Maintenant, avec les perfectionnements introduits dans les moyens de communication et le développement rapides des relations commerciales internationales, ces restrictions ne s'accordent plus avec les besoins du temps. D'un autre côté, les principales puissances de l'Europe permettent à nos sujets, comme en général à tous les étrangers, de se livrer chez elles au commerce à l'égal de leurs nationaux. Prenant en considération l'utile influence qu'exercerait sur toutes les branches de la richesse publique une extension accordée à la facilité de profiter aussi des capitaux étrangers dans les entreprises de toute nature, et voulant donner

[1] Nous empruntons ce document aux *Annales du commerce extérieur*. — Voir, du reste, les articles spéciaux du traité de commerce entre la France et la Russie, du 14 juin 1857, *suprà*, p. 49.

en même temps une nouvelle preuve de notre sollicitude particulière pour la prospérité générale du commerce, de l'agriculture et de l'industrie dans l'empire, et encore d'une juste réciprocité envers les puissances étrangères, nous avons jugé convenable de concéder sous ce rapport aux étrangers qui demeurent en Russie les mêmes droits que ceux dont jouissent déjà nos sujets chez les principales nations de l'Europe.

En conséquence, et d'accord avec l'avis du Conseil de l'empire, nous ordonnons :

I. Il est permis aux étrangers d'entrer dans toutes les guildes de marchands, à l'égal des nationaux de l'empire, et de jouir ensuite de tous les droits commerciaux que ces guildes confèrent aux marchands russes (art. 77 à 107 du règlement sur le commerce, tome XI du corps des lois, édition de 1857). — 1re *observation*. Les israélites, sujets étrangers, connus par leur position sociale et par la vaste étendue de leurs revirements commerciaux, qui arrivent de l'étranger, peuvent, d'après l'ordre établi, c'est-à-dire sur une autorisation spéciale délivrée chaque fois par les ministres des finances, de l'intérieur et des affaires étrangères, commercer dans l'empire et y établir des comptoirs de banque, en se faisant délivrer une patente de négociant de la première guilde. Il est également permis à ces mêmes israélites d'établir des fabriques, d'acquérir et de prendre à loyer des immeubles conformément aux dispositions du présent ukase. — 2e *observation*. Les droits commerciaux accordés aux Asiates sont déterminés par les articles 227 à 255 du règlement sur le commerce (tome XI du corps des lois, édits de 1857).

II. La sûreté du domicile et des magasins des étrangers, ainsi que des terrains qui en dépendent, est placée sous la protection des lois générales. Il ne peut être procédé à aucune perquisition dans leurs demeures ni dans leurs livres de commerce que d'après les règles prescrites en pareils cas pour les sujets russes de la même condition.

III. Les étrangers sont aptes à acquérir, soit par achat, soit par héritage, legs, donation, concession de la couronne, etc., etc., toute espèce de biens meubles et immeubles, à l'exception toutefois de ceux que la noblesse russe et héréditaire et les étrangers qui en ont obtenu les droits peuvent seuls posséder en vertu des lois en vigueur.

IV. Les étrangers, à l'exception des israélites, peuvent gérer, à titre de commis, des terres habitées, s'ils ont la procuration des propriétaires à cet effet. Il leur est également loisible d'affermer, au moyen de conventions permises par les lois, des immeubles possessionnels et de toute autre nature, habités ou non, en se conformant seulement aux conditions et restrictions imposées aux nationaux de l'empire (C. civ., liv. IV, sect. III, chap. 2).

Le sénat dirigeant prendra les mesures nécessaires pour la mise à exécution du présent.

Législation sarde sur les brevets d'invention.

DÉCRET ROYAL DU 30 OCTOBRE 1860 [1].

Victor-Emmanuel II, etc. — En vertu des pouvoirs extraordinaires qui nous ont été conférés par la loi du 25 avril dernier ; — Considérant la nécessité d'étendre aux nouvelles provinces la loi sur les brevets d'invention et l'opportunité d'y apporter quelques modifications ; — Le Conseil des ministres entendu, sur la proposition du ministre des finances, — Avons ordonné et ordonnons ce qui suit :

TITRE I. — Droits dérivant d'inventions ou découvertes industrielles et leurs titres.

Chapitre I. — *Droits de l'inventeur.*

Art. 1. L'auteur d'une nouvelle invention ou découverte industrielle a le droit de la réaliser et d'en retirer exclusivement profit pour le temps, dans les limites et sous les conditions prescrites par le présent décret. Ce droit exclusif constitue un privilége industriel (*privativa industriale*) [2].

Art. 2. Une invention ou une découverte est dite *industrielle* lorsqu'elle a directement pour objet :—1° un produit ou un résultat industriel ; —2° un instrument, une machine, un engin, une combinaison ou une disposition mécanique quelconque ;—3° un procédé ou une méthode de production industrielle ;—4° un moteur ou l'application industrielle d'une force déjà connue ;—5° enfin l'application technique d'un principe scientifique, pourvu qu'il donne des résultats industriels immédiats. Dans ce dernier cas, le privilége est limité aux seuls résultats expressément indiqués par l'inventeur.

Art. 3. Doit être considérée comme nouvelle une invention ou une découverte industrielle, lorsqu'elle n'était pas connue auparavant, ou lorsque, tout en en possédant une certaine connaissance, on ignorait les nécessités particulières de sa mise à exécution.

Art. 4. Une nouvelle invention ou découverte industrielle, déjà brevetée à l'étranger, bien que publiée par l'effet du privilége étranger, confère à son auteur ou à son ayant cause le droit d'en obtenir le privilége dans l'Etat, pourvu qu'on en demande le titre avant l'expiration du privilége

---

[1] La traduction qui suit est la propriété des *Annales*.

[2] Ou plus exactement : *droit privatif industriel*. Mais cette expression venant souvent dans la loi, nous avons préféré adopter comme équivalent le mot *privilége*, qui est consacré par l'usage dans un grand nombre de législations. Par les mêmes motifs, nous nous sommes servi indistinctement des expressions : *titre de privilége* et *brevet d'invention*, pour traduire les expressions *attestato di privativa*, dont la traduction littérale eût été *certificat de droit privatif.*

étranger et avant que d'autres aient librement importé et mis à exécution dans le royaume ladite invention ou découverte.

ART. 5. Toute modification d'une invention ou découverte faisant l'objet d'un brevet encore en vigueur donne droit à un titre de brevet, sans préjudice de celui qui existe déjà pour l'invention principale.

ART. 6. Ne peuvent donner lieu à un brevet : —1° les inventions et découvertes concernant les industries contraires aux lois, à la morale et à la sûreté publique ;—2° les inventions ou découvertes qui n'ont pas pour but la production d'objets matériels ; — 3° les inventions ou découvertes purement théoriques ;—4° les médicaments, de quelque espèce que ce soit.

CHAP. II. — *Titres de brevets. — Leur efficacité, leur durée et taxe.*

ART. 7. L'exercice d'un privilége industriel a pour titre légal une attestation (brevet) donnée par l'administration publique. Le brevet ne garantit ni l'utilité ni la réalité de l'invention ou découverte prétendue par celui qui fait la demande. Il ne prouve pas davantage l'existence des caractères exigés par la loi pour qu'une invention ou découverte puisse être valablement et efficacement brevetée.

ART. 8. Le brevet délivré pour un objet nouveau en comprend la fabrication et la vente exclusives.—Le brevet pour l'application à une industrie d'un agent chimique, d'un procédé, d'une méthode, d'un instrument, d'une machine, d'un engin, d'une combinaison ou d'une disposition mécanique quelconque, inventés ou découverts, confère la faculté d'empêcher qu'un autre ne les applique. — Mais quand celui qui jouit du privilége a cédé lui-même les préparations ou moyens mécaniques dont l'application exclusive constitue l'objet d'un brevet, on présume, à moins de convention contraire, qu'il a en même temps concédé le droit d'en faire usage.

ART. 9. L'auteur d'une invention ou découverte brevetée et ses ayants cause peuvent demander un brevet complétif (certificat d'addition) pour toute modification apportée par eux à la découverte ou invention principale. — Ce brevet étend à la modification qu'il a pour objet les effets du brevet principal pour tout le temps de la durée de ce brevet.

ART. 10. Les effets d'une attestation de privilége (brevet) vis-à-vis des tiers commencent du moment où la demande en est faite. —La durée d'un brevet ne peut dépasser quinze ans ni être moindre d'une année, en commençant toujours à compter du dernier jour de l'un des mois de mars, juin, septembre ou décembre suivant, et le plus prochain du jour de la demande, et sans qu'il y ait jamais de fraction d'année.

ART. 11. La durée d'un brevet pour invention ou découverte déjà brevetée à l'étranger ne peut excéder celle du brevet étranger, accordé pour le terme le plus long, et, en tout cas, ne dépassera jamais quinze ans.

ART. 12. Un titre de brevet concédé pour moins de quinze ans peut être prolongé d'une ou plusieurs années, sans cependant que la durée de la prolongation, jointe à celle du premier titre, puisse jamais dépasser quinze ans.

ART. 13. La prolongation d'un titre de brevet comprend celle de tous les titres complétifs.

ART. 14. Les titres de brevets qui seront conférés sur demandes présentées après la publication du présent décret auront effet dans toute l'étendue de l'Etat[1], et seront soumis à une taxe proportionnelle lors de la demande du brevet, et à une autre annuelle. — La taxe proportionnelle consistera dans une somme d'autant de fois 10 livres que le brevet demandé devra durer d'années. — La taxe annuelle sera de 40 livres pour les trois premières années; 65 livres pour les trois années suivantes; 90 livres pour les septième, huitième et neuvième; 115 livres pour les dixième, onzième et douzième; et 140 livres pour les trois dernières[2].

ART. 15. La première annuité, comme la taxe proportionnelle, sera payée au moment de la demande du titre. — Les autres annuités seront payées, d'avance, le premier jour de chaque année de la durée du brevet, et subiront l'augmentation triennale, même dans le cas de prolongation du brevet.

[1] Ce décret, ainsi que cela ressort de son préambule et de diverses dispositions ci-après, a eu force de loi par le fait seul de sa promulgation, tant dans la Lombardie que dans les anciens Etats Sardes. Quant aux nouveaux Etats dont l'annexion a eu ou pourra avoir lieu par la suite, il n'y deviendra exécutoire qu'en vertu d'un décret spécial ou de la loi générale qui les soumettra à la législation sarde. (*Note de la Rédaction.*)

[2] La *livre* italienne a aujourd'hui la même valeur que le *franc*. — Ainsi, un brevet de trois ans coûtera 30 francs de taxe proportionnelle, payable au moment de la prise du brevet, plus trois fois 40 francs payables par annuités et d'avance; soit, au total, pour les deux taxes et les trois années révolues, 150 francs, dont 70 francs comptants, et le surplus par annuités de 40 francs. — Un brevet de six ans coûtera 225 francs en sus; soit au total 375 francs, dont 100 francs comptants et le surplus par annuités de 40 et de 65 francs, suivant la période. — Un brevet de neuf ans, 300 francs en sus; soit au total 675 francs, dont 130 francs comptants, et le surplus par annuités de 40, 65 et 90 francs. — Un brevet de douze ans, 375 francs en sus; soit au total 1,050 francs, dont 160 francs comptants, et le surplus par annuités de 40, 65, 90 et 115 francs. — Et enfin un brevet de quinze ans, 450 francs en plus; soit au total 1,500 francs, dont 190 comptants, et le surplus par annuités de 40, 65, 90, 115 et 140 francs. On peut toujours faire cesser un brevet en cessant de payer les annuités; on se trouvera seulement avoir perdu autant de fois 10 francs qu'il restera d'années à courir, lorsqu'on se décidera à abandonner son brevet. D'un autre côté, on peut également faire proroger jusqu'à quinze ans un brevet que l'on a pris pour un terme plus court. C'est là une innovation heureuse : on paye seulement, en sus, une taxe fixe de 40 francs pour cette prolongation. V. art. 12 et 17. (*Note de la Rédaction.*)

Art. 16. Un titre complétif (certificat d'addition) ne donnera lieu qu'à une seule taxe de 20 livres.

Art. 17. Pour chaque titre de prolongation il sera payé 40 livres, outre la taxe proportionnelle et les annuités, dont la première, c'est-à-dire celle correspondante à la première année de prolongation, sera versée au moment de la demande, et les autres par anticipation, comme il est dit en l'article 15.

Art. 18. Dans le cas de demande d'un brevet d'importation devant durer jusqu'au terme du brevet étranger, toute fraction d'année sera comptée pour une année entière, quant au payement de la taxe.

TITRE II. — Conditions et formalités pour obtenir un titre de brevet.

Chap. i. — *De la demande et de ses conditions.*

Art. 19. La direction de tout ce qui concerne les brevets industriels appartient au ministère des finances.

Art. 20. Quiconque désirera obtenir un brevet en devra adresser la demande au chef de bureau du ministère des finances, qui en sera chargé; cette demande sera présentée par l'inventeur ou par son mandataire spécial et contiendra : —1° les nom et prénoms, la patrie et le domicile tant du requérant que de son mandataire, s'il en existe un ; — 2° l'indication de la découverte ou de l'invention formulée par un titre qui en exprime brièvement, mais avec précision, les caractères et le but ;—3° l'indication de la durée qu'on désire assigner au brevet, dans les limites prescrites par la loi. — La même demande ne pourra tendre à l'obtention de plusieurs brevets ni à celle d'un seul brevet pour plusieurs inventions ou découvertes.

Art. 21. A la demande doivent être joints : —1° la description de l'invention ou découverte ; — 2° les dessins, lorsqu'ils sont possibles, et, en outre, les modèles que l'inventeur pourra juger utiles pour l'intelligence de la description ; — 3° le reçu constatant le versement dans une caisse publique de la taxe correspondant au titre demandé ; — 4° le titre original ou une copie légalisée justifiant l'existence du brevet étranger, lorsqu'il s'agira d'une demande de brevet d'importation ; — 5° si la demande est faite par un mandataire, la procuration en forme authentique ou en forme privée, pourvu que dans ce dernier cas la signature du mandant soit certifiée par un notaire public ou par le syndic de la commune dans laquelle réside le mandant ; — 6° un inventaire des pièces et objets présentés.

Art. 22. La description dont il est parlé à l'article précédent sera faite en langue italienne ou française et contiendra l'énumération complète et détaillée de toutes les particularités nécessaires à connaître, pour qu'une personne experte puisse mettre en pratique l'invention ou la découverte.

— L'auteur de la demande devra y joindre trois originaux, dont l'identité sera certifiée par lui, tant de la description que des dessins. — Dans le cas où un modèle est joint à la description, le requérant n'est pas dispensé pour cela d'y joindre deux originaux identiques d'un ou plusieurs dessins retraçant le modèle entier, ou du moins celles de ses parties dans lesquelles consiste l'invention.

Art. 23. Dans le cours des six premiers mois de la durée d'un brevet, à partir du dernier jour de mars, juin, septembre ou décembre, qui suivra la demande, le propriétaire du brevet peut demander qu'il soit réduit à une des parties seulement de la description jointe à la première demande en indiquant distinctement celles qu'il entend exclure du brevet. — Les parties exclues sont considérées comme n'ayant jamais été comprises dans le brevet réduit.

Art. 24. A ces demandes de réduction doivent être joints :—1° le bulletin ou récépissé prouvant le versement de 40 livres ; — 2° trois originaux identiques de la description que l'on entend substituer à celle primitivement produite ; — 3° les trois originaux des nouveaux dessins qu'il pourrait y avoir lieu de substituer aux précédents.

Art. 25. Les titres (brevets) délivrés à la suite de demandes de ce genre s'appelleront *titres de réduction, attestati di riduzione,* et auront la durée des titres (brevets) réduits.

Art. 26. Dans les six mois dont il est parlé à l'article 23, il sera accordé des titres (brevets) pour modifications, mais seulement à l'auteur de l'invention ou découverte brevetée ou à son ayant cause. Les demandes de semblables titres produites par d'autres personnes, et les documents joints à ces demandes seront présentés sous un pli cacheté, qui sera déposé conformément aux dispositions ci-après. — A l'expiration des six mois susmentionnés , le pli sera décacheté et le titre (brevet) sera délivré, à moins que la partie intéressée ne déclare vouloir retirer sa demande, auquel cas la taxe lui sera restituée. — Le titre ainsi conféré produira son effet, quant à l'objet des brevets complétifs, à partir du jour qui suivra l'expiration des six mois ; mais à l'égard des personnes étrangères au brevet principal, les titres qui leur seront délivrés produiront effet à partir du jour de la demande.

Art. 27. La demande d'un brevet complétif ne contiendra pas d'indication de durée. — Pour le surplus, on observera les prescriptions des articles 20 et suivants.

Art. 28. A la demande de prolongation de brevet seront joints :—1° le titre justifiant que le brevet dont la prolongation est demandée appartient au requérant ; — 2° le reçu de la taxe indiquée dans l'article 17 ; — 3° la procuration et l'inventaire mentionnés aux paragraphes 5 et 6 de l'article 21.

Chap. ii. — *Dépôt des demandes et des autres pièces et objets qui y sont joints.*

Art. 29. Les demandes, de quelque espèce que ce soit, et les documents et autres objets qui peuvent ou qui doivent y être joints, seront déposés : à Turin, au bureau désigné par le ministre ; et ailleurs, aux intendances.

Art. 30. L'employé chargé de recevoir ce dépôt rédigera un procès-verbal dans lequel il indiquera le jour et l'heure du dépôt et mentionnera l'objet de la demande. — Le procès-verbal indiquera en outre le domicile réel ou élu du requérant ou de son mandataire dans la ville où a lieu le dépôt, à défaut de quoi le domicile sera réputé, de droit, élu dans la maison communale.

Art. 31. Lorsqu'il s'agira du dépôt mentionné à l'article 26, le procès-verbal contiendra la déclaration du déposant qu'il entend réclamer, dans le temps voulu, un titre de brevet pour la modification spécifiée dans la description incluse dans le pli cacheté et concernant l'invention ou découverte principale, dont il indiquera le titre dans le procès-verbal même.

Art. 32. Chacun de ces procès-verbaux sera écrit sur un registre spécial et signé par le requérant ou son mandataire. — Une copie en sera délivrée à la partie, sans autres frais que ceux du papier timbré sur lequel elle sera donnée.

Art. 33. Dans les cinq jours suivants, toutes les pièces et les objets déposés au secrétariat des intendances seront expédiés au ministère des finances. — A cet envoi sera jointe une copie sur papier libre du procès-verbal.

Art. 34. Les procès-verbaux venant des provinces seront transcrits sur les registres du bureau du ministère.

Art. 35. Lorsque les prescriptions de la loi auront été exécutées, les demandes seront enregistrées à la date de leur présentation, et on délivrera les brevets demandés.

Art. 36. Tout brevet sera écrit sur un registre spécial et signé par le chef de bureau qui en sera chargé. — Une copie, également signée par le chef de bureau, sera délivrée à la partie intéressée, avec un des exemplaires originaux de la description, des dessins et de l'invention, le tout coté par ledit employé. — Cette première copie du brevet sera gratuite ; pour toute autre, qui portera le numéro d'ordre d'expédition, il sera payé 15 livres.

Art. 37. Lorsqu'il s'agira d'inventions ou découvertes concernant des boissons ou comestibles de quelque nature que ce soit, le bureau chargé enverra la description, et tout ce qu'il pourra y avoir lieu d'envoyer, au Conseil supérieur de santé, pour avoir son avis avant d'accorder le brevet.

Art. 38. Si le Conseil de santé est d'avis que l'invention ou découverte est nuisible à la santé, ou tout au moins qu'il y a doute, la demande sera rejetée. — Si l'avis est favorable, dans le brevet qui sera conféré on ajoutera la clause suivante : Vu l'avis du Conseil de santé (*sentito l'avviso del Consiglio superiore di sanità*). — Le brevet ainsi conféré n'exemptera pas les personnes qui en jouiront, ou qui feront usage de la nouvelle invention, de l'observation de toutes les autres prescriptions des lois sanitaires.

ART. 39. Le brevet sera refusé : — 1º si l'invention ou découverte, pour laquelle il est demandé, rentre dans une des quatre catégories indiquées à l'article 6 ; — 2º s'il n'y a pas de demande écrite, ou si dans la demande le titre de l'invention ou de la découverte n'est pas indiqué ; — 3º s'il n'y a pas de description ; — 4º si le brevet est demandé pour plusieurs inventions ou découvertes, ou bien si l'on demande plusieurs brevets de même espèce ou d'espèces différentes ; — 5º si la taxe versée ne correspond pas à l'espèce de brevet demandé.

ART. 40. La concession du brevet sera suspendue lorsque quelque autre des conditions établies par le présent décret ne sera pas accomplie, ou que la description n'aura pas les caractères requis.

ART. 41. Le refus ou la suspension, ainsi que leurs motifs, seront communiqués aux postulants ou à leurs mandataires par le ministère des huissiers attachés aux intendances, et par actes signifiés aux domiciles élus ou réels indiqués dans les procès-verbaux de dépôt.

ART. 42. Dans les quinze jours qui suivront la signification, le requérant ou son mandataire pourra suppléer à ce qui manque, ou réclamer contre le refus ou la suspension. — Les pièces supplétives ou la réclamation seront déposées, soit au secrétariat de l'intendance, soit au bureau chargé du ministère, et il sera dressé un procès-verbal dont copie sera délivrée à la partie intéressée, moyennant le seul payement du papier timbré. — Si aucun dépôt n'est fait, ni aucune réclamation produite dans les quinze jours, la demande de brevet sera considérée comme non avenue, sauf le droit, pour l'inventeur, de la reproduire.

ART. 43. Le ministre confiera l'examen des réclamations à une Commission composée de quinze membres, savoir : trois personnes appartenant à la magistrature inamovible ou à la Faculté de droit de l'Université royale de Turin, et de douze autres choisies : 1º dans la classe des sciences physiques et mathématiques de l'Académie royale des sciences ; 2º parmi les professeurs ou docteurs des Facultés du même ordre dans l'Université royale ; 3º parmi les professeurs des écoles techniques.— Les membres de cette Commission seront nommés tous les ans par le ministre. — La Commission se divisera en trois sections : mécanique, physique et chimie ; chacune d'elles sera composée de l'un des trois membres juristes et de quatre autres membres techniques.— Toute réclamation sera examinée par la section indiquée par la nature du brevet demandé. Dans le cas où l'avis de la section ne serait pas rendu à l'unanimité, il sera revu par la

Commission entière. — S'il s'agit d'invention repoussée ou suspenduc comme contraire aux lois, à la morale ou à la sécurité publique, on consultera, en outre, l'avocat fiscal, et son avis sera communiqué à la Commission chargée de l'examen de la réclamation.

ART. 44. La réclamation sera considérée comme non avenue, s'il n'est fait en même temps un dépôt de 50 livres.

ART. 45. Si l'avis mentionné à l'article 43 est favorable au réclamant, le chef de bureau chargé délivrera le brevet, en restituant la somme déposée conformément à l'article précédent. — Dans le cas contraire, le brevet sera définitivement refusé et la somme déposée sera acquise au Trésor.

TITRE III. — Cession des brevets.

ART. 46. Tout acte de cession de brevets devra être enregistré au ministère et publié dans la gazette officielle du royaume aux frais du requérant. — La cession n'aura d'effet, à l'égard des tiers, qu'à partir de la date de l'enregistrement.

ART. 47. Pour opérer cet enregistrement, le cessionnaire devra présenter ou faire présenter le titre translatif et deux notes, sur papier timbré, contenant : — 1° ses nom, prénoms et domicile, ainsi que ceux de la personne qui lui transmet les droits mentionnés au titre ; — 2° la date et la nature du titre présenté et l'indication du lieu où il a été passé par acte public, et le nom du notaire qui l'a reçu ; — 3° la date de l'insinuation, lorsqu'elle a eu lieu ; — 4° la déclaration précise des droits transmis ; — 5° la date de la production des notes elles-mêmes, qui fixera celle de l'enregistrement.

ART. 48. Cette production aura lieu dans un des secrétariats des intendances ou au bureau du ministère. — Dans les deux cas, le titre sera restitué à la partie, après l'apposition du visa pour enregistrement, signé par l'intendant ou par le chef de bureau. — Le contenu des notes prescrites par l'article précédent sera transcrit sur un registre spécial au secrétariat de l'intendance où a été faite la production ; l'une des notes sera conservée et l'autre adressée sans délai au bureau du ministère. — Dans ce bureau, on transcrira ou conservera toutes les notes, soit produites directement, soit transmises par les intendances.

ART. 49. Si les droits résultant d'un brevet sont transférés en entier à une seule personne, celle-ci est substituée à l'obligation de payer la taxe ; s'ils sont transmis à plusieurs personnes conjointement, celles-ci sont substituées solidairement à cette obligation ; s'ils sont transmis partiellement à plusieurs ou ne sont aliénés qu'en partie, la cession ne sera admise à l'enregistrement que sur la présentation du récépissé constatant le payement, dans une caisse publique, d'une somme égale aux annuités de la taxe restant à payer.

TITRE IV. — Conservation et publicité des documents concernant les brevets.

Art. 50. Les registres où sont transcrits les brevets délivrés et mentionnées toutes les mutations successives, ainsi que les annulations, les déclarations de nullité ou les déchéances desdits brevets, et ceux où sont enregistrées les translations des droits dérivant des brevets, sont des registres publics.

Art. 51. Toute personne désirant un extrait de ces registres en fera la demande sur papier timbré, et l'extrait sera délivré également sur timbre, aux frais du requérant.

Art. 52. Un exemplaire de la description et des dessins sera déposé au bureau du ministère, mais il ne pourra en être donné communication que trois mois après la délivrance du brevet. — Les modèles ou l'un des exemplaires de la description et des dessins seront conservés dans une salle spécialement destinée à cet usage par le gouvernement, et où ils seront exposés au public également trois mois après la délivrance du brevet. — Après le terme de trois mois, chacun pourra prendre communication des descriptions, dessins et modèles et en faire faire une ou plusieurs copies à ses frais, de la manière et sous les conditions qui seront fixées par les règlements.

Art. 53. Tous les trois mois, la liste des brevets délivrés sera publiée dans la gazette officielle.

Art. 54. En outre, tous les six mois, on publiera textuellement les descriptions et les dessins concernant les inventions ou découvertes brevetées dans le semestre précédent. — Le chef de bureau chargé par le ministre peut ordonner que certaines de ces descriptions soient seulement publiées par extraits revus par lui et jugés suffisants à l'intelligence de l'invention. — Ces dessins pourront également être réduits à quelques-unes de leurs parties essentielles.

Art. 55. Une copie de ces listes de descriptions et dessins publiés, rangées par ordre de matières, sera envoyée à chaque intendance et à chaque Chambre de commerce, au secrétariat desquelles elle pourra être consultée par toute personne.

TITRE V. — Nullité et annulation des brevets.

Chap. i. — *Causes de nullité et d'annulation.*

Art. 56. Les examen et jugement préliminaires ne couvrent pas les nullités d'un brevet.

Art. 57. Est nul le brevet : — 1° s'il concerne une des inventions ou découvertes mentionnées à l'article 6 ; — 2° si, concernant une des inventions ou découvertes indiquées à l'article 57, il a été délivré par erreur contre l'avis de l'autorité sanitaire ; de même, lorsque le brevet a été, par erreur, délivré sans que l'autorité sanitaire ait été consultée, il deviendra nul si cette autorité consultée donne un avis contraire ; — 3° si, par mauvaise foi de la part de celui qui a pris le brevet, le titre et la rubrique de l'invention ou découverte ne répondent pas à son véritable objet ; — 4° si la description jointe à la demande de brevet est insuffisante, dissimule ou omet quelques-unes des indications nécessaires à la mise en pratique de l'invention ou découverte brevetée ; — 5° si l'invention ou découverte n'est pas nouvelle ou n'est pas industrielle ; — 6° si le brevet a été concédé à un tiers pour modifications d'une invention dans les six mois réservés à l'inventeur ou à ses ayants cause ; — 7° est également nul tout brevet complétif (certificat d'addition), quand, en réalité, la modification pour laquelle il a été demandé ne se rapporte pas à l'invention principale ; — 8° est enfin nulle la prolongation demandée après l'expiration du terme du brevet ou après la prononciation de sa nullité.

Art. 58. Cesse d'être valable le brevet : — 1° lorsque le payement d'avance de la taxe annuelle n'a pas eu lieu, ne fût-ce qu'une seule fois, dans les trois mois qui suivent l'échéance ; — 2° lorsque, dans le cas où le brevet a été délivré pour cinq années ou moins, l'invention ou découverte n'a pas été mise en pratique dans l'année qui a suivi la délivrance ou si l'exercice en a été suspendu pendant une année continue ; — 3° lorsqu'elle n'a pas été mise en pratique ou qu'elle a été suspendue pendant deux ans, dans le cas où la durée du brevet est de plus cinq ans. — Dans l'une et l'autre hypothèse, l'annulation n'aura pas lieu si l'inaction provient de causes indépendantes de la volonté de celui ou de ceux auxquels appartient le brevet. — Parmi ces causes n'est pas compris le défaut de moyens pécuniaires.

Chap. ii. — *Exercice des actions en nullité et annulation.*

Art. 59. L'action en déclaration de nullité ou annulation d'un brevet quelconque sera portée devant les tribunaux provinciaux. — La cause sera instruite et jugée comme matière sommaire. — Les pièces seront communiquées au ministère public.

Art. 60. Lorsque la nullité ou l'annulation partielle d'un brevet quelconque aura été prononcée deux fois sur la demande et dans l'intérêt de personnes privées, le ministère public du lieu ou de l'un des lieux où l'invention ou découverte brevetée est exploitée pourra demander, par action directe, que le brevet soit déclaré nul ou annulé d'une manière absolue et définitive. — Il peut également le faire, avant l'introduction de toute instance privée, dans les cas prévus par les paragraphes 1, 2, 3 et 8 de l'article 57 et par l'article 58. — Dans les deux annulations dont il est parlé au premier alinéa de cet article, ne sera pas comptée celle qui aura eu lieu pour les parties de l'invention ou découverte qui ont été postérieurement éliminées par suite d'une demande en réduction présentée dans le terme de six mois fixé, à cet effet, par la présente loi.

Art. 61. Dans chacune des hypothèses précédentes, devront être appelés en cause tous ceux qui ont légalement intérêt à l'exercice du brevet et dont les noms se trouveront indiqués sur le registre du bureau central.

Art. 62. Sauf le cas prévu par le paragraphe 8 de l'article 57 précité, le Tribunal, avant de prononcer sur la nullité, devra entendre l'avis de trois experts toutes les fois que l'une des parties en fera la demande, et en appel la révision de l'avis des experts devra également être ordonnée, si elle est requise par l'une des parties. — En outre, dans tous les cas, le Tribunal et la Cour d'appel peuvent ordonner d'office une expertise ou une révision d'expertise.

Art. 63. Le ministère public fera parvenir au ministre des finances, par l'intermédiaire du ministre de la justice, un extrait des sentences qui déclarent la nullité ou prononcent l'annulation d'une manière absolue. — Le dispositif de ces sentences sera transcrit sur un registre spécial et publié dans la gazette officielle.

TITRE VI. — Violation des droits du brevet et actions qui en dérivent.

Art. 64. Ceux qui, en fraude ou en contravention d'un brevet, fabriquent des produits, emploient des machines ou autres moyens et procédés industriels, ou bien achètent pour revendre, débitent, exposent en vente ou introduisent dans l'Etat des objets contrefaits, commettent des délits punissables d'une amende qui peut s'élever jusqu'à 500 livres.

Art. 65. En outre, dans le cas où l'action civile est exercée conjointement avec l'action pénale, aussi bien que dans celui où elle est exercée séparément, les machines et autres moyens industriels employés en contravention au brevet, les objets contrefaits, ainsi que les instruments destinés à leur production, seront enlevés au contrefacteur et attribués, en propriété, au possesseur du brevet. — Il en sera de même à l'égard de ceux qui achètent pour revendre, débitent, vendent ou introduisent des objets contrefaits.

Art. 66. La partie lésée aura, en outre, droit à l'allocation de dommages-intérêts. — Si le détenteur des objets mentionnés dans l'article précédent est exempt de dol et de faute, il subira seulement la confiscation desdits objets au profit de la partie lésée.

Art. 67. L'action civile sera introduite selon les formes de la procédure sommaire. — L'action correctionnelle, pour les délits dont il est parlé à l'article 64, ne peut être exercée qu'en cas de plainte de la partie lésée.

Art. 68. Le président du tribunal provincial peut, sur la demande du propriétaire d'un brevet, ordonner la saisie ou la simple description des objets qui sont prétendus contrefaits ou employés en contravention du brevet, pourvu que ces objets ne soient pas appliqués à un usage purement personnel. — Par la même ordonnance, le président déléguera un huissier pour l'exécuter et pourra nommer un ou plusieurs experts pour la description des objets. — Il imposera, en outre, au demandeur une caution qui devra être fournie avant de procéder à la saisie.

ART. 69. Le demandeur peut assister à l'exécution de la saisie ou de la description, s'il y est autorisé par le président du tribunal : il peut, en tout cas, convertir la saisie en simple description, pourvu qu'il en fasse constater la volonté, soit dans le procès-verbal de l'exécution, soit dans un acte spécial signifié par huissier, tant à la partie contre laquelle il procède qu'à l'huissier chargé de l'exécution.

ART. 70. Il sera laissé au détenteur des objets saisis ou décrits copie de l'ordonnance du président, de l'acte prouvant le dépôt de la caution et du procès-verbal de la saisie ou de la description.

ART. 71. La saisie ou la description perdront toute efficacité si, dans les huit jours consécutifs, ils ne sont pas suivis d'une instance judiciaire, et la partie au préjudice de laquelle a eu lieu la saisie ou la description aura droit à des dommages-intérêts.

TITRE VII. — Dispositions spéciales et transitoires.

ART. 72. Les brevets industriels (priviléges) concédés par l'ex-gouvernement autrichien, et valables dans le royaume lombardo-vénitien avant le 8 juin 1859, conservent leur vigueur dans les nouvelles provinces de l'État et restent régis par les lois précédentes autrichiennes en tout ce qui n'est pas modifié par le présent décret. — Ils doivent être inscrits, par les soins des parties intéressées, au bureau central des brevets.

ART. 73. Cette inscription sera faite au moyen de la présentation sur papier timbré : 1° d'une demande spéciale adressée au chef du bureau central des brevets ; 2° du titre original (patente) ou de sa copie légale constatant le brevet accordé ; 3° de la copie de la description et des dessins présentés originairement. — Cette copie sera en double exemplaire. — Si le dépôt est fait par un mandataire, ce dernier déposera également sa procuration conformément à l'article 21. — Les dessins dont il est question dans le présent article pourront avoir des dimensions différentes de celles prescrites dans le règlement. — Toutes ces pièces seront signées par la partie ou par le mandataire faisant le dépôt.

ART. 74. Les brevets dont l'inscription ne sera pas demandée dans les six mois de la publication du présent décret seront considérés comme abandonnés, et après l'expiration de ce terme, l'usage des découvertes ou inventions, qui en faisaient l'objet, deviendra libre et commun.

Art. 75. La demande d'inscription et les documents y relatifs seront présentés au bureau central et au secrétariat de l'intendance qui en délivreront procès-verbal conformément à la disposition de l'article 29. — Les intendances feront parvenir au bureau central, dans les délais de l'article 33, les demandes d'inscription et documents y relatifs déposés à leurs secrétariats. — Le chef du bureau central transcrira sur un registre spécial le titre (*documento*) de la concession primitive qu'il restituera à la partie en y mentionnant, en marge, l'inscription opérée avec la date de la demande et de cette inscription, le tout sans frais.

Art. 76. Les brevets dont il est question à l'article 72 cesseront d'être valables : — 1° si, dans le cas où il leur reste encore cinq ans de durée ou moins, les titulaires ne mettent pas en pratique, dans l'Etat, l'invention qui en fait l'objet, et cela dans le délai d'une année à partir du 1er janvier prochain, ou s'ils en suspendent la pratique pendant un an ; — 2° s'ils ne la mettent pas en pratique dans les deux ans à compter du même jour, ou s'ils en suspendent la pratique pendant deux ans, dans le cas où le brevet a plus de cinq ans de durée. — Dans l'un et l'autre cas, le dernier alinéa de l'article 58 est applicable.

Art. 77. La nullité ou l'annulation d'un brevet autrichien inscrit conformément aux articles 72 et suivants seront déclarées selon la procédure prescrite par le présent décret.

Art. 78. Celui qui jouit d'un brevet dans les nouvelles provinces peut, en en requérant l'inscription, demander qu'il soit étendu, à ses risques et périls, aux anciennes provinces. Cette demande sera toujours écrite sur une feuille séparée, mais il n'est pas nécessaire qu'elle soit appuyée de nouveaux documents. — Si les deux demandes sont présentées ensemble, il suffira d'un seul procès-verbal de dépôt. — Le chef de bureau délivrera un brevet (*attestato di privativa*) sur lequel il écrira cette mention : *A valoir dans les anciennes provinces, y ayant, pour les nouvelles, semblable brevet inscrit.* — Ce brevet sera en tout et pour tout régi par le présent décret. — Pour cette extension, il sera payé la taxe proportionnelle de 10 livres par chaque année de durée successive du brevet et, en outre, les annuités suivantes, savoir : 50 livres pour chacune des trois premières années ; 50 livres pour les quatrième, cinquième et sixième ; 60 livres pour les septième, huitième et neuvième ; 90 livres pour les dixième, onzième et douzième, et 110 livres pour chacune des trois dernières. — La première annuité sera payée au moment de la demande ; les autres, d'avance, dans les délais de l'article 15.

Art. 79. Les descriptions et dessins des brevets étendus aux anciennes provinces seront publiés dans les délais des articles 54 et 55. — Si ceux qui ont un brevet autrichien, avec la faveur du secret, veulent l'étendre aux anciennes provinces, ils devront se soumettre à la publication susmentionnée.

Art. 80. Celui qui, possédant un brevet autrichien valable dans les nouvelles provinces, voudra le prolonger sans l'étendre aux anciennes, devra en faire la demande spéciale au chef du bureau des brevets. — Pour cette prolongation on payera, d'avance, le droit proportionnel de 5 livres par chaque année de prolongation, sans excepter les années déjà écoulées du brevet, et, en outre, les annuités établies par l'article suivant. — A cette demande de prolongation seront joints : 1° le titre établissant les droits du requérant sur le brevet qu'il désire prolonger ; — 2° le récépissé du droit de 20 livres et de l'annuité établie par l'article 81 ; — 3° l'acte et l'inventaire mentionnés aux paragraphes 5 et 6 de l'article 21.

Art. 81. Les annuités, pour la prolongation dont il est question à l'article précédent, sont de 10 livres pour chacune des trois premières années ; de 15 livres pour les quatrième, cinquième et sixième ; de 20 livres pour les septième, huitième et neuvième ; de 25 livres pour les dixième, onzième et douzième, et de 50 livres pour chacune des trois dernières années. — L'annuité à payer sera celle correspondante à l'année de laquelle partira la prolongation, en déduisant les années écoulées durant lesquelles le brevet prolongé a été en vigueur.

Art. 82. Celui qui, jouissant d'un brevet dans les anciennes provinces, voudra, à ses risques et périls, l'étendre aux nouvelles, pour le reste de sa durée, en adressera la demande au chef du bureau central.

Art. 83. Cette demande sera faite dans les formes accoutumées ; le brevet primitif y sera reproduit sans aucune annexion de documents.

Art. 84. Le chef de bureau délivrera un brevet dans lequel sera mentionné le précédent et exprimé que les effets en sont étendus aux nouvelles provinces aux risques et périls du requérant.

Art. 85. Pour cette extension d'ancien brevet on payera, outre les taxes déjà en vigueur en vertu de la loi du 12 mars 1855, celles établies par l'article 81 ci-dessus.

Art. 86. Dans les cas prévus par les articles 78 et 82, si l'extension vient à être annulée, le brevet préexistant reste en vigueur.

Art. 87. Celui qui, jouissant d'un brevet valable dans les anciennes provinces, voudra le prolonger sans l'étendre aux nouvelles, devra payer le droit fixe de 40 livres et les annuités prescrites par l'article 78.

Art. 88. Celui qui jouira de deux brevets pour le même objet, l'un dans les nouvelles, l'autre dans les anciennes provinces, pourra en demander la réunion en en élevant la durée, pourvu que cette durée n'excède pas celle du brevet le plus long et, en tous cas, ne dépasse pas quinze ans. — Cette réunion n'aura lieu que pour les parties identiques des deux brevets.

Art. 89. Cette demande de réunion n'est pas sujette à taxe, sauf le coût du papier timbré des actes. Elle ne dispense pas de l'inscription du brevet existant dans les nouvelles provinces.

Art. 90. Si la réunion occasionne un accroissement de durée du brevet dans les nouvelles provinces de l'Etat, on payera annuellement pour cet accroissement, outre la taxe déjà due pour le brevet existant dans les anciennes provinces, l'annuité dont il est parlé à l'article 81, calculée en raison des années que devra encore durer le brevet et de celles déjà écoulées. — Si la demande de réunion a pour effet d'augmenter la durée du brevet dans les anciennes provinces, elle sera considérée, en même temps, comme demande de prolongation et soumise au payement de 40 livres une fois payées, outre la taxe proportionnelle dans la mesure et le mode établis par l'article 78.

Art. 91. La réunion dont il est parlé à l'article précédent sera constatée par une note spéciale, écrite sur papier timbré, par le chef du bureau des brevets, et jointe aux anciens brevets. — Il sera fait mention de cette note sur les registres du bureau.

Art. 92. Le chef de bureau refusera la réunion des parties non identiques des deux brevets. — La Commission d'examen des réclamations jugera si le refus est fondé.

Art. 93. Les demandes de brevet encore pendantes près les autorités des nouvelles provinces peuvent être représentées jusques et y compris le 1er janvier 1860, selon les règles prescrites par le présent décret, et moyennant le payement des taxes indiquées à l'article 14. — L'effet de ces demandes remontera au jour de leur première présentation, pourvu qu'elles portent sur le même objet. Si la nouvelle demande porte sur une invention non identique à celle qui formait l'objet de la première demande, le brevet n'aura d'effet que de la date de la nouvelle demande.

Art. 94. Dans le cas où le chef du bureau trouvera que les deux demandes ne portent pas sur des inventions identiques, ou si la demande renouvelée est postérieure au 1er janvier 1860, il refusera d'insérer dans le brevet la clause de rétroactivité. — Dans les quinze jours de la notification dont il est parlé aux articles 41 et 42, le requérant pourra acquiescer au refus et se faire délivrer le brevet avec effet à partir de la date de la dernière demande, ou bien il pourra réclamer. — Sa déclaration écrite sur papier timbré et envoyée au ministère sera jointe à la demande. — La réclamation sera produite et jugée dans les formes prescrites par la présente loi.

Art. 95. Les brevets qui seront conférés sur demandes présentées à partir de ce jour auront effet, tant pour les nouvelles que pour les anciennes provinces, et seront soumis à la taxe prescrite par l'article 14.

Art. 96. Les titres de droits privatifs, désignés précédemment sous le nom de *brevets* ou *privilèges*, qui ont été concédés avant la publication de la loi du 12 mars 1855 dans les anciennes provinces de l'Etat, continueront à être régis par la législation antérieure quant à leurs effets, à leur durée et à la taxe. — Les procédures judiciaires pendantes seront conduites à terme, conformément aux lois antérieures. — Mais le présent décret sera appliqué sans distinction à la procédure de toutes actions non encore intentées.

Art. 97. La loi précitée du 12 mars 1855 sera appliquée aux titres de droits privatifs (brevets) concédés dans les anciennes provinces, ainsi qu'à ceux dont les demandes ont été présentées avant la mise en vigueur du présent décret, en tout ce qui ne lui sera pas contraire.

Art. 98. Les procédures commencées devant les autorités judiciaires de la Lombardie, pour contestations élevées à l'occasion de brevets industriels ou priviléges concédés par l'ancien gouvernement autrichien, continueront à être suivies et jugées par les mêmes autorités, aux termes des lois qui y étaient en vigueur avant la publication du présent décret. — Ces contestations, pour lesquelles, selon la teneur desdites lois, une procédure administrative devait être entreprise ou était en cours, devront être portées et suivies devant les tribunaux compétents ordinaires de cette province.

Art. 99. Il sera pourvu, par décret royal, au règlement nécessaire pour l'exécution du présent décret.

Art. 100. Sont abrogés toutes lois et règlements précédents relatifs aux brevets industriels (priviléges), sauf dans celles de leurs dispositions auxquelles le présent décret se réfère expressément.

Nous ordonnons que le présent décret, muni du sceau de l'Etat, soit inséré dans le recueil des actes du gouvernement, mandant à qui il appartient de l'observer et faire observer.

Donné à Turin, le 30 octobre 1859.

VICTOR-EMMANUEL.

Oytana.

Brevets d'invention. — Départements annexés à la France.

La convention conclue le 21 novembre 1860, entre la France et la Sardaigne, pour le règlement des diverses questions auxquelles a donné lieu la réunion de la Savoie et de l'arrondissement de Nice à la France, contient l'article suivant sur la valeur et les effets dans ces départements des brevets d'invention délivrés par le gouvernement sarde avant le 14 janvier 1860 :

Art. 8. Tout concessionnaire d'un brevet d'invention ou d'importation, accordé par le gouvernement sarde avant le 14 janvier 1860, continuera à jouir pleinement des droits qu'il lui donne dans les départements de la Savoie et des Alpes-Maritimes, jusqu'à l'expiration de la durée de la concession.

Tout concessionnaire d'un brevet d'invention ou d'importation également accordé par le gouvernement sarde, qui aura opté pour la nationalité française, continuera à jouir de son brevet dans les Etats de S. M. Sarde en se conformant aux lois et règlements qui régissent la matière dans le royaume de Sardaigne.

LÉGISLATION DES ÉTATS-UNIS D'AMÉRIQUE

Sur les brevets d'invention, les dessins et modèles de fabrique, et les noms et marques des commerçants brevetés.

Nous avons donné au *Code international*, p. 230 et suivantes, des précis de la législation des Etats-Unis d'Amérique sur les brevets d'invention, les dessins et modèles de fabrique, ainsi que sur les noms et marques des commerçants. Aujourd'hui, comme en 1855, au moment de la publication de notre Code, c'est encore la loi du 4 juillet 1856 qui régit les patentes ou brevets d'invention ; seulement elle a été successivement modifiée et complétée par divers actes additionnels [1], savoir : 1° Par un acte du 3 mars 1837, contenant quelques dispositions assez importantes, notamment en ce qui concerne la limitation des brevets par la voie des *disclaimers,* et la restitution des deux tiers des sommes versées, dans le cas de rejet et de retrait, pour défaut de nouveauté, de la demande de brevet formée par un étranger ; 2° par un acte du 3 mars 1839, plus spécialement relatif aux inventions déjà brevetées à l'étranger, et à l'examen et publicité des brevets ; 3° par un acte du 29 août 1842, qui autorise la prestation de serment (affidavit) devant les agents accrédités des Etats-Unis en pays étrangers et même devant un notaire public, et qui contient, en outre, un article spécial sur l'usurpation des noms et marques des brevetés, ou estampilles de brevets : nous donnons ci-après le texte même de cet article ; — 4° enfin, par des actes des 6 août 1846, 27 mai 1848 et 30 août 1852, plus spécialement relatifs à l'examen préalable des demandes de brevets et de prolongations.

Un acte récent du 4 mars 1861, ayant assez sensiblement modifié cette législation, nous croyons devoir en faire précéder le texte par un nouveau précis mettant en relief les principales dispositions qui ressortent de la combinaison de ces divers actes législatifs, tant en ce qui concerne les brevets d'invention, que les dessins, modèles, noms et marques de fabrique :

---

[1] On trouvera la traduction entière de ces différentes lois dans une brochure de M. Emile Barrault, intitulée : *Les inventeurs et la loi des Etats-Unis.*

§ I. **Patentes.** — **Brevetabilité.** — La législation américaine repose sur ce double principe : d'une part, que la délivrance d'un privilége temporaire est un acte de justice envers l'inventeur et un encouragement utile aux progrès des arts et de l'industrie ; d'autre part, que ce privilége ne doit être accordé qu'à l'inventeur et pour un objet nouveau, du moins en Amérique. De là découlent l'examen préalable auquel sont soummises toutes les demandes, et le droit reconnu aux inventeurs brevetés en pays étranger d'obtenir des brevets en Amérique. — Sont, en effet, considérées comme nouvelles et brevetables, toutes inventions, et améliorations relatives à un art utile, à une machine, à un procédé de fabrication, à une composition de matières qui, au moment de la demande, étaient inconnues en Amérique et n'y avaient pas encore été employées ou mises en vente.— Peu importe que ces inventions ou perfectionnements fussent connus en pays étranger et y eussent même été l'objet de brevets. Seulement, en pareil cas, le brevet n'est délivré, en Amérique, qu'à l'inventeur lui-même ou à son représentant ou ayant cause, et pour un temps qui ne peut excéder celui du brevet étranger.

§ 2. **Formalités.** — Le pétitionnaire doit, 1° déclarer, sous serment, soit devant le magistrat compétent aux Etats-Unis, soit s'il se trouve en pays étranger, devant le consul ou agent accrédité des Etats-Unis, soit, au besoin, devant le notaire public du lieu, sa nationalité et sa qualité d'inventeur ; — 2° déposer, avec cette déclaration, la description et les dessins de la découverte, en double expédition, plus un modèle, s'il s'agit d'une machine. L'acte du 4 mars 1861 autorise l'office des patentes à restituer le modèle produit, et même à dispenser le pétitionnaire de cette production ; c'est une disposition importante, surtout pour les inventeurs étrangers, car outre que la construction et l'envoi d'un modèle entraînaient des lenteurs et des ennuis, ils constituaient souvent une dépense assez forte et en pure perte, puisque, au cas même de rejet de la demande, le modèle n'était pas rendu.

§ 3. **Examen.** — La mission d'examiner la nouveauté de l'invention et de décider, en premier ressort, s'il y a lieu d'admettre, modifier, ou rejeter la demande de brevet, reste confiée à un examinateur agissant sous les ordres du commissaire des patentes ; mais, en même temps que la loi nouvelle donne à ce dernier des pouvoirs plus étendus pour ordonner des affidavits et procéder aux enquêtes qu'il croit utiles, elle multiplie, au profit du pétitionnaire, les moyens d'opposition et d'appel pour faire rapporter la décision de rejet qui a pu intervenir; ainsi, outre le droit qu'il a d'en référer de nouveau au même examinateur, quand il n'y a pas eu de conflit de la part de tiers intervenants, il peut appeler de sa décision aux examinateurs en chef institués par la loi nouvelle, et enfin déférer les décisions de ces derniers au commissaire des patentes.

§ 4. Durée. — La durée des brevets d'invention était fixée par la législation de 1836 à quatorze années, mais on pouvait obtenir une prolongation de sept années, en justifiant que l'on n'avait pas pu retirer de l'invention une rémunération suffisante. Cette disposition reste en vigueur pour les brevets délivrés antérieurement au 4 mars 1861; mais à l'avenir la durée des brevets sera, uniformément, de dix-sept années, sauf pour ceux concernant des inventions déjà brevetées en pays étranger, dont la durée ne peut excéder celle du brevet originaire.

§ 5. Taxe. — La législation de 1836, qui n'exigeait du citoyen des Etats-Unis qu'une somme de 30 dollars, environ 156 francs, imposait une taxe de 500 dollars (2,600 francs) aux Anglais, et de 300 dollars (1,500 francs) aux autres étrangers. Ces distinctions, qui ne sont plus de notre époque, sont effacées par la nouvelle loi [1]; la taxe est la même pour tous, et elle n'est plus que de 15 dollars (78 francs) pour le dépôt de la demande, et de 20 dollars (104 francs) pour la délivrance; soit, au total, 182 francs. — Seulement, il faut y ajouter, outre les honoraires des intermédiaires, les frais d'appel en cas de difficultés, ceux de *disclaimers* dans le cas où il y a lieu à rectification ou limitation, et enfin ceux de copie et autres dont on trouvera le détail à l'article 10 de la nouvelle loi.

§ 6. Disclaimers. — Il n'est rien innové quant aux *disclaimers*, c'est-à-dire aux requêtes ayant pour but d'être admis à rectifier les descriptions dans lesquelles, par inadvertance ou

----

[1] Du moins à l'égard des inventeurs appartenant à des nations dont la législation ne fait pas de distinction entre les nationaux et les Américains. — Voir l'article 10.

erreur, on aurait revendiqué à tort quelque chose appartenant à autrui ou au domaine public [1].

§ 7. ADDITION. — La nouvelle loi abolit les certificats d'addition et de perfectionnement se rattachant à un brevet principal ; on devra, à l'avenir, pour tous perfectionnements brevetables, prendre des brevets séparés [2].

§ 8. CAVEAT. — Ainsi que nous l'avons dit, le *caveat* constitue une sorte de brevet provisoire accordé à celui qui dépose la description cachetée d'une invention qu'il se réserve de compléter plus tard. Ce droit n'existe que pour les citoyens des États-Unis ou pour les étrangers ayant un an de résidence et qui déclarent, par serment, l'intention de devenir citoyens. Sous l'ancienne législation, on imputait sur la taxe du brevet définitif les 20 dollars qui avaient été versés pour le *caveat;* depuis la nouvelle loi, le dépôt de la demande d'un *caveat* n'est soumis qu'à une taxe de 10 dollars (78 francs), mais l'imputation n'a plus lieu, et la somme versée est définitivement acquise à l'office des patentes, que l'on prenne ou non un brevet définitif.

§ 9. DÉCHÉANCES. — L'inventeur doit exploiter son invention dans les dix-huit mois qui suivent la délivrance du brevet, et apposer, soit sur les produits eux-mêmes, soit, si leur nature ne le permet pas, sur une étiquette, le mot *breveté*, avec mention de la date du brevet. A défaut de cette précaution, on peut, en cas de poursuite, être déclaré non recevable dans son action en dommages-intérêts, à moins que l'on n'établisse que le prévenu savait que c'était un objet breveté.

§ 10. CONTREFAÇON. — RÉPARATION. — Le brevet d'invention conférant un droit exclusif à celui qui l'a obtenu, il a le droit d'actionner les contrefacteurs en dommages-intérêts ; toutefois, la demande peut être rejetée sans qu'il y ait, pour cela, nullité du brevet, si celui qui est actionné prouve qu'il a personnellement fabriqué ou employé la chose brevetée, antérieurement au brevet.

§ 11. DESSINS ET MODÈLES DE FABRIQUE. — Aux termes de l'ar-

---

[1] Voir *Code international*, p. 232.

[2] M. Emile Barrault, *loc. cit.*, p. 13, dit que l'on peut encore prendre des certificats d'addition aux brevets anciens ; mais nous avouons que nous conservons quelques doutes, à cet égard, en présence des termes généraux de l'article 9.

ticle 11 de la loi de 1861, dont nous donnons le texte ci-après : les fabricants qui veulent se réserver la propriété de nouveaux dessins ou modèles de fabrique doivent adresser leur demande à l'office des patentes, dans la même forme que pour les brevets d'invention ; mais, contrairement à ce qui a lieu pour les brevets d'invention, ce droit n'est accordé qu'aux citoyens des Etats-Unis, ou aux étrangers qui, ayant une résidence d'un an, déclarent, par serment, être dans l'intention de devenir citoyens. — Les patentes délivrées pour dessins et modèles de fabrique sont de trois ans et demi, sept ou quatorze ans, au choix de l'impétrant, avec faculté de demander, à l'expiration, une prolongation de sept années ; les droits sont de 10, 15 ou 30 dollars, selon la durée de la patente demandée.

§ 12. Noms et marques des fabricants et commerçants patentés. — En ce qui concerne les noms et marques de fabrique, nous ne saurions mieux compléter le précis que nous avons déjà donné qu'en reproduisant le texte même de l'article 5 de la loi du 29 août 1842, qui a réglé cette matière, en remarquant qu'il parait spécial aux noms et marques des patentés ; voici cet article :

Acte additionnel du 29 aout 1842.

..... 5. Si quelqu'un peint, imprime, moule, grave, marque ou trace sur un objet quelconque fabriqué, employé ou vendu par lui, et qu'il n'ait pas le droit exclusif de reproduire ou de vendre, le nom ou toute imitation du nom d'une autre personne patentée, pour fabriquer et vendre cet objet sans le consentement de cette personne ou de ses ayants droit ; ou si quelqu'un écrit, peint, imprime, marque, etc., sur un pareil objet, non acheté au patenté ni à quelqu'un qui tienne du patenté le droit de le vendre, les mots : patente, lettres patentes, patenté ou tout mot de même nature, signification et portée, dans la vue ou l'intention d'imiter ou contrefaire l'estampille, la marque ou l'étiquette du patenté ; ou si quelqu'un met les mots ou tout mot, estampille ou étiquette ayant le même sens sur un article non patenté, dans le but de tromper le public, il payera pour toute infraction de ce genre une amende de 100 dollars au moins, avec les frais ; le tout pourra être poursuivi devant chacune des Cours de circuit dans les Etats-Unis, ou devant chacune des Cours de district investies des pouvoirs et de la juridiction d'une Cour de circuit ; la moitié de l'amende prononcée sera, après recouvrement, versée dans la caisse des patentes, et l'autre moitié appartiendra à celui ou ceux qui auront exercé la poursuite.

ACTE DU 4 MARS 1861.

*Pour faire suite à l'acte du 4 juillet 1836, ayant pour objet
l'encouragement des arts utiles*[1].

I. Le Sénat et la Chambre des représentants des États-Unis de l'Amérique, réunis en congrès, décrètent que le commissaire du département des brevets aura le droit d'établir des règlements relatifs aux affidavits et dépositions nécessaires dans les affaires existantes dans ce département, et ces affidavits et dépositions peuvent être reçus par tous magistrats de paix ou tout autre officier autorisé par la loi à recevoir des dépositions destinées à servir devant les tribunaux des États-Unis ou devant les tribunaux de l'État dans lequel résidera ledit officier, et dans toute instance litigieuse existante dans le département des brevets, le greffier de tout tribunal des États-Unis ayant juridiction sur un territoire ou district quelconque aura le droit, et par le présent acte il lui est commandé, sur la demande de l'une des parties de ladite instance, de délivrer des mandats de comparution à tous témoins demeurant ou se trouvant dans ledit district ou territoire, leur enjoignant de se présenter devant tout magistrat de paix ou autre fonctionnaire susindiqué, résidant dans ledit district ou territoire, à tels jour et lieu qui seront indiqués dans lesdits mandats. Si un témoin, après avoir reçu ce mandat, ne comparaît pas par mauvaise volonté ou négligence, ou, ayant comparu, refuse de témoigner (sans y être autorisé à titre de privilège), après la constatation de ce refus ou cette négligence, par un des juges du tribunal dont le greffier aura notifié ledit mandat de comparution, ledit juge pourra procéder par voie de contrainte ou infliger telle peine qu'il appartient à tout tribunal des États-Unis d'infliger, en cas de désobéissance à un mandat *ad testificandum*, émanant de ce tribunal. Il sera alloué aux témoins, dans ces matières, la même indemnité que celle allouée aux témoins comparaissant devant les tribunaux des États-Unis. Toutefois, aucun témoin ne sera requis de se rendre à une distance de plus de quarante milles de l'endroit où ledit mandat de faire sa déposition, en vertu de cette loi, lui aura été notifié, et aucun témoin ne sera considéré coupable de refus, parce qu'il refusera de faire connaître toute invention secrète à lui appartenant, comme aussi pour n'avoir pas obtempéré au mandat à lui notifié en vertu de cet acte, à moins qu'il ne lui soit payé ou offert, au moment de la notification du mandat, ses frais d'aller et retour et de séjour pendant un jour au lieu où il devra déposer.

II. Il est, en outre, édicté, afin d'arriver à une plus grande uniformité

[1] Nous devons la traduction de cette loi à **M. Trappes**, jurisconsulte anglais et français, à Paris.

dans le mode d'octroi ou de refus de lettres-patentes (brevets), qu'il sera nommé par le président[1], après avoir pris l'avis et le consentement du Sénat, trois examinateurs en chef, avec un salaire annuel de 5,000 dollars (15,600 francs) [2] pour chacun d'eux, et ayant les connaissances légales et scientifiques nécessaires, dont le devoir sera, lorsqu'ils en seront requis, sur pétition écrite et à eux déposée à cet effet par l'impétrant, de réviser et statuer sur les décisions de rejet des demandes de brevets rendues par les examinateurs et aussi de réviser et statuer de la même manière les décisions des examinateurs, dans les cas de conflit (*Interference cases*). Et sur la demande du commissaire du département des brevets, sur les demandes de prolongation de brevet, et de remplir telles autres fonctions dont ils pourraient être chargés par le commissaire, que leurs décisions seront soumises à un appel devant le commissaire en personne, sur le payement de la somme ci-après déterminée. Que lesdits examinateurs en chef se conformeront, dans leur procédure, aux règlements prescrits par le commissaire des brevets.

III. Il est, en outre, édicté qu'il n'y aura pas d'appel devant les examinateurs en chef des décisions des premiers examinateurs, excepté dans les cas de conflit, jusqu'à ce que la demande ait été deux fois rejetée, et le second examen de la demande par le premier examinateur n'aura lieu qu'après que le demandeur, à l'égard des raisons produites lors du premier rejet, aura renouvelé le serment prescrit par l'article 7 [3] de l'acte intitulé : « Un acte pour encourager les progrès des arts utiles et pour abroger tous actes et parties d'actes antérieurement faits à cet effet, sanctionné le 4 juillet 1856.

IV. Il est, en outre, édicté que le traitement du commissaire des brevets, à partir de la promulgation de cet acte, sera de 4.500 dollars par an (23,400 francs), et celui du chef du bureau des brevets sera de 2,500 dollars (12,800 francs), et celui du bibliothécaire dudit bureau sera de 1,800 dollars (9,260 francs).

V. Il est, en outre, édicté que le commissaire des brevets est autorisé à rendre aux impétrants, et dans le cas où ils ne les retireraient pas, à en disposer autrement, les modèles qui auraient accompagné les demandes rejetées qu'il ne croirait pas devoir conserver. Le même pouvoir est aussi conféré, relativement aux modèles accompagnant les demandes pour dessins. Il est autorisé, en outre, à dispenser pour l'avenir des modèles de dessins lorsque le dessin simple suffit pour la représentation de l'objet.

---

[1] Des Etats-Unis.

[2] Le dollar vaut environ 5 fr. 20 cent. de notre monnaie.

[3] Le texte porte *section*, parce que, dans les lois américaines, c'est ainsi que sont intitulés les articles. Mais, le mot *section* n'ayant pas le même sens chez nous, nous avons préféré employer l'expression française.

VI. Il est, en outre, édicté que l'article 10 de l'acte sanctionné le 3 mars 1837, autorisant la nomination d'agents pour le transport de modèles et échantillons au bureau des brevets, est abrogé.

VII. Il est, en outre, édicté que le commissaire est autorisé aussi à augmenter, conformément à la loi, et de temps à autre, le nombre des examinateurs principaux, de premiers examinateurs auxiliaires et de seconds examinateurs auxiliaires, nécessaire pour la bonne expédition des affaires courantes, pourvu toutefois que ce nombre n'excède pas quatre dans chaque classe, et que la somme totale des dépenses annuelles du bureau des brevets ne dépasse pas ses recettes.

VIII. Il est, en outre, édicté que le commissaire pourra exiger que toutes les pièces déposées au bureau des brevets, qui ne seraient pas correctement, lisiblement et proprement écrites, seront imprimées aux frais des parties qui les auraient déposées, et il pourra, pour manquement grave, refuser d'admettre une personne en qualité d'agent de brevets, soit d'une manière générale, soit dans un cas spécial ; mais les motifs de ce refus seront régulièrement constatés et subordonnés à l'approbation du président des Etats-Unis.

IX. Il est, en outre, édicté que nulle somme d'argent payée à l'occasion de la demande d'un brevet et à titre de frais d'obtention, après la passation de cet acte, ne sera retirée ni rendue, et la somme payée à l'occasion de l'enregistrement d'un *caveat*, ne sera pas considérée comme faisant partie de la somme exigée lors de l'enregistrement de la demande postérieure d'un brevet pour la même invention. Que le délai de trois mois d'avertissement donné à toute personne ayant formé un *caveat*, conformément aux dispositions de l'article 12 de l'acte du 4 juillet 1836, courra du jour où ledit avertissement sera mis à la poste à Washington, en y ajoutant le temps usuel pour la transmission d'icelieu, lequel temps sera consigné sur ledit avertissement, et que cette partie de l'article 13 de l'acte de congrès, sanctionné le 4 juillet 1836, autorisant l'annexion aux brevets, de la description et de la spécification de perfectionnements postérieurs, est abrogée par le présent acte. Et dans tous les cas où des perfectionnements postérieurs ou additionnels seraient actuellement admissibles, des brevets séparés devront être demandés.

X. Et il est, en outre, édicté que toutes les lois actuellement en vigueur établissant les droits à percevoir (*fees*) par le bureau des brevets et faisant une distinction entre les habitants des Etats-Unis et ceux d'autres nations qui n'en font pas au préjudice des habitants des Etats-Unis, sont abrogées par le présent acte, et les droits suivants sont substitués aux susdits droits.

	Dollars.	Francs.
Pour l'enregistrement de chaque *caveat*...............	10	52
Pour l'enregistrement de toute demande première de brevet, excepté pour un dessin............................	15	78
Pour la délivrance de tout premier brevet...............	20	104

	Dollars.	Francs.
Pour tout appel au commissaire de la décision des examinateurs en chef..............................	20	104
Pour toute demande à fin de nouvelle délivrance d'un brevet (*reissue*)................................	30	156
Pour toute demande de prolongation d'un brevet........	50	260
Et, en outre, pour l'obtention de cette prolongation....	50	260
Pour l'enregistrement de toute restriction (*disclaimer*)..	10	52
Pour copies certifiées de brevets et autres pièces dix *cents* par cent mots (soit 52 centimes de France)..............	»	»
Pour constatation de tout transport, toute convention, procuration et autres pièces de trois cents mots ou au-dessous	1	5 20
Pour constatation de tout transport ou autre pièce de plus de trois cents et au-dessous de mille mots...............	2	10 40
Pour la constatation de tout transport ou autre écrit dépassant mille mots..	3	15 60
Pour copies de dessin, leur coût raisonnable...........	»	»

XI. Et il est, en outre, édicté que tout citoyen ou tout étranger ayant résidé pendant une année dans les États-Unis et fait le serment de son intention de devenir citoyen, qui par son industrie, son génie, ses efforts et frais aura inventé ou produit un nouveau dessin de manufacture, soit en métal ou matériaux, et un dessin original pour buste, statue ou bas-relief ou composition en haut ou bas-relief, ou une nouvelle impression ou nouvel ornement, ou pour figurer sur tout article de manufacture en marbre ou autre matière, ou impression ou gravure devant former l'objet d'un autre travail, ou reproduit par l'impression, la peinture ou la fonte ou autrement, adapté à un article de manufacture ou toute forme nouvelle ou toute configuration de tout article de manufacture antérieurement inconnue ou inusitée par d'autres avant son invention ou production, et avant sa demande d'un brevet à cet égard, et qui désirera obtenir une propriété ou droit exclusif ce concernant, de le faire, l'employer, le vendre ou des copies à des tiers pour par eux être fait, employé et vendu, peut s'adresser par écrit au commissaire des brevets exprimant ce désir, et le commissaire peut, après les formalités dûment remplies, accorder un brevet, comme dans le cas maintenant de demande d'un brevet, pour la durée de trois ans et demi, ou de sept ans, ou de quatorze ans, au choix manifesté par l'impétrant dans sa demande. Le droit à percevoir sur cette demande sera, pour trois ans et six mois, de 10 dollars (52 francs); pour sept ans, de 15 dollars (78 francs), et pour quatorze ans, 30 dollars (156 francs). Et les brevetés pour dessins, en vertu de cet acte, auront droit à la prolongation de leurs brevets pendant sept ans, à partir du jour de l'expiration de leurs dits brevets, dans les mêmes conditions maintenant établies pour la prolongation des patentes.

XII. Et il est, de plus, édicté que toutes demandes de brevet seront complétées et préparées pour être examinées dans les deux années qui suivront la pétition ; sinon, elles seront considérées comme abandonnées par les parties impétrantes, à moins qu'il ne soit démontré, à la satisfaction du commissaire, que le délai encouru était inévitable, et toutes demandes actuellement en instance seront considérées comme déposées après la passation du présent acte, et toutes demandes à fin de prolongation de brevets seront déposées quatre-vingt-dix jours au moins avant leur expiration, et avis du jour fixé pour connaître de l'affaire sera publié, conformément à la loi actuelle, au moins soixante jours avant.

XIII. Et il est, en outre, édicté que, dans tous les cas où un objet est fait et vendu par une personne quelconque sous la protection d'un brevet, il incombera à cette personne l'obligation de faire connaître d'une manière suffisante que ledit objet est breveté, soit en y apposant le mot breveté avec la date du brevet, soit dans le cas où ce mode n'est pas praticable, en raison de la nature de l'objet, en enveloppant un ou plusieurs desdits objets dans un paquet et y apposant ou y attachant autrement une étiquette portant cet avertissement avec la date imprimée, à défaut de quoi le demandeur, dans toute poursuite en contrefaçon, qui aura négligé de marquer ainsi ledit objet, n'aura pas droit à des dommages-intérêts à raison de cette usurpation, à moins qu'il ne prouve que le défendeur avait été dûment averti de la contrefaçon et a continué après cet avertissement de faire ou vendre l'objet breveté, et l'article 6 de l'acte intitulé : « Un acte faisant suite à un acte pour l'encouragement des arts utiles, etc., » sanctionné le 29 août 1842, est abrogé par le présent acte.

XIV. Et il est, en outre, édicté que le commissaire des brevets est autorisé, par le présent acte, à imprimer ou faire imprimer à sa discrétion dix copies des descriptions et demandes de tous brevets qui seront dorénavant accordés, et dix copies des dessins annexés, lorsqu'il y en aura, pourvu que les frais pour imprimer le texte desdites descriptions et demandes ne dépassent pas deux *cents* (10 cent. 2/5) par cent mots de chacune desdites copies en sus du papier, et que les frais de dessin ne dépassent pas cinquante *cents* (2 fr. 60) pour chaque copie. Une de ces copies sera imprimée sur parchemin pour être annexée au brevet. Ce travail se fera sous la direction et sera soumis à l'approbation du commissaire des brevets, et les frais en seront à la charge de la caisse des brevets.

XV. Et il est, en outre, édicté que des copies imprimées des brevets des Etats-Unis, portant le cachet du département des brevets, certifiées et signées par le commissaire des brevets, feront foi dans tous les cas de leur contenu.

XVI. Et il est, en outre, édicté que tous brevets accordés ci-après auront une durée de dix-sept ans, à partir de la date de leur délivrance, et toute prolongation de ces brevets est prohibée par le présent acte.

XVII. Et il est, en outre, édicté que tous actes ou parties d'actes antérieurement passés, incompatibles avec les dispositions du présent acte, sont et demeurent abrogés.

Droit international. — France et Russie.

Nous avons donné à l'art. 230, t. III, p. 295, les dispositions du traité de commerce du 14-2 juin 1857 entre la France et la Russie, qui ont stipulé la liberté du commerce et la garantie réciproque des marques de fabrique, à la seule condition d'un dépôt préalable, savoir : pour les marques russes, au greffe du tribunal de commerce de la Seine ; et pour les marques françaises, au ministère des manufactures et du commerce intérieur à Saint Pétersbourg. — Par l'article 22, les deux gouvernements s'étaient réservé de déterminer, dans une convention spéciale, la garantie réciproque de la propriété littéraire et artistique. C'est cette convention, signée le 6 avril 1861, que nous donnons ci-après; son texte est fort clair, et nous ne pouvons que nous y référer, en faisant seulement remarquer : 1° qu'elle est purement littéraire et artistique, et qu'elle ne contient aucune stipulation en ce qui concerne la représentation ou l'exécution des œuvres dramatiques et musicales ; 2° qu'elle ne stipule aucun dépôt et que, par suite, les auteurs et artistes peuvent faire valoir leurs droits, à la charge seulement d'en justifier l'existence dans le pays d'origine, par des certificats émanés des autorités compétentes et dûment légalisés, mais que la durée en est limitée à vingt ans pour les héritiers directs ou testamentaires, et dix ans pour les collatéraux ; 3° que les envois réciproques de livres, gravures, etc., sont affranchis de tous droits et de la formalité du certificat d'origine ; 4° que la convention n'est exécutoire qu'à partir du 14 juillet 1861.

CONVENTION DU 6 AVRIL 1861

Conclue entre la FRANCE *et la* RUSSIE *pour la garantie réciproque de la propriété des œuvres d'esprit et d'art.*

(Les ratifications ont été échangées à Saint-Pétersbourg, le 9 mai 1861. — Elle a été promulguée en France par décret impérial du 22 mai 1861, inséré au *Moniteur universel* du 31 mai et au *Bulletin des lois* du 29 mai, XIe S. B, 932, n° 9.042.)

Au nom de la très-sainte et indivisible Trinité, — S. M. l'empereur des Français et S. M. l'empereur de toutes les Russies, animés d'un égal désir de donner suite à la stipulation de l'article 23 du traité de commerce et de navigation signé à Saint-Pétersbourg, le 2-14 juin 1857, par laquelle les deux hautes parties contractantes se sont réservé de déterminer dans une convention spéciale les moyens de garantir réciproquement la propriété littéraire et artistique dans leurs États respectifs, ont, à cet effet, muni de leurs pleins pouvoirs, savoir : — S. M. l'empereur des Français, M. Napoléon Lannes, duc de Montebello, grand-croix de son ordre impérial de la Légion d'honneur, grand-croix des ordres de Saint-Janvier et de Saint-Ferdinand des Deux-Siciles, de l'ordre royal américain d'Isabelle-la-Catholique d'Espagne, etc., etc., etc., son ambassadeur extraordinaire et plénipotentiaire près S. M. l'Empereur de toutes les Russies ; — Et S. M. l'empereur de toutes les Russies, roi de Pologne, le prince Alexandre Gortchakow, son conseiller privé actuel et ministre des affaires étrangères, membre du conseil de l'empire, chevalier des ordres de Russie, de Saint-André, de Saint-Wladimir de la première classe, de Saint-Alexandre Newsky, de l'Aigle blanc, de Sainte-Anne de la première classe et de Saint-Stanislas de la première classe, grand-croix de la Légion d'honneur de France, de la Toison d'or d'Espagne, de la Sainte-Annonciade de Sardaigne, de Saint-Etienne d'Autriche, de l'Aigle noir orné de diamants et de l'Aigle rouge de Prusse, des Séraphins de Suède, de la Tour et de l'Epée de Portugal, de Ferdinand et du Mérite de Naples, de la couronne de Wurtemberg, de l'Eléphant et du Danebrog de Danemark, de Saint-Hubert de Bavière, de la Fidélité et du Lion de Zaëhringen de Bade, des Guelfes de Hanovre, de Louis de Hesse-Darmstadt, de la Couronne de Saxe, d'Ernest de Saxe-Altenbourg, du Faucon blanc de Saxe-Weimar, de Pierre-Frédéric-Louis d'Oldenbourg, du Sauveur de Grèce, de Léopold de Belgique, du Pianum, du Medjidié de Turquie, ayant le portrait du Schah de Perse de la première classe, orné de diamants ; — Lesquels, après avoir échangé leurs pleins pouvoirs, trouvés en bonne et due forme, ont arrêté et signé les articles suivants :

ART. 1er. A partir de l'époque à laquelle, conformément aux stipulations de l'article 10 ci-après, la présente convention deviendra exécutoire, les auteurs d'œuvres d'esprit ou d'art, auxquels les lois de l'un des deux États garantissent actuellement ou garantiront à l'avenir le droit de propriété ou d'auteur, auront, sous les conditions déterminées ci-après, la faculté d'exercer ce droit sur le territoire de l'autre Etat, de la même manière et dans les mêmes limites que s'exercerait, dans cet autre Etat, le droit attribué aux auteurs d'ouvrages de même nature qui y seraient publiés. — La réimpression et la reproduction illicite ou contrefaçon des œuvres publiées primitivement dans l'un des deux Etats, seront assimilées dans l'autre à la réimpression et à la reproduction illicites d'ouvrages dont les auteurs appartiennent à ce dernier. Toutes les lois, ordonnances, règlements et stipulations aujourd'hui existants ou qui pourraient par la suite être promulgués au sujet du droit exclusif de publication des œuvres littéraires et artistiques, seront, pour autant qu'il n'y est pas dérogé par la présente convention, applicables à cette contrefaçon. — Il est bien entendu, toutefois, que les droits à exercer réciproquement dans l'un ou dans l'autre État, relativement aux ouvrages ci-dessus mentionnés, ne pourront être plus étendus que ceux qu'accorde la législation de l'État auquel appartiennent les auteurs ou ceux qui les remplacent à titre de mandataires, d'héritiers, de cessionnaires, de donataires ou autrement.

Art. 2. Sont compris sous la dénomination d'œuvres d'esprit ou d'art, les livres, écrits, œuvres dramatiques, compositions musicales, tableaux, gravures, plans, cartes géographiques, lithographies et dessins, travaux de sculpture et autres productions scientifiques, littéraires ou artistiques, que ces œuvres soient publiées par des particuliers ou par une autorité publique quelconque, par une académie, université, un établissement d'instruction publique, une société savante ou autre. — Sont expressément assimilées aux ouvrages originaux, les traductions faites dans l'un des États d'ouvrages nationaux ou étrangers. — Il est bien entendu que l'objet de la présente disposition est simplement de protéger le traducteur par rapport à sa propre traduction, et non de conférer le droit exclusif de traduction au premier traducteur d'un ouvrage quelconque. — Les mandataires, héritiers ou ayants cause des auteurs des œuvres d'esprit ou d'art énumérées ci-dessous, jouiront, à tous égards, des mêmes droits que ceux que la présente convention accorde auxdits auteurs

Art. 3. Pour assurer à tout ouvrage intellectuel ou artistique la propriété stipulée dans les articles précédents, les auteurs ou traducteurs devront établir, au besoin, par un témoignage émanant d'une autorité publique, que l'ouvrage en question est une œuvre originale qui, dans le pays où elle a été publiée, jouit de la protection légale contre la contrefaçon ou reproduction illicite. — Les hautes parties contractantes conviennent, au surplus, que la preuve de la propriété, pour toute œuvre d'esprit ou d'art, résultera toujours de plein droit, pour les ouvrages publiés en France, d'un certificat délivré par le bureau de la librairie au ministère de l'intérieur à Paris, ou par le secrétariat de la préfecture dans les départements; et que, quant aux ouvrages publiés dans les États de S. M. l'Empereur de toutes les Russies, la preuve de la propriété résultera, de plein droit, d'un certificat délivré, pour les œuvres littéraires, scientifiques ou dramatiques, par l'autorité chargée de la censure des livres, et pour les œuvres artistiques, si elles sont publiées dans l'empire, par l'Académie impériale des beaux-arts à Saint-Pétersbourg, et si elles sont publiées dans le royaume de Pologne, par l'École des beaux-arts à Varsovie. — Il est entendu que, pour être reconnus valables dans l'un ou l'autre des deux États, les certificats dont il est fait mention dans le présent article, seront légalisés sans frais par les agents diplomatiques ou consulaires respectifs.

Art. 4. Le droit de propriété littéraire ou artistique des Français, dans l'empire de Russie, et des sujets russes en France, durera, pour les auteurs, toute leur vie, et se transmettra pour vingt ans, à leurs héritiers directs ou testamentaires, et pour dix ans, à leurs héritiers collatéraux.— Les termes de vingt et de dix ans, seront comptés depuis l'époque du décès de l'auteur.

ART. 5. Nonobstant les stipulations des articles 1 et 2 de la présente convention, les articles extraits des journaux ou recueils périodiques publiés dans l'un des deux pays, pourront être reproduits dans les journaux ou recueils périodiques de l'autre pays, pourvu que l'on indique la source à laquelle on les aura puisés. — Toutefois, cette permission ne s'étendra pas à la reproduction, dans l'un des deux pays, des articles de journaux ou de recueils périodiques publiés dans l'autre, lorsque les auteurs auront formellement déclaré dans le journal, ou le recueil même où ils les auront fait paraître, qu'ils interdisent la reproduction. Dans aucun cas, cette interdiction ne pourra atteindre les articles de discussion politique.

ART. 6. En cas de contravention aux dispositions des articles précédents, et de poursuites en dommages-intérêts, il sera procédé, dans l'un ou l'autre État, conformément à ce qui est ou serait prescrit par les législations respectives, et les tribunaux compétents appliqueront les peines déterminées par les lois en vigueur ; le tout de la même manière que si l'infraction avait été commise au préjudice d'un ouvrage ou d'une production d'origine nationale.

ART. 7. La mise en vente de toute œuvre reconnue, dans l'un ou l'autre des deux États, pour une reproduction illégale ou contrefaçon d'un ouvrage jouissant du privilége de protection, en vertu des articles 1 et 2 de la présente convention, sera interdite, sans qu'il y ait à distinguer si cette contrefaçon provient de l'un des deux États, ou de tout autre pays. — Toutefois, la présente convention ne pourra faire obstasle à la vente des réimpressions ou reproductions qui auraient été publiées dans chacun des deux États, ou qui auraient été introduites dans l'année qui suivra la signature de la présente convention. — Quant aux ouvrages de reproduction non autorisée en cours de publication, dont une partie aurait déjà paru avant l'expiration d'une année à partir du jour de la signature de la présente convention, les éditeurs en France, et ceux dans l'empire de Russie, pourront publier les volumes et livraisons nécessaires, soit pour l'achèvement desdits ouvrages, soit pour compléter les souscriptions des abonnés, ou les collections non vendues existant en magasin. Par contre, on ne pourra faire aucune nouvelle publication, dans l'un des deux États, des mêmes ouvrages, ni mettre en vente des exemplaires autres que ceux destinés à remplir les expéditions ou souscriptions précédemment commencées.

ART. 8. Pour faciliter la pleine exécution de la présente convention, les deux hautes parties contractantes promettent de se donner mutuellement connaissance des lois et règlements actuellement existants, ainsi que de ceux qui pourront être établis par la suite dans les deux pays, en ce qui touche la garantie de la propriété littéraire et artistique.

Art. 9. Les dispositions de la présente convention ne pourront, en quoi que ce soit, porter préjudice au droit que chacune des deux hautes parties contractantes se réserve expressément de permettre, de surveiller ou d'interdire, par des mesures législatives ou administratives, la circulation ou l'exposition de tout ouvrage ou production à l'égard desquels l'un ou l'autre État jugera convenable d'exercer ce droit. — De même, aucune des stipulations de la présente convention ne saurait être interprétée de manière à contester le droit des hautes parties contractantes de prohiber l'importation, sur leur territoire, des livres que leur législation intérieure, ou des traités avec d'autres États, feraient entrer dans la catégorie des reproductions illicites.

Art. 10. La présente convention restera en vigueur, sauf la réserve exprimée à l'article 7, pendant six ans, à dater du 14-2 juillet de cette année. Si, à l'expiration des six années, la présente convention n'est pas dénoncée un an à l'avance, elle continuera à être obligatoire, d'année en année, jusqu'à ce que l'une des hautes parties contractantes ait annoncé à l'autre, mais un an à l'avance, son intention d'en faire cesser les effets. — Les hautes parties contractantes se réservent cependant la faculté d'apporter à la présente convention, d'un commun accord, toute modification qui ne serait pas incompatible avec l'esprit et les principes qui en sont la base, et dont l'expérience aurait démontré l'opportunité.

Art. 11. La présente convention sera ratifiée, et les ratifications en seront échangées à Saint-Pétersbourg, dans le délai de deux mois, à partir du jour de la signature, ou plus tôt si faire se peut. — En foi de quoi, les plénipotentiaires respectifs l'ont signée et y ont apposé le cachet de leurs armes.

Fait à Saint-Pétersbourg, le 6 avril-25 mars de l'an de grâce 1861.

(L. S.) *Signé*, duc de MONTEBELLO.
(L. S.) *Signé*, GORTCHAKOW.

ARTICLE ADDITIONNEL.

Il est convenu entre les deux hautes parties contractantes qu'aussi longtemps que les livres publiés en France seront admis libres de tout droit de douanes dans les États de S. M. l'empereur de toutes les Russies, tous les ouvrages indistinctement publiés en Russie, de même que la musique, les gravures, les lithographies et les cartes géographiques, seront admis également libres de tout droit de douanes sur le territoire de l'empire français.

Le présent article additionnel aura la même force et valeur que s'il était inséré mot à mot dans la convention conclue aujourd'hui pour la garantie réciproque de la propriété littéraire et artistique. Il sera ratifié et mis à exécution en même temps que ladite convention. — En foi de quoi, les plénipotentiaires respectifs ont signé le présent article additionnel et y ont apposé le cachet de leurs armes.

Fait à Saint-Pétersbourg, le 6 avril-25 mars de l'an de grâce 1861.

(L. S.) *Signé*, duc de MONTEBELLO.
(L. S.) *Signé*, GORTCHAKOW.

Droit international. — France et Belgique.

§ 1. PROPRIÉTÉ LITTÉRAIRE ET ARTISTIQUE.

Nous avons donné au *Code international*, p. 179, le texte même de la convention littéraire et artistique conclue entre la France et la Belgique, le 22 août 1852, en le faisant précéder d'un précis qui en résumait les principales dispositions. Depuis, nous avons publié une instruction du ministère de l'intérieur, qui a fait une analyse semblable pour chacune des 25 conventions littéraires conclues par la France jusqu'à la fin de 1858[1]; enfin nous avons régulièrement enregistré les différents procès qui ont soulevé quelques questions se rattachant à l'exécution de ces conventions[2]. Nous ne pouvons aujourd'hui que renvoyer à ces différents documents, en faisant remarquer qu'en ce qui concerne spécialement la propriété littéraire et artistique, la nouvelle convention du 1er mai 1861, dont nous donnons le texte ci-après, diffère peu de celle de 1842.

FORMALITÉS. — Ainsi elle maintient l'obligation du dépôt respectif d'un exemplaire des œuvres littéraires et musicales, ainsi que des gravures, lithographies, photographies, etc., dans les trois mois de la publication[3], mais elle supprime celle des certificats d'origine qui devaient accompagner les envois de li-

---

[1] Voir *Annales*, art. 470, § 5, t. V, p. 297.

[2] Voir t. I, p. 60 ; t. II, p. 48, 148 et 169 ; t. III. p. 40 ; t. V, p. 313, et t. VI, p. 92.

[3] Les œuvres de sculpture en restent affranchies.

vres d'un pays dans l'autre. Tous les articles de librairie sont réciproquement admis en franchise de droits, et les envois ne sont plus soumis qu'à une vérification qui s'opère soit dans les bureaux de douanes frontières, soit, lorsque les intéressés le désirent, à Paris, au ministère de l'intérieur, et pour la Belgique à l'entrepôt de Bruxelles.

ÉTENDUE DU DROIT. — Comme celle de 1852, la nouvelle convention assure respectivement aux auteurs et artistes des deux pays les mêmes droits et la même protection qu'aux nationaux, mais elle ajoute qu'ils n'en jouiront qu'autant qu'ils auront conservé leurs droits dans le pays d'origine. Cette disposition, qui se trouve déjà dans quelques traités, nous a toujours paru être de l'essence même des conventions de ce genre, au point que, selon nous, elle doit être sous-entendue lorsqu'elle n'est pas énoncée[1].

CHRESTOMATHIE. — La convention de 1861 contient une disposition relative aux ouvrages de compilation destinés à l'instruction et que l'on désigne, en Belgique, sous le nom de *chrestomathies*. L'article 2 en permettait la publication sans l'autorisation des auteurs auxquels étaient faits les emprunts, mais à la double condition qu'ils fussent spécialement destinés à l'enseignement et qu'ils continssent des notes explicatives ou des traductions en langue flamande. Un article additionnel supprime cette dernière condition.

TRADUCTIONS. — Enfin, en ce qui concerne le droit de traduction, la convention de 1852 l'assurait à l'auteur de l'ouvrage original, mais pendant cinq ans seulement et sous la double condition d'en faire la réserve en tête de l'ouvrage, et de faire paraître la traduction, en partie dans l'année, et en totalité dans les trois années. Pour les pièces de théâtre, ce délai n'est que de trois mois. Nous avons dit ailleurs que ces délais nous paraissaient trop courts, du moins au point de vue du droit de propriété des auteurs. Mais nous avons entendu dire à un éditeur dont l'opinion fait autorité, qu'en général les traductions ne nuisent pas à l'œuvre originale, et que quant à lui il n'hésite pas à les autoriser. C'est un tout autre point de vue, et il n'est pas impossible que

---

[1] Voir nos observations sur ce point, à l'occasion du droit de traduction, art. 61, t. II, p. 69, *in fine*, et p. 70. — Voir également notre adhésion motivée adressée au Congrès de Bruxelles, année 1858, t. IV, p. 411, n° 3.

cet éditeur ait raison sous le rapport de la propagation de l'œuvre. Quoi qu'il en soit, la nouvelle convention maintient exactement les mêmes conditions et délais; seulement, elle ajoute que, si la législation sur le droit de traduction venait à être modifiée en Belgique, les avantages nouveaux qui seraient consacrés en faveur des auteurs belges seraient étendus aux auteurs français, et réciproquement les auteurs belges jouiraient en France des avantages plus grands qui pourraient résulter de la législation générale en faveur des nationaux. Il serait difficile de bien apprécier, dès à présent, la portée de cette disposition conditionnelle, et le plus sûr est d'attendre que l'événement prévu se soit réalisé.

§ 2. Propriété industrielle.

La convention du 1er mai 1861 n'est pas seulement littéraire et artistique, elle stipule, en outre, la réciprocité en matière, 1° de dessins et modèles de fabrique et 2° de marques de fabrique et de commerce. Les sujets respectifs de chaque État contractant jouiront, à cet égard, dans l'autre, des mêmes droits et de la même protection que les nationaux, mais à la double condition : 1° que ces droits existent à leur profit dans le pays d'origine et 2° qu'ils aient fait le dépôt prescrit par la législation locale. — Ainsi les Français ne pourront revendiquer en Belgique la propriété soit d'un dessin et d'un modèle de fabrique, soit d'une marque de fabrique et de commerce, qu'autant qu'ils en auront fait le dépôt en Belgique, au greffe du Tribunal de commerce. — Il en sera de même pour les Belges en France. Remarquons seulement que la convention dit d'une manière générale qu'ils feront leur dépôt au greffe du Tribunal de commerce de la Seine; mais cela n'est exact que pour les marques de fabrique. Quant aux dessins et modèles de fabrique, c'est au secrétariat du Conseil des prud'hommes que le dépôt a lieu, et la convention n'a évidemment pas entendu créer un lieu de dépôt différent pour les Belges et les Français[1]. Tout ce qu'il faut en retenir, c'est que le dépôt sera fait dans le département de la Seine, conformément à ce qui

---

[1] Au si un décret récent énonce-t-il que le dépôt de dessins et modèles de fabrique qui se fera en vertu des conventions aura lieu au Conseil des prud'hommes.

a lieu pour les nationaux. Nous ne pouvons donc que renvoyer aux principes que nous avons posés, savoir : — Pour la France, *Code international*, chap. III, p. 70 et suiv., et chap. IV, p. 78 et suiv., et *Annales*, art. 271 et suiv. — Pour la Belgique, *Code international*, chap. II et III, p. 172 et suiv. — Remarquons seulement, en terminant, que pour les dessins et modèles de fabrique la convention ne deviendra exécutoire que le 1er mai 1862, et qu'en tout cas l'on n'exige pas, comme pour les brevets d'invention, que le propriétaire du dessin ou modèle l'exploite dans les deux pays.

CONVENTION DU 1er MAI 1861

Conclue entre la FRANCE *et la* BELGIQUE *pour la garantie réciproque de la propriété littéraire, artistique et industrielle.*

(L'échange des ratifications a eu lieu à Paris, le 27 mai 1861. — Elle a été promulguée en France par décret impérial du même jour, inséré au *Moniteur universel* du 29 mai, et au *Bulletin des lois* du 31 mai, XIe S. B., 933, n° 9,056.)

S. M. l'empereur des Français et S. M. le roi des Belges, également animés du désir de protéger les sciences, les arts et les lettres, et d'encourager leur application à l'industrie, ont à ces fins résolu d'adopter, d'un commun accord, les mesures qui leur ont paru les plus propres à assurer réciproquement dans les deux pays, aux auteurs et aux industriels ou à leurs ayants cause, la propriété des œuvres de littérature ou d'art, et des marques, modèles ou dessins de fabrique, et ont, à cet effet, nommé pour leurs plénipotentiaires, savoir : — S. M. l'empereur des Français, — M. Thouvenel, sénateur de l'empire, grand-croix de son ordre impérial de la Légion d'honneur, chevalier de l'ordre de Léopold de Belgique, etc., son ministre et secrétaire d'État au département des affaires étrangères ; — Et M. Rouher, sénateur de l'empire, grand-croix de son ordre impérial de la Légion d'honneur, etc., son ministre et secrétaire d'État au département de l'agriculture, du commerce et des travaux publics. — Et S. M. le roi des Belges, — M. Firmin Rogier, grand officier de l'ordre de Léopold, décoré de la Croix de fer, grand officier de l'ordre impérial de la Légion d'honneur, etc., son envoyé extraordinaire et ministre plénipotentiaire près S. M. l'empereur des Français ; — Et M. Charles Liedts, grand officier de l'ordre de Léopold, décoré de la Croix de fer, grand officier de l'ordre impérial de la Légion d'honneur, etc., son ministre d'État en mission extraordinaire près S. M. l'empereur des Français ; — Lesquels, après avoir échangé leurs pleins pouvoirs, trouvés en bonne et due forme, sont convenus des articles suivants :

Art. 1er. Les auteurs de livres, brochures ou autres écrits, de compositions musicales, d'œuvres de dessin, de peinture, de sculpture, de gravure, de lithographie et de toutes autres productions analogues du domaine littéraire ou artistique, jouiront, dans chacun des deux États, réciproquement, des avantages qui y sont ou seront attribués par la loi à la propriété des ouvrages de littérature ou d'art, et ils auront la même protection et le même recours légal contre toute atteinte portée à leurs droits que si cette atteinte avait été commise à l'égard d'auteurs d'ouvrages publiés, pour la première fois, dans le pays même. — Toutefois, ces avantages ne leur sont réciproquement assurés que pendant l'existence de leurs droits dans le pays où la publication originale a été faite, et la durée de leur jouissance dans l'autre pays ne pourra excéder celle fixée par la loi pour les auteurs nationaux.—La propriété des œuvres musicales s'étend aux morceaux dits *arrangements*, composés sur des motifs extraits de ces mêmes œuvres. Les contestations qui s'élèveraient sur l'application de cette clause demeureront réservées à l'appréciation des tribunaux respectifs. — Tout privilège ou avantage qui serait accordé ultérieurement par l'un des deux pays à un autre pays, en matière de propriété d'œuvres de littérature ou d'art, dont la définition a été donnée dans le présent article, sera acquis de plein droit aux citoyens de l'autre pays.

Art. 2. La publication en Belgique de chrestomathies composées de fragments ou d'extraits d'auteurs français est autorisée, pourvu que ces recueils soient spécialement destinés à l'enseignement, et qu'ils contiennent des notes explicatives ou des traductions en langue flamande [1].

Art. 3. La jouissance du bénéfice de l'article 1er est subordonnée à l'accomplissement, dans le pays d'origine, des formalités qui sont prescrites par la loi pour assurer la propriété des ouvrages de littérature ou d'art. — Pour les livres, cartes, estampes ou œuvres musicales publiés pour la première fois dans l'un des deux États, l'exercice du droit de propriété dans l'autre État sera, en outre, subordonné à l'accomplissement préalable, dans ce dernier, de la formalité du dépôt et de l'enregistrement, effectués de la manière suivante : — Si l'ouvrage a paru pour la première fois en Belgique, un exemplaire devra en être déposé gratuitement et enregistré soit à Paris à la direction de l'imprimerie, de la librairie et de la presse, au ministère de l'intérieur, soit à la chancellerie de la légation de France en Belgique. — Si l'ouvrage a paru pour la première fois en France, un exemplaire devra être déposé gratuitement et enregistré, soit à Bruxelles, au ministère de l'intérieur, soit à Paris à la chancellerie de la légation de Belgique en France. — Dans tous les cas, le dépôt et l'en-

---

[1] Voir la déclaration additionnelle ci-après.

registrement devront être accomplis dans les trois mois qui suivront la publication de l'ouvrage dans l'autre pays. — A l'égard des ouvrages qui paraissent par livraisons, le délai de trois mois ne commencera à courir qu'à dater de la publication de la dernière livraison, à moins que l'auteur n'ait indiqué, conformément aux dispositions de l'article 6, son intention de se réserver le droit de traduction, auquel cas chaque livraison sera considérée comme un ouvrage séparé. — La double formalité du dépôt et de l'enregistrement qui en sera fait sur des registres spéciaux tenus à cet effet ne donnera, de part et d'autre, ouverture à la perception d'aucune taxe, si ce n'est au remboursement des frais résultant de l'expédition jusqu'à Bruxelles ou Paris, respectivement, des livres, cartes, estampes ou publications musicales, qui seraient déposés à la chancellerie de la légation de Belgique en France, ou à la chancellerie de la légation de France en Belgique. — Les intéressés pourront se faire délivrer un certificat authentique du dépôt et de l'enregistrement; le coût de cet acte ne pourra dépasser cinquante centimes. — Le certificat relatera la date précise à laquelle l'enregistrement et le dépôt auront eu lieu ; il fera foi dans toute l'étendue des territoires respectifs, et constatera le droit exclusif de propriété et de reproduction, aussi longtemps que quelque autre personne n'aura pas fait admettre en justice un droit mieux établi.

Art. 4. Les stipulations de l'article 1er s'appliqueront également à la représentation ou exécution des œuvres dramatiques ou musicales publiées ou représentées pour la première fois dans l'un des deux pays, après le 12 mai 1854. — Le droit des auteurs dramatiques ou compositeurs sera perçu d'après les bases qui seront arrêtées entre les parties intéressées ; à défaut d'un semblable accord, le taux exigible de ce droit ne pourra respectivement dépasser les chiffres suivants :

	A Paris et à Bruxelles.	Dans les villes de 80,000 âmes et au-dessus.	Dans les villes de moins de 80,000 âmes.
Pour les pièces en 4 ou 5 actes...	18 fr.	14 fr.	9 fr.
— en 3 actes	14	10	8
— en 2 actes.......	10	8	6
— en 1 acte........	6	5	4

Art. 5. Sont expressément assimilées aux ouvrages originaux les traductions faites dans l'un des deux Etats d'ouvrages nationaux ou étrangers. Ces traductions jouiront, à ce titre, de la protection stipulée par l'article 1er, en ce qui concerne leur reproduction non autorisée dans l'autre Etat. Il est bien entendu, toutefois, que l'objet du présent article est simplement de protéger le traducteur par rapport à la version qu'il a donnée de l'ouvrage original, et non pas de conférer le droit exclusif de traduc-

tion au premier traducteur d'un ouvrage quelconque, écrit en langue morte ou vivante, si ce n'est dans le cas et les limites prévus par l'article ci-après.

Art. 6. L'auteur de tout ouvrage publié dans l'un des deux pays jouira seul du droit de traduction pendant cinq années, à partir du jour de la première traduction de son ouvrage autorisée par lui, sous les conditions suivantes : — 1° L'ouvrage original sera enregistré et déposé en France ou en Belgique, dans un délai de trois mois à partir du jour de la première publication dans l'autre pays, conformément aux dispositions de l'article 5. — 2° Il faudra que l'auteur ait indiqué, en tête de son ouvrage, l'intention de se réserver le droit de traduction. — 3° Ladite traduction autorisée devra paraître, au moins en partie, dans le délai d'un an, et en totalité dans le délai de trois ans, à compter de la date du dépôt et de l'enregistrement de l'ouvrage original, effectués ainsi qu'il vient d'être prescrit. — 4° La traduction devra être publiée dans l'un des deux pays, et être elle-même déposée et enregistrée conformément aux dispositions de l'article 5. — 5° Pour les ouvrages publiés par livraisons, il suffira que la déclaration par laquelle l'auteur se réserve le droit de traduction soit faite dans la première livraison. Toutefois, en ce qui concerne le terme de cinq ans, assigné par cet article pour l'exercice du droit privilégié de traduction, chaque livraison sera considérée comme un ouvrage séparé. Chacune d'elles sera enregistrée et déposée dans l'un des deux pays, dans les trois mois à partir de sa première publication dans l'autre. — 6° Relativement à la traduction des ouvrages dramatiques, l'auteur qui voudra se réserver le droit exclusif dont il s'agit au présent article, devra faire paraître sa traduction trois mois après le dépôt et l'enregistrement de l'ouvrage original. — Dans le cas où la législation de la Belgique sur le droit de traduction viendrait à être modifiée pendant la durée de la présente convention, les avantages nouveaux qui seraient consacrés en faveur des auteurs belges seraient de plein droit étendus aux auteurs français.— En même temps, les auteurs belges jouiraient en France des avantages plus grands qui pourraient résulter de la législation générale en faveur des nationaux. — Ces droits respectifs seront d'ailleurs soumis aux conditions prévues par le paragraphe 2 de l'article 1er.

Art. 7. Les mandataires légaux ou ayants cause des auteurs, traducteurs, compositeurs, dessinateurs, peintres, sculpteurs, graveurs, lithographes, photographes, etc., jouiront des mêmes droits que ceux que la présente convention accorde aux auteurs, traducteurs, compositeurs, dessinateurs, peintres, sculpteurs, graveurs, lithographes ou photographes eux-mêmes.

Art. 8. Nonobstant les stipulations des articles 1 et 5 de la présente convention, les articles extraits des journaux ou recueils périodiques publiés dans l'un des deux pays pourront être reproduits ou traduits dans les journaux ou recueils périodiques de l'autre pays, pourvu qu'on y indique la source à laquelle on les aura puisés. — Toutefois, cette permission ne s'étendra pas à la reproduction, dans l'un des deux pays, des articles de journaux ou de recueils périodiques publiés dans l'autre, lorsque les auteurs auront formellement déclaré, dans le journal ou le recueil même où ils les auront fait paraître, qu'ils en interdisent la reproduction.— En aucun cas, cette interdiction ne pourra atteindre les articles de discussion politique.

Art. 9. L'introduction, l'exportation, la circulation, la vente et l'exposition, dans chacun des deux États, d'ouvrages ou objets de reproduction non autorisée, définis par les articles 1, 4, 5 et 6, sont prohibées, sauf ce qui est dit à l'article 13, soit que les reproductions non autorisées proviennent de l'un des deux pays, soit qu'elles proviennent d'un pays étranger quelconque.

Art. 10. En cas de contravention aux dispositions des articles précédents, la saisie des objets de contrefaçon sera opérée, et les tribunaux appliqueront les pénalités déterminées par les législations respectives, de la même manière que si l'infraction avait été commise au préjudice d'un ouvrage ou d'une production d'origine nationale. — Les caractères constituant la contrefaçon seront déterminés par les tribunaux de l'un et de l'autre pays, d'après la législation en vigueur dans chacun des deux États.

Art. 11. Les livres d'importation licite, et les autres productions mentionnées dans la présente convention, venant de Belgique, continueront à être admis en France, tant à l'entrée qu'au transit direct ou par entrepôt, par tous les bureaux qui leur sont actuellement ouverts ou qui pourraient l'être par la suite. — Si les intéressés le désirent, les livres déclarés à l'entrée seront expédiés directement en France, à la direction de l'imprimerie, de la librairie et de la presse, au ministère de l'intérieur, et en Belgique à l'entrepôt de Bruxelles, pour y subir les vérifications nécessaires, qui auront lieu au plus tard dans le délai de quinze jours.

Art. 12. Les dispositions de la présente convention ne pourront porter préjudice, en quoi que ce soit, au droit qui appartiendrait à chacune des deux hautes parties contractantes de permettre, de surveiller ou d'interdire, par des mesures de législation ou de police intérieure, la circulation, la représentation ou l'exposition de tout ouvrage ou production à l'égard desquels l'autorité compétente aurait à exercer ce droit. — Chacune des deux hautes parties contractantes conserve d'ailleurs le droit de prohiber l'importation dans ses propres États des livres qui, d'après ses lois intérieures ou des stipulations souscrites avec d'autres puissances, sont ou seraient déclarés être des contrefaçons.

Art. 13. Sont maintenues les dispositions de la convention du 22 août 1852 et de la déclaration jointe à ladite convention, relatives à la possession et à la vente, par les éditeurs, imprimeurs ou libraires belges ou français, de réimpressions d'ouvrages de propriété française ou belge non tombés dans le domaine public, fabriqués, importés ou en cours de fabrication et de réimpression non autorisée, aux époques fixées par l'article additionnel du 27 février 1854.

Art. 14. Le gouvernement français et le gouvernement belge prendront les mesures nécessaires pour interdire l'entrée, sur leurs territoires respectifs, des ouvrages que des éditeurs français ou belges auraient acquis le droit de réimprimer, avec la réserve que ces réimpressions ne seraient autorisées que pour la vente en France ou en Belgique et sur des marchés tiers. — Les ouvrages auxquels cette disposition est applicable devront porter sur leurs titre et couverture les mots : « Edition interdite en France (en Belgique), et autorisée pour la Belgique (la France) et l'étranger. »

Art. 15. Les sujets de l'une des hautes parties contractantes jouiront, dans les Etats de l'autre, de la même protection que les nationaux, pour tout ce qui concerne la propriété des marques de fabrique ou de commerce, ainsi que des dessins ou modèles industriels et de fabrique de toute espèce. — Le droit exclusif d'exploiter un dessin ou modèle industriel ou de fabrique ne peut avoir, au profit des Français en Belgique, et réciproquement, au profit des Belges en France, une durée plus longue que celle fixée par la loi du pays à l'égard des nationaux. — Si le dessin ou modèle industriel ou de fabrique appartient au domaine public dans le pays d'origine, il ne peut être l'objet d'une jouissance exclusive dans l'autre pays. — Les dispositions des deux paragraphes qui précèdent sont applicables aux marques de fabrique ou de commerce. — Les droits des sujets de l'une des hautes parties contractantes dans les Etats de l'autre ne sont pas subordonnés à l'obligation d'y exploiter les modèles ou dessins industriels ou de fabrique. — Le présent article ne recevra son exécution dans l'un et l'autre pays, à l'égard des modèles ou dessins industriels ou de fabrique, qu'à l'expiration d'une année à partir de ce jour.

Art. 16. Les Français ne pourront revendiquer en Belgique la propriété exclusive d'une marque, d'un modèle ou d'un dessin, s'ils n'en ont déposé deux exemplaires au greffe du Tribunal de commerce de Bruxelles. — Réciproquement, les Belges ne pourront revendiquer en France la propriété exclusive d'une marque, d'un modèle ou d'un dessin, s'ils n'en ont déposé deux exemplaires à Paris, au greffe du Tribunal de commerce de la Seine [1].

Art. 17. La présente convention demeurera en vigueur pendant dix années à partir du jour de l'échange des ratifications. Dans le cas où aucune des deux hautes parties contractantes n'aurait notifié, une année avant l'expiration de ce terme, son intention d'en faire cesser les effets, la convention continuera à être obligatoire encore une année, et ainsi de suite d'année en année, jusqu'à l'expiration d'une année, à partir du jour où l'une des parties l'aura dénoncée.

---

[1] Pour les dessins et modèles de fabrique, le dépôt a lieu au Conseil des prud'hommes.

ART. 18. La présente convention sera ratifiée, et les ratifications en seront échangées à Paris, dans le délai de deux mois, ou plus tôt, si faire se peut, simultanément avec celles du traité de commerce et du traité de navigation conclus sous la date de ce jour entre les deux hautes parties contractantes. — En foi de quoi les plénipotentiaires respectifs l'ont signée et y ont apposé le cachet de leurs armes.

Fait en double expédition à Paris, le premier jour du mois de mai de l'an de grâce mil huit cent soixante et un.

(L. S.) *Signé* : THOUVENEL. — (L. S.) E. ROUHER.

(L. S.) *Signé* : Firmin ROGIER. — (L. S.) LIEDTS.

DÉCLARATION.

Interprétation de l'article 2 de la convention littéraire, artistique et industrielle.

Au moment de procéder à l'échange des ratifications de la convention pour la garantie réciproque de la propriété littéraire, etc., conclue entre la France et la Belgique, le premier du présent mois de mai, les soussignés sont convenus de fixer ainsi qu'il suit l'interprétation de l'article 2 de ladite convention :

« Les éditeurs belges restent en possession des avantages dont ils jouissent déjà, en vertu de la convention du 22 août 1852, pour la publication des chrestomathies françaises. Il est donc entendu qu'ils demeurent libres de composer de semblables recueils avec des extraits d'ouvrages français tombés ou non dans le domaine public, sans qu'ils soient tenus de les accompagner de notes ou traductions d'aucune sorte. »

Fait à Paris, le vingt-septième jour du mois de mai de l'an de grâce mil huit cent soixante et un.

(L. S.) *Signé* : THOUVENEL.

(L. S.) *Signé* : Baron BEYENS.

Départements annexés. — Propriété littéraire. — Imprimerie. Librairie.

Par décret impérial du 25 juillet 1860, les bureaux de douane de Pont-de-la-Caille, Saint-Jean-de-Maurienne, Chambéry et Nice ont été ouverts à l'importation et au transit de la librairie en langues française et étrangère. — Par un autre décret du 2 juillet, les lois sur la propriété littéraire et la presse ont été déclarées exécutoires dans les nouveaux départements de la Savoie, de la Haute-Savoie et des Alpes-Maritimes; en voici le texte :

DÉCRET IMPÉRIAL DU 2 JUILLET 1860,

Déclarant applicables dans les nouveaux départements les lois sur la presse et la propriété littéraire et artistique.

NAPOLÉON, etc. — Sur le rapport de notre ministre secrétaire d'Etat au département de l'intérieur; vu le sénatus-consulte du 12 juin 1860; — Avons décrété et décrétons ce qui suit :

ART. 1er. Les lois, ordonnances et décrets relatifs à la presse, à l'imprimerie, à la librairie, à la propriété littéraire et au colportage sont applicables aux nouveaux départements de la Savoie, de la Haute-Savoie et des Alpes-Maritimes.

ART. 2. Les propriétaires de journaux ou écrits périodiques actuellement existants sont dispensés de l'autorisation exigée par l'article 1er du décret organique sur la presse du 17 février 1852. Il leur est accordé un délai de six mois pour verser leur cautionnement.

ART. 3. Les dispositions du décret organique relatives au timbre des journaux et écrits périodiques ne seront exécutoires qu'à partir du 1er janvier 1861.

ART. 4. Un délai de trois mois est accordé aux imprimeurs typographes, lithographes en taille-douce et aux libraires, pour régulariser leur situation, conformément aux lois qui régissent la matière.

ART. 5. Nos ministres secrétaires d'Etat aux départements de l'intérieur et des finances sont chargés de l'exécution du présent décret.

Fait au palais de Fontainebleau, le 2 juillet 1860.

NAPOLÉON.

Par l'Empereur :

Le ministre secrétaire d'Etat au département de l'intérieur,

BILLAULT.

Départements annexés.

RAPPORT A L'EMPEREUR.

Sire,

Le sénatus-consulte du 12 juin 1860, en même temps qu'il dispose que les lois françaises seront exécutoires, à partir du 1er janvier 1861, dans les départements de la Savoie, de la Haute-Savoie, et dans l'ancien arrondissement de Nice, permet, par son article 3, d'introduire immédiatement dans ces territoires la partie du régime français qu'il serait opportun d'y appliquer sans délai.

L'annexion soulève, quant aux brevets d'invention existants ou déjà demandés, des questions transitoires dont le gouvernement de Votre Majesté, de concert avec le gouvernement sarde, prépare activement la solution. Mais, pour que le dépôt des demandes de brevets puisse avoir lieu régulièrement dans les nouvelles parties de l'empire comme dans les anciens départements, il paraît nécessaire de rendre, dès à présent, exécutoires dans les territoires annexés les deux lois qui régissent cette matière en France, savoir : celle du 5 juillet 1844, qui est la loi fondamentale, et celle du 31 mai 1856, relative aux introductions d'objets brevetés fabriqués en pays étrangers. — Ces lois, qui n'exigent que le concours des préfets et des receveurs généraux, peuvent, sans aucune autre préparation que l'envoi d'instructions ministérielles, être exécutées facilement dans les nouveaux départements français — Si Votre Majesté daigne approuver la proposition que j'ai l'honneur de lui soumettre, je la prie de revêtir de sa signature le projet de décret ci-joint.

Je suis avec le plus profond respect, Sire,

Le ministre de l'agriculture, du commerce et des travaux publics,

E. ROUHER.

NAPOLÉON, par la grâce de Dieu, etc.

Sur le rapport de notre ministre secrétaire d'État au département de l'agriculture, du commerce et des travaux publics ; vu l'article 3 du sénatus-consulte du 12 juin 1860, avons décrété et décrétons ce qui suit :

ART. 1er. Les lois du 5 juillet 1844 et du 31 mai 1856, relatives aux brevets d'invention, sont déclarées immédiatement exécutoires dans les départements de la Savoie et de la Haute-Savoie et dans la partie annexée du département des Alpes-Maritimes.

ART. 2. Notre ministre secrétaire d'État au département de l'agriculture, du commerce et des travaux publics est chargé de l'exécution du présent décret, qui sera inséré au *Bulletin des lois.*

Fait au camp de Châlons, le 11 août 1860.

NAPOLÉON.

Par l'Empereur :

Le ministre secrétaire d'État au département de l'agriculture, du commerce et des travaux publics,

E. ROUHER.

Droit international. — France et Italie. — Propriété littéraire et artistique. — Dessins et marques de fabrique.

DÉCRET IMPÉRIAL,

Portant promulgation de la convention, conclue le 29 juin 1862, entre la France et le royaume d'Italie, pour la garantie de la propriété littéraire et des dessins et marques de fabrique.

« NAPOLÉON, etc. — Sur le rapport de notre ministre des affaires étrangères, « Avons décrété et décrétons ce qui suit :

« ART. 1er. Une convention ayant été conclue, le 29 juin 1862, entre la France et le royaume d'Italie, pour la garantie réciproque de la propriété des œuvres d'esprit et d'art, et les ratifications de cet acte ayant été échangées à Paris le 15 du présent mois, ladite convention, dont la teneur suit, recevra sa pleine et entière exécution.

CONVENTION.

« S. M. l'Empereur des Français et S. M. le Roi d'Italie, également animés du désir d'apporter aux accords internationaux existants pour la garantie de la propriété littéraire et artistique, les modifications que l'expérience a suggérées, ont jugé à propos de conclure, dans ce but, une nouvelle convention spéciale, et ont nommé, à cet effet, pour leurs plénipotentiaires, savoir :

« S. M. l'Empereur des Français, le sieur VINCENT BENEDETTI, grand officier de l'ordre impérial de la Légion d'honneur, grand officier de l'ordre des Saints Maurice et Lazare, etc., etc., son envoyé extraordinaire et ministre plénipotentiaire près S. M. le Roi d'Italie : Et S. M. le Roi d'Italie, le sieur LOUIS-AMÉDÉE MELEGARI, commandeur de l'ordre des Saints Maurice et Lazare, député au parlement national, conseiller d'Etat, etc.; lesquels, après s'être communiqué leurs pleins pouvoirs respectifs, trouvés en bonne et due forme, sont convenus des articles suivants :

« ART. 1er. Les auteurs de livres, brochures ou autres écrits, de compositions musicales, d'œuvres de dessin, de peinture, de sculpture, de gravure, de lithographie et de toutes autres productions analogues du domaine littéraire ou artistique, jouiront, réciproquement dans chacun des deux Etats, des avantages qui y sont ou y seront attribués par la loi à la propriété des ouvrages de littérature ou d'art ; et ils auront contre toute atteinte portée à leurs droits la même protection et le même recours légal que si cette atteinte s'adressait aux auteurs d'ouvrages publiés pour la première fois dans le pays même. Toutefois, ces avantages ne leur seront réciproquement assurés que durant l'existence de leurs droits dans le pays où la publication originale a été faite et la durée de leur jouissance dans l'autre pays ne pourra excéder celle fixée par la loi pour les auteurs nationaux.

« La propriété des œuvres musicales s'étend aux morceaux dits *arrangements*, composés sur des motifs extraits de ces mêmes œuvres. Les contestations qui s'élèveraient sur l'application de cette clause demeureront réservées à l'appréciation des tribunaux respectifs.

« Tout privilége ou avantage qui serait accordé ultérieurement à un autre pays par l'un des deux pays contractants, en matière de propriété d'œuvres de littérature ou d'art, dont la définition est donnée dans le présent article, sera acquise de plein droit aux citoyens de l'autre.

« ART. 2. Pour assurer à tous les ouvrages d'esprit ou d'art la protection stipulée dans l'article précédent et pour que les auteurs ou éditeurs de ces ouvrages soient admis en conséquence à exercer devant les tribunaux des deux pays des poursuites contre les contrefaçons, il suffira que lesdits auteurs ou éditeurs justifient de leur droit de propriété en établissant, par un certificat de l'autorité publique compétente en chaque pays, que l'ouvrage en question est une œuvre originale qui, dans le pays où elle a été publiée, jouit de la protection légale contre la contrefaçon ou la reproduction illicite. Pour les ouvrages publiés en France, ce certificat sera délivré par le bureau du dépôt légal et de la propriété littéraire au ministère de l'intérieur et légalisé par la mission d'Italie à Paris ; pour les ouvrages publiés dans le royaume d'Italie, il sera délivré par le ministère de l'agriculture, industrie et commerce, et légalisé par la mission de France à Turin.

« ART. 3. La traduction faite dans l'un des deux États d'un ouvrage publié dans l'autre État est assimilée à sa reproduction et comprise dans les dispositions de l'article 1er, pourvu que l'auteur, en faisant paraître son ouvrage, ait notifié au public qu'il entend le traduire lui-même et que sa traduction ait été publiée dans le délai d'un an, à partir de la publication du texte original.

« ART. 4. Afin de pouvoir constater d'une manière précise dans les deux États le jour de la publication d'un ouvrage, on se règlera sur la date du dépôt qui en aura été opéré dans l'établissement public préposé à cet effet. Si l'auteur entend réserver son droit de traduction, il en fera la déclaration en tête de son ouvrage et mentionnera à la suite de cette déclaration la date du dépôt. A l'égard des ouvrages qui se publient par livraisons, il suffira que cette déclaration de l'auteur soit faite dans la première livraison. Toutefois, le terme fixé pour l'exercice de ce droit ne commencera à courir qu'à dater de la publication de la dernière livraison, pourvu d'ailleurs qu'entre les deux publications il ne s'écoule pas plus de trois ans. Relativement auxdits ouvrages publiés par livraisons, l'indication de la date du dépôt devra être apposée sur la dernière livraison, à partir de laquelle commence le délai fixé pour l'exercice du droit de traduction.

« ART. 5. Sont expressément assimilées aux ouvrages originaux les traductions faites dans l'un des deux États d'ouvrages nationaux ou étrangers. Ces traductions jouiront, à ce titre, de la protection stipulée par l'article 1er, en ce qui concerne leur reproduction non autorisée dans l'autre État. Il est bien entendu toutefois que l'objet du présent article est simplement de protéger le traducteur, par rapport à la version qu'il a donnée de l'ouvrage original, et non pas de conférer le droit exclusif de traduction au premier traducteur d'un ouvrage quelconque écrit en langue morte ou vivante, si ce n'est dans le cas et les limites prévus par l'article ci-après.

« ART. 6. Les stipulations contenues dans l'article 1er s'appliquent également à la représentation et à l'exécution en original ou en traduction des œuvres dramatiques ou musicales, en tant que les lois de chacun des deux États garantissent ou garantiront, par la suite, protection aux œuvres susdites, exécutées ou représentées pour la première fois sur les territoires respectifs. Pour obtenir la garantie exprimée dans le présent article, en ce qui touche la représentation ou exécution d'une œuvre dramatique ou musicale, il faut que, dans l'espace de six mois après la publication ou la représentation de l'original dans l'un des deux pays, l'auteur en ait fait paraître la traduction dans la langue de l'autre pays.

« ART. 7. Les mandataires légaux ou ayants cause des auteurs, traducteurs, compositeurs, dessinateurs, peintres, sculpteurs, lithographes, photographes, etc., jouiront des mêmes droits que ceux que la présente convention accorde aux auteurs, traducteurs, compositeurs, dessinateurs, peintres, sculpteurs, graveurs, lithographes ou photographes eux-mêmes.

« ART. 8. Nonobstant les stipulations des articles 1er et 5 de la présente convention, les articles extraits des journaux ou recueils périodiques publiés par l'un des deux pays pourront être reproduits ou traduits dans les journaux ou recueils périodiques de l'autre pays, pourvu qu'on y indique la source à laquelle on les aura puisés. Toutefois, cette faculté ne s'étendra pas à la reproduction dans l'un des deux pays des articles de journaux ou de recueils périodiques publiés dans l'autre, lorsque les auteurs auront formellement déclaré, dans le journal ou dans le recueil même où ils les auront fait paraître, qu'ils en interdisent la reproduction. En aucun cas, cette interdiction ne pourra atteindre les articles de discussion politique.

« ART. 9. L'introduction, l'exportation, le transit, la vente et l'exposition dans chacun des deux États, d'ouvrages ou objets dont la reproduction n'est pas autorisée, définis par les articles 1er, 4, 5 et 6, sont prohibés, sauf ce qui est dit à l'article 12, soit que les reproductions non autorisées proviennent de l'un des deux pays, soit qu'elles proviennent d'un pays étranger quelconque.

« ART. 10. En cas de contravention aux dispositions des articles précédents, la saisie des objets de contrefaçon sera opérée, et les tribunaux appliqueront les pénalités déterminées par les législations respectives, de la même manière que si l'infraction avait été commise au préjudice d'un ouvrage ou d'une production d'origine nationale. Les caractères constituant la contrefaçon seront déterminés par les tribunaux de l'un et de l'autre pays, d'après la législation en vigueur dans chacun des deux États.

« ART. 11. La présente convention ne pourra faire obstacle à la libre continuation de la vente, publication ou introduction, dans les États respectifs, des ouvrages qui auraient été déjà publiés en tout ou en partie dans l'un d'eux, avant la mise en vigueur de la convention du 28 août 1843, pourvu qu'on ne puisse postérieurement faire aucune autre publication des mêmes ouvrages, ni introduire de l'étranger des exemplaires autres que ceux destinés à compléter les expéditions ou souscriptions précédemment commencées.

« ART. 12. Les livres importés du royaume d'Italie continueront à être admis en France, tant à l'entrée qu'au transit direct ou par entrepôt, par tous les bureaux qui leur sont actuellement ouverts ou qui pourraient l'être par la suite. Si les intéressés le désirent, les livres déclarés à l'entrée seront expédiés directement en France à la direction de l'imprimerie et de la librairie au ministère de l'intérieur, et en Italie au ministère d'agriculture, industrie et commerce, pour y subir les vérifications nécessaires, qui auront lieu, au plus tard, dans le délai de quinze jours.

« ART. 13. Les sujets de l'une des hautes parties contractantes jouiront, dans les États de l'autre, de la même protection que les nationaux, pour tout ce qui concerne la propriété des marques de fabrique ou de commerce, ainsi que des dessins ou modèles industriels et de fabrique de toute espèce. Le droit exclusif d'exploiter un dessin ou modèle industriel ou de fabrique ne peut avoir au profit des Français en Italie, et réciproquement au profit des Italiens en France, une durée plus longue que celle fixée par la loi du pays à l'égard des nationaux. Si le dessin ou modèle industriel ou de fabrique appartient au domaine public dans le pays d'origine, il ne peut être l'objet d'une jouissance exclusive dans l'autre pays. Les dispositions des deux paragraphes qui précèdent sont applicables aux marques de fabrique ou de commerce.

« Les droits des sujets de l'une des hautes parties contractantes dans les États de l'autre ne sont pas subordonnés à l'obligation d'y exploiter les modèles ou dessins industriels ou de fabrique.

« Le présent article ne recevra son exécution dans l'un et l'autre pays, à l'égard des modèles ou dessins industriels ou de fabrique, qu'à l'expiration d'une année à partir de ce jour.

« Les Français ne pourront revendiquer en Italie la propriété exclusive d'une marque, d'un modèle ou d'un dessin, s'ils n'en ont déposé deux exemplaires au bureau central des privatives industrielles à Turin. Réciproquement, les Italiens ne pourront revendiquer en France la propriété exclusive d'une marque, d'un modèle ou d'un dessin, s'ils n'en ont déposé deux exemplaires à Paris, au greffe du tribunal de commerce de la Seine.

ART. 14. Les dispositions de la présente convention ne pourront porter préjudice, en quoi que ce soit, au droit qui appartiendrait à chacune des deux hautes parties contractantes de permettre, de surveiller ou d'interdire, par des mesures de législation ou de police intérieure, la circulation, la représentation ou l'exposition de tout ouvrage ou production à l'égard desquels l'autorité compétente aurait à exercer ce droit. Chacune des deux hautes parties contractantes conserve, d'ailleurs, le droit de prohiber l'importation dans ses propres Etats des livres qui, d'après ses lois intérieures ou des stipulations prescrites avec d'autres puissances, sont ou seraient déclarés être des contrefaçons.

« ART. 15. Pour faciliter la pleine exécution du présent traité, les deux hautes parties contractantes promettent de se donner mutuellement connaissance de tous les règlements, ordonnances et mesures d'exécution quelconques qui seraient décrétés dans l'un et l'autre pays concernant les matières réglées dans la convention présente, ainsi que des changements qui pourraient survenir dans la législation des deux pays en ce qui touche la garantie de la propriété littéraire et artistique.

« ART. 16. La présente convention demeurera en vigueur pendant douze années, à partir du jour de l'échange des ratifications. Dans le cas où aucune des deux hautes parties contractantes n'aurait notifié, une année avant l'expiration de ce terme, son intention d'en faire cesser les effets, la convention continuera à être obligatoire encore une année, et ainsi de suite, d'année en année, jusqu'à l'expiration d'une année à partir du jour où l'une des parties l'aura dénoncée. Les hautes parties contractantes se réservent cependant la faculté d'apporter d'un commun accord à la présente convention toute modification dont l'expérience viendrait à démontrer l'opportunité.

« ART. 17. La présente convention sera ratifiée, et les ratifications en seront échangées à Paris dans le délai de deux mois, ou plus tôt si faire se peut. En foi de quoi, les plénipotentiaires respectifs l'ont signée et y ont apposé le cachet de leurs armes.

« Fait en double expédition, à Turin, le 29 juin 1862.

« Signé, V. BENEDETTI.   Signé, MELEGARI.

« ART. 2. Notre ministre des affaires étrangères est chargé de l'exécution du présent décret.

« Fait à Biarritz, le 24 septembre 1862.

« NAPOLÉON.

» Vu et scellé du sceau de l'Etat;   « Par l'Empereur :
  « Le garde des sceaux,   « Le ministre des affaires étrangères,
ministre de la justice,   « THOUVENEL. »
    « DELANGLE. »

Législation italienne sur les brevets d'invention.

LOI DU 31 JANVIER 1864.

Etendant la loi du 30 octobre 1860 à tout le royaume d'Italie.

(Exécutoire à partir du 23 février 1864.)

Victor-Emmanuel II, — Par la grâce de Dieu et la volonté nationale, roi d'Italie. — Le Sénat et la Chambre des députés ont approuvé. — Nous avons promulgué et promulguons ce qui suit :

Art. 1er. La loi du 30 octobre 1859 [1] sur les priviléges industriels aura dorénavant vigueur dans tout le royaume.

Art. 2. Les brevets d'invention, les priviléges industriels, les patentes déjà concédées dans les Etats du gouvernement pontifical, de Parme, de Modène et des Deux-Siciles, conserveront leur efficacité dans les provinces où ils ont été accordés, mais pourvu que les intéressés prennent inscription à l'office des priviléges au ministère de l'agriculture, de l'industrie et du commerce conformément aux articles 75 et 78 de l'ancienne loi dans le délai de six mois à partir de la publication des présentes, et sans qu'il soit besoin d'acquitter les divers droits de la loi en vigueur qui continuera à régler l'exploitation des brevets jusqu'à la fin de leur concession ou jusqu'à leur annulation légale.

Art. 3. Dans aucun cas, la durée des brevets et des priviléges énoncés dans l'article précédent ne pourra excéder quinze années, à partir de la publication de la présente loi.

Art. 4. Les priviléges inscrits conformément à l'article 2, et ceux qui sont réglés par l'ancienne loi du 30 octobre 1859, pourront être étendus à tous les Etats sur la demande et aux risques et périls de ceux auxquels ils appartiennent jusqu'à la fin de leur durée, moyennant le seul droit fixe de 40 livres payées d'avance et une seule fois, sauf la réserve des droits préexistants et l'exécution des conditions requises pour la validité et la conservation des priviléges industriels par l'ancienne loi de 1859.

Art. 5. Les demandes de brevets encore en cours conservent la date de leur première présentation et pourront être renouvelées dans le délai de deux mois à partir de la publication de la présente loi, pour être étendues à tout le royaume, et il sera pourvu à leur égard selon la susdite loi de 1859. Dans le cas où des certificats de privilége auraient été délivrés

---

[1] Nous devons le texte et la traduction de cette loi à l'obligeance de M. Emile Barrault, ingénieur civil. (La reproduction n'en est autorisée qu'à la condition d'indiquer la source.)

pour le même objet dans diverses parties du royaume, la demande sera limitée aux provinces où il n'existe pas de privilége. Les demandes de certificats d'addition, de prolongation et de réduction des priviléges existants seront réglées d'après la nouvelle loi.

Art. 6. Par l'effet de la présente loi se trouvent abrogés les articles 72, 76, 77, 80, 81, 82, 83, 84, 85, 86, 87, 90, 93, 94, 95, 96, 97, 98, ainsi que les trois derniers paragraphes de l'article 78 et le dernier paragraphe de l'article 79 de la loi du 30 octobre 1859 sur les priviléges industriels. — Ordonnons que la présente, revêtue du sceau de l'Etat, sera inscrite au Bulletin officiel des lois et des décrets du royaume d'Italie, mandant à tout fonctionnaire de l'observer et de la faire observer comme loi de l'Etat.

Donné à Turin, le 31 janvier 1864.

VICTOR-EMMANUEL.

Vu : *Le garde des sceaux,*

    G. PISANELLI.

Législation anglaise

SUR LES MARQUES DE COMMERCE.

(Loi du 7 août 1862, exécutoire à partir du 1er janvier 1864.)

Nous avons déjà eu occasion de signaler les tendances libérales de la jurisprudence anglaise qui, dans plusieurs circonstances, a réprimé des usurpations de noms et de marques commises au préjudice de commerçants étrangers[1] ; mais, il faut bien le reconnaître, les actions de ce genre, qui ne reposaient que sur ce principe de droit commun qu'on ne doit pas porter atteinte à la chose d'autrui, ne réussissaient pas toujours et n'offraient pas d'ailleurs une répression suffisante. — Le traité de commerce qui a été conclu entre la France et l'Angleterre le 23 janvier 1860, et dont l'article 12 stipule la garantie réciproque des marques de commerce, a nécessité en Angleterre la promulgation d'une loi qui, en réprimant par des condamnations plus efficaces ces fraudes et usurpations si contraires au commerce et à l'industrie, donnât une action positive et incontestable aux

---

[1] Voir art. 22, t. I, p. 97, et art. 223, t. III, p. 278.

étrangers.—Tel est l'objet de la loi anglaise dont nous donnons ci-après la traduction littérale et qui, bien que votée en 1862, n'est devenue exécutoire qu'à partir du 1er janvier 1864.

On remarquera que, plus large en cela que notre propre législation, cette loi ne fait pas dépendre la protection qu'elle accorde aux étrangers de la stipulation de réciprocité ; elle s'étend indistinctement à tous [1]. L'article 1er dit en effet, en termes exprès, que par les mots : *toute personne*, employés dans les articles suivants, on doit entendre non-seulement les sujets, sociétés et corporations d'Angleterre et d'Irlande ainsi que des possessions anglaises, mais encore les sujets et sociétés de tout pays étranger, sans distinguer s'ils exploitent leur industrie ou leur commerce en Angleterre ou ailleurs.

Le même article stipule que par *marque de commerce* l'on doit entendre tout nom, signature, mot, lettres, chiffres, devise, emblème, figure, timbre ou étiquette destiné à spécifier un produit quelconque ou une marchandise, soit que la marque fasse partie de l'objet lui-même, ou qu'on l'y appose, soit qu'on la place sur les caisses, vases, enveloppes ou bandes destinées à contenir les produits ou marchandises, soit enfin qu'on la fixe ou l'imprime sur des objets qui, tels que des bouchons, bobines, cartes ou étiquettes, accompagnent le produit ou la marchandise ou sont destinés à l'accompagner.

Quant à la répression, elle consiste dans des amendes, dans la confiscation au profit de la couronne des objets frauduleusement marqués, ainsi que des instruments et ustensiles ayant servi à la contrefaçon, et enfin dans des dommages-intérêts au profit de la partie lésée; cette répression s'étend à tous les genres de fraude, soit que l'on emploie une marque fausse ou altérée ou une simple imitation, soit même que l'on se

---

[1] La loi sarde du 12 mars 1855 exige que les étrangers aient fait le dépôt de leur marque et qu'ils aient des magasins ou un dépôt dans le royaume ou qu'ils appartiennent à un pays dont la législation admet la réciprocité. — La loi française de 1857 exige, en outre, que cette réciprocité résulte d'un traité. Voir ces deux lois à l'article 31, t. I, p. 161, et à l'article 271, t. IV, p. 5. — Quant à la loi autrichienne, elle ne dispose que pour les industriels qui ont leur établissement en Autriche, mais, par contre, elle parait admettre indistinctement tous les résidents, quelle que soit leur nationalité. Voir la loi du 7 décembre 1858, rapportée à l'article 437, t. V, p. 293.

serve d'une marque véritable, si on l'appose sans droit et sans autorisation sur des produits ou marchandises qui n'appartiennent pas au propriétaire de la marque, soit enfin que les marques ou indications employées aient pour but et résultat de tromper sur la qualité ou la quantité. La seule condition exigée pour qu'il y ait lieu à l'application de la loi, c'est qu'il y ait fraude, et que celui qui a commis la fraude ou qui doit en profiter par la vente ou la mise en vente ait agi sciemment. La loi donne en outre au juge le droit d'appeler devant lui les tiers détenteurs de marchandises portant des marques contrefaites, et qui refuseraient d'indiquer de qui ils les tiennent, et s'ils persistent dans leur refus, il peut prononcer une condamnation contre eux.

Il faut du reste, pour qu'il y ait usurpation donnant action, que la marque constitue une propriété privée, et l'article 9 dit expressément qu'il n'y aura ni délit ni contravention à employer une marque ou une désignation connue et du domaine public. — Quant au mode de preuve pour établir la propriété d'une marque, il reste soumis au droit commun, par cela même que la loi n'en parle pas, et il est à remarquer que la législation anglaise, qui exige un dépôt pour les œuvres littéraires et artistiques, ainsi que pour les dessins de fabrique, n'en exige pas pour les marques. Celui qui se plaint de l'usurpation de sa marque est donc admis à prouver sa possession antérieure et, par suite, sa propriété, par tous les moyens de preuve du droit commun.

L'action tant en réparation du préjudice passé qu'en injonction ou défense pour l'empêcher de se renouveler, appartient à toute personne, anglaise ou étrangère, se prétendant lésée ; mais dans le cas où le juge n'est pas immédiatement convaincu de son bon droit, et que la partie poursuivante ne lui paraît pas présenter les garanties de solvabilité suffisantes pour répondre des suites de l'instance, il peut lui imposer une caution.

Telles sont les dispositions générales de cette loi, qui fait honneur au gouvernement de la reine Victoria, et sera acceptée avec reconnaissance par le commerce honnête de tous les pays.

J. P.

ACTE POUR AMENDER LA LÉGISLATION

RELATIVEMENT AUX MARQUES FRAUDULEUSEMENT APPOSÉES SUR LES MARCHANDISES (7 août 1862) [1].

Attendu qu'il convient d'amender la législation relativement aux marques frauduleusement apposées sur les marchandises et à la vente des marchandises faussement marquées dans un but de fraude, qu'il soit en conséquence ordonné par la Très Excellente Majesté la reine, par et avec l'avis et consentement des lords spirituels et temporels et les communes réunis en ce présent Parlement et par autorité des mêmes ainsi qu'il suit :

Signification des mots.

1. Dans l'interprétation de cet acte, le mot *personne* comprendra toute personne, soit sujet de Sa Majesté ou non, et toute corporation ou corps de même nature, qu'il soit constitué conformément à la loi de ce pays ou de toutes colonies et possessions de Sa Majesté, ou conformément à la loi de tout pays étranger et aussi toute compagnie, association ou société de personnes, soit que les membres en soient sujets de Sa Majesté ou non, ou quelques-unes de ces personnes en soient sujets de Sa Majesté et quelques-unes ne le soient pas, et soit que ces corporations, ou corps de même nature, compagnie, association ou société soient établis et exploitent dans les Etats et possessions de Sa Majesté ou ailleurs ou en partie dans les Etats de Sa Majesté et en partie ailleurs. — Le mot *marque* comprendra tout nom, signature, mot, lettre, devise, emblème, figure, signe, sceau, timbre, diagramme, carte, étiquette, ou autre marque de toute autre description, et l'expression *marque de commerce* comprendra tous ces nom, signature, mot, lettre, devise, emblème, figure, signe, sceau, timbre, diagramme, empreinte, étiquette ou autre marque, comme est dit ci-dessus, légalement employés par toute personne pour désigner un produit (*chattel*) [1] quelconque ou (en Ecosse) un article quelconque de commerce, de manufacture, ou de marchandise, comme, pour être un article ou chose de la manufacture, fabrique, production ou marchandise de cette personne, ou pour être un article ou produit d'une description spéciale ou particulière fait ou vendu par cette personne, et comprendra aussi tout

---

[1] Nous devons la communication du texte et la traduction de cette loi à l'obligeance de M. **TRAPPES**, jurisconsulte anglais à Paris. (La reproduction totale ou partielle n'est autorisée qu'à la condition d'indiquer la source.)

[2] Le mot anglais *chattel*, dans le langage juridique, veut dire *bien*, mais comme il s'agit ici de biens meubles, solides ou liquides, naturels ou manufacturés, destinés à être vendus, nous avons adopté l'expression *produit*, qui nous paraît mieux rendre la pensée du législateur.

nom, signature, mot, lettre, numéro, figure, marque ou signe, lesquels, en conformité d'un ou plusieurs statuts ayant alors force légale et relatifs aux dessins enregistrés, doivent être apposés ou fixés sur un produit ou article quelconque pendant l'existence ou durée d'un droit de propriété et de reproduction ou autre droit exclusif acquis en vertu des dispositions de ces statuts ou d'aucun d'eux — Le mot *délit* (*misdemeanor*) comprendra crime et offense en *Ecosse*, — et le mot *cour* comprendra tout sheriff ou substitut de sheriff en *Ecosse*.

La falsification ou l'application faussement faite d'une marque de commerce avec une intention de fraude est un délit.

II. Toute personne qui, avec l'intention de frauder quelqu'un ou de faciliter à un autre le moyen de frauder, fabriquera ou contrefera, ou fera fabriquer une marque de commerce, ou en procurera la fabrication, ou appliquera ou fera appliquer une marque de commerce fabriquée ou contrefaite à un produit, ou article qui ne proviendra pas de fabrication et du travail, ou ne sera pas une production ou marchandise de la personne désignée, ou devant être désignée par cette marque de commerce, ou désignée ou devant être désignée par la marque de commerce fausse, ou contrefaite, ou lorsque le produit ou article ne proviendra pas de la fabrication ou du travail, ou ne sera pas une production ou marchandise de la personne dont la marque de commerce sera ainsi fabriquée, ou contrefaite, ou qui appliquera, ou fera appliquer une marque de commerce, ou une marque de commerce fausse ou contrefaite à une chose, ou article n'étant pas la description particulière ou spéciale de fabrication, travail produit, ou marchandise désignée ou devant être désignée par cette marque de commerce, ou par cette marque de commerce fausse ou contrefaite, sera coupable d'un délit, et toute personne qui commettra ce délit **perdra,** par la confiscation qui sera prononcée au profit de Sa Majesté, tous les produits ou articles à elle appartenant, auxquels elle aura ainsi illégalement appliqué ou fait appliquer lesdites marques de commerce, ou lesdites marques de commerce fausses ou contrefaites, et tout instrument en la possession ou au pouvoir de cette personne, au moyen duquel ces marques de commerce et ces marques de commerce fausses ou contrefaites auront été ainsi appliquées, et tout instrument en la possession ou au pouvoir de cette personne pour faire l'application de ces marques de commerce, ou ces marques de commerce fausses, ou contrefaites comme ci-dessus, seront confisquées au profit de Sa Majesté, et la Cour devant laquelle le délit en question sera poursuivi, pourra ordonner que les susdits articles confisqués seront détruits ou qu'il en sera disposé autrement, ainsi que ladite Cour avisera.

L'apposition d'une marque de commerce falsifiée à des vases, caisses, enveloppes, etc., dans lesquels un article est vendu ou destiné à être vendu, constitue un délit.

III. Toute personne qui, avec l'intention de frauder ou de faciliter à un autre le moyen de frauder quelqu'un, appliquera ou fera appliquer une marque de commerce, ou une marque de commerce fausse ou contrefaite, à un fût, bouteille, bouchon, vase, caisse, couverture, enveloppe, bande, bobine, étiquette, empreinte, ou autre chose, dans, sur, ou avec lesquels un produit ou article quelconque est destiné à être vendu, ou sera vendu, ou mis et exposé en vente, ou destiné à un but de commerce ou de fabrication, ou qui enfermera ou fera enfermer, ou mettre un produit ou article quelconque dans, sur, sous, ou avec une barrique, bouteille, bouchon, vase, caisse, couverture, enveloppe, bande, bobine, étiquette, empreinte ou autre chose à laquelle une marque de commerce aura été faussement appliquée, ou à laquelle une marque de commerce fausse ou contrefaite aura été appliquée, ou qui aura appliqué ou apposé, ou fait appliquer ou apposer à un produit ou article quelconque, une caisse, couverture, bobine, étiquette, empreinte ou autre chose à laquelle une marque de commerce aura été faussement apposée, ou à laquelle une marque de commerce fausse ou contrefaite aura été apposée, ou qui enfermera, placera ou attachera une chose ou article, ou fera enfermer, placer ou attacher dans, sur, dessous, avec ou à une barrique, bouteille, bouchon, vase, caisse, couverture, enveloppe, bande, bobine, étiquette, empreinte ou autre chose portant une marque de commerce d'aucune autre personne, sera coupable d'un délit, et toute personne commettant ainsi un délit perdra aussi, au profit de Sa Majesté, toutes cesdites choses et articles, et aussi toutes ces barriques, bouteilles, bouchons, vases, caisses, couvertures, enveloppes, bandes, bobines, étiquettes, empreintes, comme il est dit ci-dessus, en la possession ou au pouvoir de cette personne ; et toute autre semblable barrique, bouteille, bouchon, vase, caisse, couverture, enveloppe, bande, bobine, étiquette, etc., ou autre chose faite pour être employée comme il est dit ci-dessus, et tout instrument en la possession ou au pouvoir de cette personne et au moyen duquel toutes lesdites marques de commerce ou marques de commerce fausses, ou contrefaites, comme il est dit ci-dessus, auront été appliquées et aussi tout instrument en la possession ou au pouvoir de cette personne, pour apposer ces marques de commerce, ou ces marques de commerce fausses ou contrefaites susdites, sera confisqué au profit de Sa Majesté, et la Cour devant laquelle ce délit sera poursuivi pourra ordonner que les articles susdits confisqués seront détruits ou qu'il en sera disposé ainsi que la Cour avisera.

*La vente d'articles avec une marque de commerce falsifiée ou fausse,
après le 31 décembre 1863, entraînera une amende égale à la valeur de
l'article vendu et une somme n'excédant pas 5 livres, ni inférieure à
10 shillings.*

IV. Toute personne qui, après le 31 décembre 1863, vendra, proposera
ou mettra, soit en vente, ou pour tout autre but de commerce ou de
fabrication, ou fera mettre, proposer ou exposer en vente, ou pour tout
autre but susdit, un produit ou article ensemble avec une marque de commerce fausse ou contrefaite, sachant qu'elle est fausse ou contrefaite, ou
avec la marque de commerce de toute autre personne y apposée faussement et sans droit, ou sans autorité légale ou excuse, sachant que cette
marque de commerce d'une autre personne a été ainsi apposée ou employée comme ci-dessus est dit, et que, soit que cette marque de commerce ou cette fausse et contrefaite marque de commerce, comme dessus
est dit, ensemble avec lesquelles le produit ou article sera vendu, ou mis,
ou proposé en vente, ou aux but et fins ci-dessus, sera dans, dessus, à
l'entour, ou avec ce produit ou article, ou dans, sur, à l'entour, ou avec
une barrique, bouteille, bouchon, vase, caisse, couverture, enveloppe,
bande, bobine, étiquette, empreinte ou autre chose dans, sur, à l'entour,
ou avec ce produit ou article, sera ainsi vendu, ou mis, ou proposé en
vente, ou aux autres fins ci-dessus, sera condamnée et payera à Sa Majesté, pour chacun desdits, une somme d'argent égale à la valeur du produit ou article ainsi vendu, mis, proposé ou exposé en vente, ou aux
autres fins ci-dessus, et une somme en outre n'excédant pas 5 livres, ni
au-dessous de 10 shillings.

*Les additions et altérations de marques de commerce avec intention de
fraude doivent être considérées comme des faux ou falsifications.*

V. Toute addition à une marque de commerce et toute altération
d'icelle, et aussi toute imitation d'icelle qui sera faite, appliquée, ou employée avec l'intention de frauder ou pour faciliter à une autre personne
le moyen de frauder, ou qui fera qu'une marque de commerce avec cette
altération ou addition, ou qu'une imitation de marque de commerce res-
semble à une marque de commerce véritable de manière à pouvoir tromper, sera considérée comme marque de commerce fausse, et contrefaite
dans le sens du présent acte ; et tout fait d'avoir commis, appliqué ou
employé autrement une pareille addition ou altération d'une marque de
commerce, ou une pareille imitation d'une marque de commerce comme
est dit ci-dessus, par une personne quelconque, dans un but de fraude,
ou pour faciliter à une autre personne le moyen de frauder, sera considérée
comme falsification et contrefaçon d'une marque de commerce dans le
sens du présent acte.

Toute personne qui, après le 31 décembre 1863, aura vendu un article ayant une fausse marque de commerce, sera tenue de déclarer où elle l'a obtenu, et les juges de paix auront le pouvoir de citer les parties refusant cette déclaration, avec amende de 5 livres pour les refusants.

VI. Toute personne qui, après le 31 décembre 1863, aura vendu, mis ou exposé en vente, ou aux fins ci-dessus, ou aura fait vendre, mettre ou exposer en vente, ou aux fins ci-dessus, un produit ou article quelconque, ensemble avec une fausse ou contrefaite marque de commerce, ou ensemble avec la marque de commerce de toute autre personne, employée sans autorité légitime ou excuse comme est dit ci-dessus, soit que cette marque de commerce, ou fausse, ou contrefaite marque de commerce comme est dit ci-dessus, soit dans, sur, à l'entour ou avec ce produit ou article, ou dans, sur, autour ou avec une barrique quelconque, bouteille, bouchon, vase, couverture, enveloppe, bande ou bobine, carte, étiquette ou autre, dans, sur, autour, ou avec laquelle ce produit ou article aura été vendu ou mis en vente, cette personne sera obligée, sur la demande qui lui en sera faite par écrit, ou laissée pour elle à sa dernière demeure connue ou au lieu de la vente ou de la mise en vente, par ou au nom de toute personne dont la marque de commerce aura été ainsi falsifiée ou contrefaite, ou employée sans autorité légitime ou excuse, comme est dit ci-dessus, de donner à la personne qui le demandera ainsi ou à son fondé de pouvoir ou agent, dans les quarante-huit heures de cette demande, pleine information, par écrit, du nom et de l'adresse de la personne dont elle aura acheté ou reçu ce produit ou article, et de l'époque où elle l'aura obtenu et tout juge de paix aura le droit, sur l'information et sur le serment de cette demande et de ce refus, de sommer à comparaître devant lui la partie refusante, et lorsqu'il lui sera justifié qu'il aurait dû être fait droit à cette demande, il pourra ordonner que cette information soit fournie dans un temps fixe ou à déterminer par lui ; et toute personne qui refusera ou négligera de se conformer à cette ordonnance, pour chacune de ces offenses, sera condamnée au profit de Sa Majesté et lui payera la somme de 5 livres, et ce refus ou cette négligence sera, *prima facie*, preuve que cette personne ainsi refusant ou omettant, avait pleine connaissance que la marque de commerce avec laquelle ce produit ou article était vendu, mis ou exposé en vente, ou aux autres fins comme est dit ci-dessus, à l'époque de cette vente ou mise en vente, était une marque de commerce fabriquée, contrefaite et fausse, ou était la marque de commerce d'une personne, employée sans autorité légitime ou excuse, ainsi qu'il y aura lieu suivant le cas.

L'apposition d'une fausse indication de quantité, etc , sur un article, avec une intention de fraude, entraîne une amende égale à la valeur de l'ar-

ticle et une somme en outre n'excédant pas 5 livres, ni inférieure à 10 shillings.

VII. Toute personne qui, avec l'intention de frauder ou pour faciliter à un autre le moyen de frauder, mettra ou fera mettre sur un produit quelconque ou article, ou sur une barrique quelconque, bouteille, bouchon, vase, caisse, couverture, enveloppe, bande, bobine, étiquette, carte ou autre chose avec laquelle un produit ou article sera destiné à être vendu, ou sera vendu, ou mis en vente, ou pour tout autre but de commerce ou de fabrication, ou qui mettra ou fera mettre sur une caisse quelconque, cadre ou autre objet avec lequel un produit quelconque, ou article, sera destiné à être mis en vente, ou sera mis en vente, une fausse description, déclaration, ou autre indication relativement au nombre, à la quantité, à la mesure ou au poids de ce produit ou article, ou d'une partie quelconque d'icelui, ou relativement à la place, ou au pays où ce produit ou article aura été fait, fabriqué ou créé, ou mettra, ou fera mettre sur ce produit ou article, barrique, bouteille, bouchon, vase, caisse, couverture, enveloppe, bande, bobine, étiquette, carte ou chose, comme est dit ci-dessus, tout mot, lettre, chiffre, signature ou marque, dans le but d'indiquer faussement ce produit ou article, ou la manière de le fabriquer ou produire, ou la décoration, forme ou configuration d'icelui comme étant l'objet d'un brevet, d'un privilége ou d'un droit de propriété, pour chacune de ces offenses, sera condamné au profit de Sa Majesté et lui payera une somme d'argent égale à la valeur du produit ou article ainsi vendu, ou mis en vente, et une somme en outre n'excédant pas 5 livres et pas inférieure à 10 shillings.

La vente ou la mise en vente, après le 31 décembre 1863, des articles avec fausses déclarations de quantité, etc., entraîne une amende n'excédant pas 5 livres, ni inférieure à 5 shillings.

VIII. Toute personne qui, après le 31 décembre 1863, vendra ou mettra en vente, ou dans un but de commerce ou de fabrication quelconque, ou fera vendre ou mettre en vente, ou dans un but quelconque de commerce ou de fabrication comme est dit ci-dessus, un produit ou article sur lequel, à sa connaissance, aura été apposé, ou sur une barrique, bouteille, bouchon, vase, caisse, couverture, enveloppe, bande, bobine, étiquette, carte ou autre chose, avec laquelle ce produit ou article sera vendu, ou mis en vente, ou destiné aux fins ci-dessus, sur lesquels aura été ainsi apposé, ou sur une caisse quelconque, cadre ou autre chose employée pour exposer ou montrer ce produit, ou article pour la vente d'icelui sur lesquels aura été ainsi apposée une fausse description, déclaration ou autre indication d'icelui, ou relativement au nombre, à la quantité, mesure ou poids de ce produit ou article, ou d'une partie quelconque d'icelui, soit au lieu ou au pays où ledit produit ou article aura été fait, fabriqué ou créé, pour chacune desdites offenses, sera condamnée au profit de Sa Majesté et lui payera une somme n'excédant pas 5 livres, et pas inférieure à 5 shillings.

Il est entendu qu'il n'y aura pas contravention à apposer des noms ou mots connus et usités pour indiquer des espèces particulières de marchandises.

IX. Pourvu toutefois que les dispositions du présent acte ne soient jamais interprétées de manière à faire considérer comme une contravention (offense) le fait, par une personne, d'appliquer à un produit ou article quelconque, ou barrique, bouteille, bouchon, vase, caisse, couverture, enveloppe, bande, bobine, étiquette, carte, ou autre chose avec laquelle ledit produit ou article sera vendu, ou destiné à être vendu, un nom, mot ou expression quelconque généralement usité pour indiquer ce produit ou article comme étant d'une classe particulière, ou d'un certain genre de fabrication seulement ; ne constituera pas non plus une contravention le fait par une personne de vendre ou mettre en vente un produit, ou article vendus ou destinés à être vendus seuls ou avec une barrique, bouteille, bouchon, vase, caisse, couverture, enveloppe, bande, bobine, étiquette, carte, ou autres objets sur lesquels ces nom, mot, ou expression généralement usités comme il est dit plus haut, auront été appliqués.

Mode de désignation des marques de commerce et fausses marques de commerce dans les poursuites judiciaires, etc.

X. Dans toute poursuite, plaidoirie, procédure et document quelconque dans lesquels il s'agira de faire mention d'une marque de commerce, il suffira de la mentionner ou déclarer comme étant une marque de commerce, sans plus amplement ou autrement la décrire, ou en produire une copie ou fac-simile, et dans toute poursuite, plaidoirie et document quelconque dans lesquels il s'agira de mentionner une marque de commerce falsifiée ou contrefaite, il suffira de la mentionner ou énoncer comme étant une marque de commerce falsifiée ou contrefaite, sans plus amplement ou autrement décrire cette marque de commerce falsifiée ou contrefaite, ou en produire une copie ou fac-simile.

Les condamnations ne doivent affecter aucun droit ou défense.

XI. Les dispositions, ni aucune des dispositions contenues au présent acte relativement à tout acte ou procédure, jugement ou condamnation pour tout fait déclaré par le présent acte être un délit ou contravention (offense), n'enlèveront pas, ne diminueront pas, ni n'affecteront d'une manière préjudiciable aucune instance, procès, procédure, droit ou redressement appartenant en droit, en équité ou autrement à toute personne lésée par ce fait, et ne seront pas un motif d'exemption ou d'excuse pour aucune personne de répondre ou faire connaître par déposition comme témoin, ou sur interrogatoires ou autrement, dans toute instance ou procédure civile : pourvu, toutefois, qu'aucune preuve, énonciation ou indication qu'une personne sera contrainte de fournir ne soit pas admissible contre elle comme preuve à l'appui d'une poursuite pour délit, en droit commun ou autrement, ou de toute autre poursuite en vertu des dispositions du présent acte.

Il ne sera pas nécessaire d'indiquer dans les actes de procédure l'intention de fraude contre une personne en particulier.

XII. Dans toute poursuite, dénonciation, condamnation, plaidoirie, procédure, contre toute personne pour un délit ou autre contravention aux dispositions du présent acte, où il sera nécessaire d'alléguer ou mentionner une intention frauduleuse, ou de faciliter à un autre le moyen de frauder, il suffira d'alléguer ou d'énoncer que la personne accusée d'avoir commis un acte qui est déclaré par les présentes être un délit ou autre contravention, a commis cet acte avec l'intention de frauder ou avec l'intention de faciliter à un autre le moyen de frauder sans alléguer ou énoncer une intention de frauder une personne en particulier ; et lors du jugement de cette poursuite ou information de ce délit et sur l'audition de toute dénonciation, plainte ou accusation de toute autre contravention comme ci-dessus énoncé, et lors du jugement de toute action contre une personne pour recouvrer l'amende encourue à raison de cette contravention comme est ci-dessus énoncé, il ne sera pas nécessaire de prouver une intention de frauder une personne en particulier, ou une intention de faciliter à une personne en particulier le moyen de frauder une personne en particulier, mais il suffira à l'égard de chacun de ces délits ou contravention, de prouver que la personne accusée a commis l'acte incriminé avec l'intention de frauder, ou avec l'intention de faciliter à quelque autre personne le moyen de frauder, ou avec l'intention qu'une autre personne ait eu le moyen de frauder.

Les tiers aidant pour commettre un délit sont également coupables.

XIII. Toute personne qui aidera, encouragera, conseillera ou fera commettre une contravention qui est déclarée délit par le présent acte, sera aussi coupable d'un délit.

Répression pénale des délits prévus par cet acte.

XIV. Toute personne qui sera convaincue ou déclarée coupable d'une contravention qui est déclarée être un délit par cet acte, sera passible, à la discrétion de la Cour et conformément à ce qu'elle ordonnera, de la peine de l'emprisonnement, ne dépassant pas deux années, avec ou sans travail forcé, ou de l'amende, ou tout à la fois de l'emprisonnement avec ou sans travail forcé et de l'amende, et aussi de l'emprisonnement jusqu'à ce que l'amende (s'il y a lieu) soit payée et acquittée.

Recouvrement des amendes.

XV. Dans tous les cas où une personne aura commis une contravention ou acte par lequel elle sera devenue passible envers Sa Majesté d'aucune des amendes ou sommes d'argent énoncées dans les dispositions du présent acte, toutes ces amendes ou sommes d'argent seront ou pourront être recouvrées en Angleterre, Galles ou Irlande, par une action sur dette que toute personne, comme demandeur au nom et pour le compte de Sa Majesté, peut intenter et poursuivre jusqu'à jugement, devant chaque Cour de *record*, et le montant de chacune de ces amendes ou sommes d'argent, pouvant être recouvré dans ces instances, sera ou pourra être déterminé par le jury (s'il y en a) assermenté pour décider sur toutes suites de cette action, et si ce jury n'existe pas, dans ce cas par la Cour ou par tout autre jury, ainsi que la Cour jugera convenable, ou dans tel lieu que cette action soit intentée, cette amende ou somme d'argent sera ou pourra être recouvrée en Angleterre ou en Galles par une procédure sommaire, devant deux juges de paix ayant juridiction dans le comté ou lieu où le prévenu résidera ou aura un établissement quelconque de commerce, ou dans le comté ou lieu où la contravention aura été commise, et sera ou pourra être recouvrée en Irlande de la même manière par *civil bill*, devant la Cour de *civil bill* du comté, soit du lieu où la contravention a été commise, soit où le prévenu résidera ou aura un établissement de commerce ; et sera ou pourra être recouvrée en Écosse par voie d'action devant la Cour de *session*, en la forme ordinaire ou par voie d'action sommaire devant le sheriff du comté où la contravention aura été commise, soit de celui où le délinquant résidera ou aura un établissement de commerce, lequel sheriff, sur la preuve de la contravention acquise, soit par l'aveu du délinquant, ou par le serment ou l'affirmation d'un ou plusieurs témoins dignes de foi, condamnera le délinquant et le déclarera passible des peines ci-dessus, et aussi des frais ; et le sheriff aura le droit, en prononçant le jugement pour les amende et frais, d'insérer dans ce jugement un mandat, pour le cas où ces amende et frais ne seraient pas payés, d'en lever et recouvrer le montant au moyen de séquestration (*poinding*). Toutefois, le sheriff aura le droit, dans le cas où il repoussera l'action et absoudra le défendeur, de déclarer le plaignant passible des frais et tout jugement devant être ainsi prononcé par le sheriff dans cette action sommaire sera définitif, et ne sera pas susceptible de révision par voie d'advocation, suspension, réduction ou autrement.

Les poursuites sommaires devant les juges de paix sont comprises dans le chapitre xliii *des années* 11 *et* 12 *du règne de Victoria.*

XVI. Dans tous les cas où le recouvrement des amendes ou sommes d'argent acquises *(forfeited)* à Sa Majesté, sera poursuivi comme il est dit ci-dessus, par procédure sommaire devant deux justices de paix, l'acte ou contravention à raison de laquelle ces amendes ou sommes d'argent auront été ainsi encourues, sera prise et considérée comme étant un acte ou contravention compris dans les dispositions d'un statut passé dans la douzième année du règne de sa présente Majesté, intitulé : « un acte pour faciliter l'accomplissement des devoirs des juges de paix hors de sessions en Angleterre et en Galles, relativement aux condamnations sommaires et ordonnances ; et la dénonciation, la condamnation du délinquant et les autres procédures pour le recouvrement de l'amende ou somme ainsi confisquée auront lieu conformément aux dispositions dudit acte. »

Dans les instances de ce genre il sera tenu compte des amendes de la même manière que pour les autres sommes payables à la couronne, et les demandeurs récupéreront leurs frais de poursuite.

XVII. Dans tous les cas où jugement sera obtenu, dans toute action comme est dit ci-dessus, pour le montant de toutes lesdites amendes ou sommes d'argent acquises à Sa Majesté, le montant en sera payé par le défendeur au sheriff ou officier de la Cour, qui en tiendra compte de la même manière que d'autres sommes payables à Sa Majesté, et, si ce montant n'est pas payé, il pourra être recouvré, ou il pourra être exigé par contrainte *(levied)* ou le payement en être forcé par voie d'exécution ou autre poursuite régulière, comme étant de l'argent dû à Sa Majesté ; et le demandeur poursuivant au nom et au profit de Sa Majesté, sur obtention de jugement, aura droit de recouvrer et obtenir exécution pour tous ses frais d'action qui comprendront une pleine compensation de tous frais et charges qu'il aura ou pourra avoir dépensés, ou encourus dans, relativement ou pour les fins de l'action, à moins que la Cour ou un de ses juges n'ordonne que les frais du montant ordinaire seulement seront alloués.

Prescriptions ou limitations d'actions, etc.

XVIII. Nulle personne ne commencera une action ou poursuite pour le recouvrement d'une amende ou à fin de condamnation d'un délinquant de la manière prescrite ci-dessus après l'expiration de trois années, à partir du fait même de la contravention ou d'une année à partir de la connaissance qui en aura été acquise par la personne poursuivant.

Après le 31 *décembre* 1863, *le vendeur d'un article avec une marque de commerce est réputé prendre l'engagement que la marque est sincère et véritable.*

XIX. Dans tous les cas où, après le 31 décembre 1863, une personne vendra ou s'engagera de vendre (soit par écrit ou non) à toute autre personne un produit ou article portant une marque de commerce, ou avec une marque de commerce sur les barrique, bouteille, bouchon, vase, caisse, couverture, enveloppe, bande, bobine, étiquette, carte ou autre chose avec laquelle ce produit ou article sera vendu, ou fera l'objet d'une vente (pour laquelle il y aura contrat de vente), la vente ou le contrat de vente sera dans tous ces cas réputé avoir été fait avec une garantie ou contrat par le vendeur avec l'acheteur, que toute marque de commerce sur ce produit ou article, ou sur ces barrique, bouteille, bouchon, vase, caisse, couverture, enveloppe, bande, bobine, étiquette, carte, ou autre chose, comme est dit ci-dessus, était sincère et véritable, et non fausse ni contrefaite, et non employée à tort, à moins que le contraire ne soit exprimé dans un écrit signé par ou au nom du vendeur remis à l'acheteur et accepté par lui.

A partir du 31 décembre 1863, le vendeur d'un article avec une désignation de quantité est réputé prendre l'engagement que la désignation est véritable.

XX. Dans tous les cas où, après le 31 décembre 1863, une personne vendra ou s'engagera de vendre (soit par écrit ou non) à toute autre personne un produit ou article sur lequel, ou sur la barrique, bouteille, bouchon, vase, caisse, couverture, enveloppe, bande, bobine, étiquette, carte, ou autre chose avec laquelle ce produit ou article sera vendu, ou destiné à être vendu, une description, déclaration ou autre indication, relativement au nombre, à la quantité, mesure ou poids de ce produit ou article, ou au lieu, ou au pays où ce produit ou article aura été fait, fabriqué ou créé, la vente ou le contrat de vente sera dans tous ces cas réputé avoir été fait avec une garantie ou engagement par le vendeur envers l'acquéreur, que cette description, déclaration ou autre indication n'était pas matériellement fausse ou non vraie, à moins que le contraire ne soit exprimé dans un écrit au nom du vendeur et remis à l'acquéreur et accepté par lui.

Dans les actions devant les tribunaux de droit commun ou en équité contre des personnes employant des marques de commerce falsifiées, la Cour peut ordonner la destruction de l'article et peut prononcer une injonction ou défense, etc.

XXI. Dans tous les cas d'instance en droit ou en équité contre toute personne pour falsification ou contrefaçon d'une marque de commerce,

ou pour apposition frauduleuse d'une marque de commerce à un produit
ou article, ou pour la vente, mise en vente d'un produit ou article avec
une marque de commerce faussement ou illégalement apposée, ou avec
une marque de commerce fausse ou contrefaite y appliquée, ou afin de
prévenir la répétition ou la continuation de cet acte illégal, ou la perpé-
tration d'un acte semblable, dans laquelle instance le demandeur obtiendra
jugement ou un décret contre le défendeur, la Cour aura le droit d'ordonner que ce produit ou article sera détruit, ou qu'il en soit autrement
disposé, et dans toutes ces instances devant une Cour de droit, la Cour
pourra, en rendant jugement au profit du demandeur, prononcer un mandat d'injonction au défendeur, lui ordonnant de s'abstenir de commettre
par lui-même ni autrement répéter ou commettre une contravention, ou
acte illégal de la même nature que celui dont il sera jugé coupable par
ledit jugement, et toute désobéissance à ce mandat d'injonction sera punie
comme un mépris de la Cour [1] ; et dans toutes ces instances devant la Cour
de droit ou d'équité il sera permis à la Cour, ou à un juge d'icelle,
de rendre telle ordonnance que ladite Cour ou ledit juge croira convenable
pour l'inspection de toute fabrication ou procédé usité par le défendeur
dans lequel cette marque de commerce falsifiée ou contrefaite, ou toute
marque de commerce, comme est dit ci-dessus, sera alléguée être employée ou apposée comme est dit ci-dessus, et de tout produit, article et
chose en la possession ou au pouvoir du défendeur sur laquelle ou avec
laquelle il est allégué exister une marque de commerce falsifiée, ou contrefaite, ou toute marque de commerce faussement et illégalement apposée, et tout instrument en la possession ou au pouvoir du défendeur,
employé, ou destiné, ou susceptible d'être employé pour produire ou
faire une marque de commerce falsifiée, ou contrefaite, ou alléguée être
fausse, ou contrefaite, ou pour appliquer faussement et illégalement une
marque de commerce ; et toute personne qui refusera ou négligera d'obéir
à cette ordonnance sera coupable d'un mépris de la Cour.

Les personnes lésées par des falsifications pourront réclamer des dom-
mages-intérêts aux parties coupables.

XXII. Dans tous les cas où une personne commettra ou fera commettre
un des actes illégaux suivants, savoir : falsifiera ou contrefera une marque
de commerce, soit pour vendre, soit dans un but de fabrication ou de
commerce, appliquera une marque de commerce falsifiée ou contrefaite
à un produit ou article, ou à des barrique, bouteille, bouchon, vase,
caisse, couverture, enveloppe, bande, bobine, étiquette, carte ou autre
chose, dans, ou avec laquelle un produit ou article sera destiné à être

---

[1] C'est alors un délit différent, puni de peines spéciales.

(Note du traducteur.)

vendu ou mis en vente, ou dans tout autre but de commerce ou de fabrication, renfermera ou placera un produit ou article, dans, dessus, dessous, ou avec des barrique, bouteille, bouchon, couverture, enveloppe, bande, bobine, étiquette, carte, ou autre chose, à laquelle une marque de commerce aura été faussement apposée, ou à laquelle une marque de commerce falsifiée ou contrefaite aura été apposée, ou fixera et apposera à un produit ou article, une caisse, couverture, bobine, enveloppe, bande, étiquette, carte, ou autre chose, à laquelle aura été faussement apposée ou à laquelle une marque de commerce falsifiée ou contrefaite aura été apposée, ou renfermera, mettra ou fixera un produit ou article, dans, sur, dessous, ou avec des barrique, bouteille, bouchon, vase, caisse, couverture, bobine, enveloppe, bande, étiquette, carte, ou autre chose portant la marque de commerce de toute autre personne; toute personne lésée par un de ces actes illégaux sera en droit de former une demande en dommages-intérêts à cet égard contre la personne qui sera coupable d'avoir fait cet acte ou de l'avoir fait faire, et afin de prévenir la répétition ou la continuation de l'acte illégal et la répétition de tout acte semblable.

Le défendeur obtenant un acquittement obtiendra pleine compensation de frais.

XXIII. Dans toute action qu'une personne, en vertu des dispositions du présent acte, intentera comme demandeur, pour et au profit de Sa Majesté, afin de recouvrer une amende ou somme d'argent, si le défendeur obtient un jugement (à son profit), il aura droit de recouvrer ses frais d'instance qui comprendront une pleine compensation pour tous les frais, charges et dépenses par lui faits et encourus, dans et à l'occasion et pour les nécessités de l'action, à moins que la Cour ou un des juges d'icelle n'ordonne qu'il ne lui sera alloué que le montant des frais ordinaires.

Le poursuivant à fin de condamnation peut être obligé à fournir caution pour les frais.

XXIV. Dans toute action qu'une personne, en vertu des dispositions du présent acte, intentera comme demandeur, pour et au profit de Sa Majesté, afin de recouvrer une amende ou somme d'argent, s'il est démontré, à la satisfaction de la Cour ou d'un juge d'icelle, que la personne poursuivant comme demandeur pour et au profit de Sa Majesté, n'est pas en mesure de prouver qu'elle a été lésée par le fait de la contravention alléguée donnant lieu à l'amende, ou que la somme d'argent alléguée lui soit due, et aussi que cette personne poursuivant ainsi comme demandeur ne demeure pas dans la juridiction de la Cour ou qu'elle ne possède pas de fortune suffisante pour payer les frais que le défendeur pourra réclamer dans l'instance, la Cour ou le juge pourra ordonner que le demandeur fournira caution au moyen d'une obligation ou reconnaissance fournie par lui et une caution, ou par le dépôt d'une somme d'argent ou autrement, comme la Cour ou le juge le croira convenable pour le payement au défendeur des frais qu'il pourra être en droit de réclamer dans l'instance.

L'acte n'affectera pas la corporation des couteliers de Hallamshire ni n'abrogera pas 59 Georges III, chap. VII.

XXV. Rien du contenu du présent acte ne sera interprété de manière à affecter les droits et priviléges de la corporation des couteliers dans le district *(liberty)* de *Hallamshire*, dans le comté de *York*, ni rien de contenu dans cet acte ne sera interprété de manière à abroger aucune des dispositions contenues dans le chapitre VII, 59ᵉ année de Georges III, intitulé : « Acte pour régler le commerce de coutellerie en Angleterre. »

Titre en abrégé.

XXVI. L'expression l'*Acte des marques de commerce* 1862 sera une désignation suffisante du présent acte.

Législation anglaise. — Propriété artistique.

LOI DU 29 JUILLET 1862.

(25e et 26e années du règne de Victoria, chap. LXVIII.)

*Sur la propriété et le droit de reproduction des peintures,
dessins et photographies.*

Nous avons donné au *Code international*, page 115 et suiv.,
un précis des différentes lois qui régissent en Angleterre la propriété littéraire et artistique, et nous avons fait suivre ce précis
du texte même de deux ordonnances royales du 10 janvier 1862
et d'un acte du parlement du 28 mai de la même année qui
ont eu pour but principal de rendre exécutoire en Angleterre le
traité conclu avec la France le 3 novembre 1851 et qui, à cet
effet, ont expliqué et étendu les lois existantes sur la propriété
littéraire et artistique, particulièrement au point de vue du droit
international.

Nous donnons aujourd'hui le texte d'une loi nouvelle qui est
spéciale aux peintures, dessins et photographies, et qui a une
très-grande importance pour les peintres, dessinateurs et photographes de France et d'Angleterre, puisque d'une part elle
complète la législation anglaise et que d'autre part elle profite
aux Français en vertu du traité international qui leur assure en
Angleterre la même protection qu'aux nationaux. Nous ne
pouvons à cet égard que renvoyer à notre précis et au texte même
du traité [1], mais nous devons appeler l'attention sur la portée de
la loi nouvelle au point de vue du droit anglais.

Dans le résumé que nous avons donné en 1855 des nombreux
actes du parlement composant la législation anglaise, en ces
matières, nous avons eu soin de signaler les différences que
cette législation laissait exister entre les diverses productions
de l'intelligence, et nous avons même dû faire des sections
distinctes pour 1° les œuvres littéraires, 2° les œuvres dramatiques et musicales, 3° les gravures et estampes, et 4° enfin les
sculptures et modèles, y compris les objets moulés sur nature.

---

[1] Voir au *Code international*, p. 124.

— Or, en ce qui concerne particulièrement les gravures et estampes, nous devons dire que le premier acte du parlement anglais, promulgué sous le règne de Georges III, ne paraissait garantir aux dessinateurs ou graveurs un droit exclusif de reproduction qu'autant que les gravures avaient été faites d'après des dessins originaux de leur composition. — Mais d'une part un acte de la septième année du règne du même prince avait étendu la protection légale aux gravures de portraits, de sujets de genre, de paysage et d'architecture, ainsi qu'aux cartes, aux plans et à toutes les gravures en général, soit qu'elles fussent exécutées d'après les dessins originaux du graveur, ou d'après des tableaux, dessins et sculptures anciens et modernes. D'autre part, un nouvel acte des quinzième et seizième années du règne de Victoria (28 mai 1852), dont nous avons donné le texte, a expressément ordonné, dans son article 14, que toutes les dispositions de cette loi et des lois précédentes fussent appliquées aux estampes obtenues par la *lithographie* ou *par tout autre procédé mécanique* servant à multiplier indéfiniment les reproductions de sujets et dessins [1].

En présence de dispositions aussi générales, il semblait que tous les genres possibles de propriété artistique se trouvaient protégés, et bien que la photographie ne fût pas encore connue, il est permis de supposer que la reproduction photographique d'une œuvre du domaine privé aurait été considérée comme une contrefaçon même par les juges anglais ; mais aurait-on aussi facilement consenti à faire rentrer les photographies dans la catégorie des gravures, estampes et lithographies, constituant, par elles-mêmes, une œuvre distincte et une propriété privée protégée par la loi ? c'est ce qui est au moins douteux ; le contraire semble même résulter du préambule de la loi nouvelle que nous donnons ci-après, puisqu'il y est dit en termes exprès que, dans l'état actuel de la législation, les auteurs de peintures, dessins et photographies ne jouissent pas du droit privatif de reproduction sur leurs œuvres de cette nature. Or, si cela se comprend pour la photographie, qui n'avait été et n'avait pu être nominativement désignée dans aucune loi, surtout comme création, on ne peut

---

[1] Voir *Code international*, p. 139, *in fine*.

expliquer cette affirmation du législateur que par cette considération que les Anglais sont esclaves des textes, et que les lois précédentes ne statuaient d'une manière explicite que sur les droits des graveurs et lithographes sur leurs propres œuvres et non de ceux des artistes sur les originaux qui avaient servi de type à ces reproductions. C'est cette lacune que vient de remplir le législateur anglais, en proclamant le droit des peintres et des dessinateurs, et en leur assimilant les photographes, du moins en ce qui touche leurs clichés originaux. Quoi qu'il en soit, voici ce qui ressort de cette loi pour l'avenir :

Les artistes ou photographes qui ont produit une peinture, un dessin ou une photographie jouissent du droit exclusif de reproduire cet original ou son esquisse, de toute manière et dans toutes les dimensions, pendant toute leur vie, et ce droit continue au profit de leurs héritiers ou ayants droit pendant sept années après leur décès. — Mais, lorsque l'artiste, et à plus forte raison son héritier, aliène d'une manière quelconque l'original même de sa peinture, de son dessin ou de sa photographie, il ne conserve son droit de reproduction qu'autant qu'il en fait la réserve expresse et par écrit.

Par contre, et c'est là une particularité de la loi anglaise, si la présomption légale n'existe pas à son profit, elle n'existe pas davantage à son détriment; car, de son côté, le cessionnaire de l'original n'acquiert lui-même le droit de reproduction qu'autant qu'il l'a également stipulé d'une manière expresse et par écrit, de telle sorte qu'il pourra arriver que ni l'auteur ni le propriétaire d'une œuvre moderne n'ait le droit de la reproduire.

On remarquera, du reste, que la législation anglaise assimile à l'auteur même d'une œuvre artistique, ou plutôt met en son lieu et place celui qui l'a commandée et pour le compte duquel elle a été exécutée. Il semblerait même ressortir de la fin de l'article 1er que le fait de l'exécution pour compte d'un tiers rend, par cela même, ce dernier propriétaire aussi bien du droit de reproduction que de l'original, sans qu'il soit nécessaire de justifier autrement de la cession du droit; mais à cet égard nous nous abstenons d'affirmer. C'est la jurisprudence qui décidera.

Les autres dispositions et spécialement celles qui concernent le droit d'action et les pénalités édictées contre les auteurs, introducteurs ou débitants de contrefaçons, ainsi que contre ceux qui, par de fausses signatures ou autrement, attribuent des œuvres d'art à des artistes autres que ceux dont elles émanent, sont suffisamment claires pour que nous nous bornions à renvoyer au texte; constatons seulement, en terminant cet aperçu général de la loi, que l'enregistrement du droit de reproduction, avec désignation sommaire de l'œuvre, et l'indication exacte du propriétaire de ce droit ou de ses cessionnaires, est exigé d'une manière absolue pour que l'action en justice soit recevable et que tout ce qui s'est fait avant l'enregistrement échappe à toute répression. Cet enregistrement, dont le prix est réduit à un schelling, se fait, comme celui des œuvres littéraires, au bureau de la corporation des libraires, mais sur un registre spécial. La personne qui fait faire l'enregistrement peut, soit se borner à donner une description sommaire de l'œuvre artistique, soit, si elle le désire, joindre à cette description une esquisse, un calque ou une épreuve photographique.   J.-P.

ACTE DES 25ᵉ ET 26ᵉ ANNÉES DU RÈGNE DE VICTORIA,

CHAP. LXVIII.

Pour amender la législation sur la propriété et le droit de reproduction des œuvres des beaux-arts et pour réprimer les fraudes dans la production et la vente de ces œuvres [1]. *(29 juillet 1862.)*

Attendu que d'après la loi, telle qu'elle existe actuellement, les auteurs de peintures, dessins et photographies n'ont pas le droit exclusif de reproduction [2] de leurs œuvres de cette nature, et qu'il importe que la loi soit amendée à cet égard ; qu'il soit en conséquence ordonné par Sa Très-Excellente Majesté la Reine, par et avec l'avis et le consentement des lords spirituels et temporels et des communes réunis en ce présent parlement et par autorité des mêmes, ainsi qu'il suit :

[1] Nous devons la communication de cette loi à l'obligeance de **M. Tappès**, jurisconsulte anglais et français à Paris. La reproduction totale ou partielle n'en est autorisée qu'à la condition d'indiquer la source.

[2] L'expression anglaise est *copy-right, droit de copie,* ce qui équivaut à ce que nous appelons *propriété littéraire et artistique* ou *droit d'auteur,* mais nous avons cru devoir nous servir des expressions *droit de reproduction,* comme rendant mieux la pensée du législateur.

Le droit de reproduction des œuvres d'art faites ou vendues à l'avenir dure toute la vie de l'auteur et sept ans après son décès.

I. L'auteur, sujet anglais ou résidant dans les Etats de la couronne, de tout original en peinture, dessin ou photographie qui sera ou aura été fait soit dans les Etats et possessions britanniques, soit ailleurs, et dont il n'aura pas été disposé par vente ou autrement avant la promulgation du présent acte, et ses cessionnaires auront le droit seul et exclusif de copier, graver, reproduire et multiplier les peintures et dessins originaux et leurs esquisses, ainsi que les photographies ou leurs clichés négatifs, par tous moyens et dans toutes les grandeurs, pendant toute la vie de cet auteur et sept années après son décès ; il est entendu que lorsqu'une peinture, ou un dessin, ou le cliché négatif d'une photographie auront été pour la première fois, après la promulgation du présent acte, vendus ou aliénés, ou seront faits et exécutés pour le compte de toute autre personne, moyennant un prix ou une cause valable, celui qui les vendra ainsi, aliénera ou exécutera pour le compte d'autrui, n'en retiendra le droit de reproduction qu'autant qu'il lui aura été expressément réservé par convention écrite et signée, soit avant, soit au moment de la vente ou aliénation, par l'acquéreur ou cessionnaire, ou par la partie pour le compte de laquelle ces peinture, dessin ou cliché négatif de photographie auront été exécutés, mais le droit de reproduction appartiendra à l'acquéreur ou cessionnaire de ces peinture, dessin ou cliché négatif de photographie, ou à la partie pour le compte de laquelle lesdits objets auront été faits ou exécutés ; néanmoins (*nor*), l'acquéreur ou cessionnaire de ces objets n'acquerra ce droit de reproduction qu'autant qu'avant ou au moment de cette vente ou aliénation il aura été dressé à cet effet une convention écrite et signée par celui qui vend ou aliène ces objets, ou par son agent dûment autorisé [1].

Le droit de reproduction d'une œuvre ne met pas obstacle à ce que le même sujet soit traité dans une autre œuvre.

II. Les présentes dispositions n'affectent en rien le droit qu'a toute personne, soit de copier une œuvre dont elle n'a pas le droit de repro-

---

[1] Les Anglais sont tellement formalistes, qu'on peut très-bien se demander si ce n'est pas avec intention que dans cette dernière phrase le législateur a supprimé les mots : *ou la partie pour le compte de laquelle l'œuvre a été exécutée*, d'où résulterait la conséquence qu'en l'absence de stipulation contraire et écrite, la présomption légale serait qu'en faisant faire pour son compte elle a acquis la pleine propriété, avec droit de reproduction, tandis que le simple acquéreur ou cessionnaire d'une œuvre artistique ou d'une photographie préexistante, sera obligé de justifier de la cession du droit de reproduction, et que si ni lui ni l'auteur ne font cette justification par écrit, le droit de reproduction n'appartiendra à personne.

duction ou d'en faire usage, soit de représenter une scène ou un objet, encore bien qu'il puisse exister déjà un droit de reproduction sur une certaine représentation de cette même scène ou de ce même objet.

Les cessions, licences, etc., doivent être constatées par écrit.

III. Tout droit de reproduction, en vertu du présent acte, sera considéré comme propriété personnelle et mobilière, susceptible de cession légale, et toute cession qui sera faite, ainsi que toute licence de faire usage de l'esquisse ou de l'œuvre qui fera l'objet du droit de reproduction, ou de les copier par toute espèce de moyen ou procédé, devra être constatée par un acte ou mémorandum écrit qui sera signé par le propriétaire du droit de reproduction ou par son mandataire constitué à cet effet par écrit.

Il sera tenu, à l'hôtel de la Corporation des libraires, un registre pour les propriétaires de droits de reproduction sur des peintures, dessins et photographies, conformément à l'acte des 5e et 6e années du règne de Victoria, chap. 45.

IV. Il sera tenu à l'hôtel de la Corporation des libraires (*stationners company*), par l'employé préposé par ladite compagnie, conformément à l'acte passé dans la 6e année du règne de Sa Majesté actuelle, intitulé : « *Acte pour amender la loi sur le droit de reproduction* (copy-right) » un ou plusieurs registres intitulés : « Registres des propriétaires de « droits de reproduction de peintures, dessins et photographies, » sur lesquels sera inscrit un mémorandum de tout droit de reproduction qui appartiendra à toute personne, en vertu du présent acte, ainsi que de toute cession postérieure ; ce mémorandum énoncera la date de ces investiture ou cession, les noms des parties et les noms et demeure de la personne qui sera investie de ce droit de reproduction, ainsi qu'une description sommaire de la nature et des sujets de l'œuvre, et, en outre, si la personne qui fait faire l'enregistrement le désire, une esquisse, un calque ou une photographie de ladite œuvre, et nul propriétaire d'un pareil droit de reproduction ne pourra revendiquer le bénéfice du présent acte tant que cet enregistrement n'aura pas eu lieu, et nulle action ne sera recevable, ni aucune amende recouvrable, à raison de tout ce qui aura eu lieu antérieurement à l'enregistrement.

Les dispositions de l'acte des 5e et 6e années du règne de Victoria, chap. 45, seront applicables aux registres tenus en vertu du présent acte.

V. Les diverses dispositions dudit acte de la 6e année du règne de Sa Majesté, relativement à la tenue du registre prescrit par cet acte, sa communication, les recherches à y faire et la délivrance des copies timbrées et certifiées à en extraire, l'admission de ces copies comme preuves en justice, les fausses inscriptions faites dans ce registre, et la production en témoignage de pièces frauduleusement présentées comme copies d'inscriptions faites dans ledit registre, ainsi qu'à la suppression ou l'altération de ces inscriptions s'appliqueront aux registres qui devront être tenus en vertu du présent acte ainsi qu'aux enregistrements et cessions de droits de reproduction qui y seront faits, comme si lesdites dispositions se trouvaient expressément reproduites dans le présent acte, sauf que les formules d'enregistrement prescrites par ledit acte de la 6ᵉ année du règne de Sa Majesté pourront être modifiées à l'effet d'être conciliées avec les circonstances particulières de l'espèce ; et, que la somme à réclamer par l'employé de la corporation des libraires pour tout enregistrement fait en vertu du présent acte, sera d'un schelling seulement.

Pénalités contre les atteintes portées au droit de reproduction.

VI. Si l'auteur d'une peinture, d'un dessin ou d'une photographie sur lesquels existe un droit de reproduction, après l'avoir vendu ou aliéné, ou si toute autre personne n'étant pas, à l'époque, propriétaire du droit de reproduction d'une peinture, d'un dessin ou d'une photographie, reproduit, copie, imite servilement (*colourably*), ou multiplie de toute autre manière en peinture, dessin ou photographie, sans le consentement du véritable propriétaire, pour vendre, louer, exposer ou distribuer de pareilles œuvres ou reproductions, ou, si une personne, sachant qu'une reproduction, copie ou autre imitation a été illégalement faite, l'importe dans une partie quelconque du Royaume-Uni, la vend, publie, met en vente ou location, la distribue ou l'offre en vente ou location, exposition ou distribution, ou la fait importer, vendre, publier, exposer ou distribuer, sans le consentement du propriétaire du droit de reproduction, cet auteur ou cette personne, pour chacune de ces contraventions, payera à titre de réparation, à celui qui était à l'époque propriétaire du droit de reproduction, une somme n'excédant pas 10 livres, et toutes lesdites reproductions, copies et imitations faites sans le consentement ci-dessus, ainsi que tous les clichés négatifs de photographie faits pour obtenir ces copies seront confisqués au profit du propriétaire du droit de reproduction.

Pénalités en cas de fraude dans les productions et les ventes.

VII. Nulle personne ne fera ou fera faire aucun des actes suivants, savoir : — 1° nul ne signera faussement, ou n'opposera frauduleusement, ni ne fera signer ou apposer frauduleusemeent sur une peinture, un dessin ou une photographie, ni sur le cliché négatif d'une photographie aucuns nom, initiales ou monogramme (d'autrui) ; — 2° nul ne vendra, publiera, exposera, distribuera ou n'offrira frauduleusement en vente, exposition ou distribution, aucune peinture, dessin ou photographie, ou cliché négatif de photographie portant le nom, les initiales ou le monogramme d'une personne qui n'a pas fait ou exécuté cette œuvre ; — 3° nul n'offrira, ne livrera ou ne mettra en circulation frauduleusement, ni ne fera offrir frauduleusement, livrer ou mettre en circulation une copie ou une imitation apparente d'une peinture, d'un dessin, d'une photographie ou d'un cliché négatif de photographie, comme ayant été faite ou exécutée par l'auteur de l'œuvre originale sur laquelle cette copie ou cette imitation aura été faite, et cela, soit qu'il en existe ou non un droit de reproduction ; — 4° lorsque l'auteur ou exécuteur d'une peinture, d'un dessin, d'une photographie, ou du cliché négatif d'une photographie, exécutés avant ou après la promulgation du présent acte, aura vendu cette œuvre ou s'en sera dessaisi de toute autre manière, si une altération quelconque y est faite postérieurement par toute autre personne, au moyen d'addition ou autrement, nul ne pourra, pendant la vie de l'auteur de cette œuvre et sans son consentement, vendre sciemment, publier ou mettre en vente cette œuvre ainsi altérée ni en faire des copies totales ou partielles, en la présentant comme l'œuvre non altérée de cet auteur ou exécuteur.

Pénalités. — Tout contrevenant compris dans cette section et qui en sera convaincu payera, à titre de réparation, à la personne lésée, une somme n'excédant pas 10 livres, ou n'excédant pas le double du prix entier (*full price*), s'il y en a un, moyennant lequel toutes les copies, gravures, imitations ou œuvres altérées auront été vendues ou mises en vente, et toutes ces copies, gravures, imitations ou œuvres altérées seront confisquées au profit de la personne ou des représentants légaux de la personne dont le nom, les initiales ou le monogramme auront été ainsi frauduleusement signés ou apposés, ou à laquelle l'œuvre altérée aura été frauduleusement attribuée. Il est entendu, toutefois, que les pénalités édictées par cette section ne seront encourues qu'autant que les personnes dont le nom, les initiales ou le monogramme auront été supposés, ou à laquelle l'œuvre altérée aura été frauduleusement ou faussement attribuée, ne sera pas décédée plus de vingt ans avant l'époque où la contravention a été commise [1].

Recouvrement des pénalités pécuniaires.

VIII. Toutes les pénalités pécuniaires qui seront encourues, ainsi que toutes les copies ou imitations illicites et tous autres objets qui auront été déclarés confisqués contre les contrevenants, conformément au présent acte ou à tout acte pour la protection du droit de propriété sur les gra-

---

[1] Il y a dans le texte : n'aura pas été *vivante dans les vingt ans* qui ont précédé l'époque où la contravention a été commise.

vures pourront être recouvrés par la personne lésée autorisée à le faire dans le présent acte ou dans tout autre, laquelle sera dénommée le plaignant, et le recouvrement aura lieu de la manière suivante :

En Angleterre et en Irlande. — En Angleterre et en Irlande, soit par action contre le contrevenant ou par procédure sommaire devant deux magistrats quelconques (*justices*), ayant juridiction dans le lieu où réside le contrevenant.

En Ecosse. — En Ecosse, par action devant la Cour de session, en la forme ordinaire, ou par action sommaire devant le shériff du comté dans lequel la contravention aura été commise, ou de celui dans lequel résidera le contrevenant ; le juge, sur la preuve fournie de la contravention ou des contraventions, soit par les aveux (*confession*) du contrevenant, soit par le serment ou l'affirmation d'un ou plusieurs témoins dignes de foi, condamnera le contrevenant et le déclarera passible des pénalités susdites ainsi que des frais. Le shériff aura le droit, en prononçant jugement pour ces pénalités et frais, d'y insérer, pour le cas où ils ne seraient pas payés, un ordre à l'effet d'en recouvrer le montant par voie de sequestre (*poinding*) ; il est entendu que le shériff, dans le cas de débouté de l'action et du renvoi du défendeur, aura le droit de déclarer le plaignant passible des frais, et le jugement prononcé par le shériff sur semblable procédure sommaire sera définitif et non sujet à révision par appel, suspension, réduction ni autrement.

Les Cours supérieures de record devant lesquelles une instance est pendante peuvent prononcer une injonction, une vérification ou un compte.

IX. Dans toute action introduite devant une des Cours supérieures de record de Sa Majesté, à Westminster et à Dublin, pour atteinte portée à un droit de reproduction, conformément à ce qui a été dit ci-dessus, il sera loisible, soit à la Cour elle-même, si elle siége, soit, dans le cas contraire, à un des juges de cette Cour, d'ordonner sur la demande du plaignant ou du défendeur respectivement, de prononcer un jugement d'injonction, vérification ou de compte, et d'ordonner telles mesures que ladite Cour ou ledit juge croira nécessaires, en ce qui touche cette instance et ces injonction, vérification et compte, ou leurs procédures.

L'importation des œuvres contrefaites (pirated) *est prohibée, et il peut être fait application des statuts de la douane.*

X. Toutes reproductions, copies ou imitations de peintures, dessins ou photographies sur lesquels ou sur l'esquisse desquels il y aura un droit de reproduction, dans les termes du présent acte, et toutes reproductions, copies ou imitations de l'esquisse de ces peintures, dessins ou clichés négatifs de photographie qui auront été faites, soit dans un pays étranger, soit dans des dépendances anglaises, contrairement aux dispositions du présent acte sont, en vertu des présentes, absolument prohibées quant à l'importation dans une partie quelconque du Royaume-Uni, à moins que cette importation n'ait lieu par l'ordre ou avec le consentement du propriétaire du droit de reproduction ou de son mandataire constitué par écrit ; — si le propriétaire du droit de reproduction ou son mandataire déclare que des objets importés sont des reproductions, copies ou imitations de peintures, dessins, photographies ou clichés négatifs de photographie sur lesquels ce droit existe et qu'elles se trouvent ainsi prohibées comme il est dit ci-dessus, en pareil cas ces objets peuvent être détenus par les officiers de la douane de Sa Majesté.

Réserve du droit d'actionner en dommages-intérêts.

XI. Si l'auteur d'une peinture, d'un dessin ou d'une photographie sur lesquels il existe un droit de reproduction, après en avoir disposé par vente ou autrement, ou si toute autre personne n'étant pas, à l'époque, propriétaire de ce droit et agissant sans le consentement du propriétaire, reproduit, copie, imite servilement (*colourably*) ou multiplie de toute autre manière, ou fait reproduire, copier, imiter ou publier, pour en faire la vente, le louage, l'exposition ou la distribution, une œuvre de ce genre ou son esquisse, ou le cliché négatif d'une photographie, ou bien si cette personne introduit ou fait introduire dans une partie quelconque du Royaume-Uni, vend, publie ou met en louage, expose ou distribue, ou offre en vente, louage, exposition ou distribution, ou encore fait vendre, publier, louer, exposer ou distribuer une reproduction, copie ou imitation de cette œuvre ou de son esquisse, ou du cliché négatif de cette photographie, qui auront été faites sans le consentement susénoncé, en pareil cas le propriétaire du droit aura, en sus de la faculté accordée par le présent acte de recouvrer les pénalités et les confiscations énoncées, le droit de réclamer des dommages-intérêts par une action spéciale contre le contrevenant, et par cette action il pourra réclamer et obtenir la délivrance, à son profit, de toutes les reproductions, copies ou imitations illicites, ainsi que des dommages-intérêts spéciaux en cas de non-remise et pour en tenir lieu ; — il est entendu que rien dans la présente loi, ni aucune procédure ou sentence à raison d'un acte défendu par les dispositions ci-dessus ne préjudiciera à aucun des droits et actions qu'une personne lésée par un pareil acte pourrait invoquer en droit ou en équité.

Les dispositions de l'acte des 7ᵉ et 8ᵉ années du règne de Victoria, chap. 12, sont considérées comme reproduites dans le présent acte.

XII. Le présent sera considéré comme comprenant les dispositions de l'acte des 7ᵉ et 8ᵉ années du règne de S. M., intitulé : « Acte pour amen-
« der la loi relative au droit international de propriété des œuvres de lit-
« térature et d'art. »

Droit international. — France et Suisse. — Liberté du commerce et de l'industrie. — Propriété littéraire et artistique. — Marques de fabrique.

La Suisse est le pays avec lequel nos rapports d'amitié et d'alliance ont été les plus constants et les plus durables ; c'est aussi celui dont les habitants ont joui, et jouissent encore en France, des droits civils les plus étendus. — Le cadre et la spécialité de notre recueil ne nous permettent pas d'exposer ici les différents droits qui ressortent respectivement, pour les Français en Suisse et pour les Suisses en France, des traités et conventions diplomatiques conclus soit avec la Confédération helvétique, soit avec quelques cantons isolément. — Il nous suffit de dire qu'en parcourant les anciens traités on voit que, dès le quinzième siècle, la France et la Suisse avaient stipulé pour leurs nationaux le droit respectif d'entrer et séjourner dans les deux pays pour y exercer librement leur commerce et leur industrie. Ils y jouissaient même de certaines immunités et exemptions particulières, et les priviléges accordés successivement par les rois de France aux marchands suisses étaient tels, que l'on vit des étrangers, et même des marchands français, demander à être naturalisés suisses. Charles IX dut, en 1561, publier un édit pour restreindre ces priviléges aux Suisses d'origine.

Aujourd'hui les droits particuliers des Français et des Suisses sont régis, savoir : 1° par la convention du 30 mai 1827 relative à leur établissement respectif en Suisse et en France ; — 2° par le traité du 18 juillet 1828 concernant les rapports de voisinage et de justice ; — 3° par la convention littéraire, artistique et industrielle conclue le 30 octobre 1858 entre la France et le canton de Genève que nous avons donné à l'article 379, t. V, p. 5 ; — et 4° par les deux traités de commerce et d'établissement du 30 juin 1864 et la convention littéraire, artistique et industrielle du même jour, qui viennent d'être promulgués par décret impérial du 28 novembre.

Nous reproduisons ci-après le texte du traité concernant l'établissement des Français en Suisse et des Suisses en France, ainsi que la convention littéraire et industrielle ; l'un et l'autre sont tellement nets et précis, qu'il nous paraît complétement inutile d'en donner une analyse ; nous nous bornerons aux observations suivantes :

Le traité relatif à l'établissement respectif des Français en Suisse et des Suisses en France remplace celui du 30 mai 1827, dont il reproduit les principales dispositions, mais il laisse subsister celui du 18 juillet 1828, qui stipule, entre autres dispositions : 1° que les jugements rendus compétemment par les tribunaux des deux pays en matière civile et ayant acquis force de chose jugée, seront respectivement exécutoires en France et en Suisse sur un simple *pareatis ;* — 2° que les Français et les Suisses sont affranchis de tous droits, dépôts et cautions auxquels ne sont pas soumis les nationaux, et spécialement de l'obligation de fournir la caution *judicatum solvi ;* — 3° que dans les instances personnelles ou de commerce ils ont respectivement le droit de demander à être jugés par leurs juges naturels, à moins que les parties n'aient stipulé le contraire ou qu'elles soient présentes au lieu où est intervenu le contrat. — Ces dispositions restent donc en vigueur et applicables aux contestations en matière de propriété industrielle, artistique et littéraire.

En ce qui touche la garantie de la propriété littéraire, artistique et industrielle, nous signalons la forme particulière de la convention, qui se distingue de toutes celles conclues avec les autres nations étrangères, en ce qu'elle contient deux séries distinctes de stipulations : les premières, de l'article 1er à l'article 17, applicables à la France, et les dernières, de l'article 17 à l'article 50, applicables à la Suisse. Celles-ci reproduisent les principales dispositions réglementaires de notre législation tant sur les marques de fabrique que sur la propriété littéraire et artistique, et deviennent ainsi un code uniforme pour tous les cantons dont les législations particulières différaient entre elles, ou même se taisaient sur ces matières [1].

Quant à l'époque de la mise en vigueur et la durée de ces deux conventions, il faut, pour les déterminer, se reporter aux articles 50 et 31 du traité de commerce du même jour, auxquels elles se réfèrent et qui sont ainsi conçus :

---

[1] Voir notamment ce que nous avons dit de la Suisse au sujet de la propriété littéraire et artistique à l'article 399, t. V, p. 65 et s.; et *suprà*, p. 77.

« Art. 30. — Le présent traité restera en vigueur pendant
« douze années, à partir du jour de l'échange des ratifications.
« Dans le cas où aucune des deux hautes parties contractantes
« n'aurait notifié, douze mois avant la fin de ladite période, son
« intention d'en faire cesser les effets, il demeurera obligatoire
« jusqu'à l'expiration d'une année, à partir du jour où l'une ou
« l'autre des hautes parties contractantes l'aura dénoncé... »

« Art. 31. — Le présent traité et les tarifs y annexés recevront
« leur application dans les deux pays le 1er janvier 1866. ou
« plus tôt si les hautes parties contractantes reconnaissent, d'un
« commun accord, que cette date peut être anticipée. — En tout
« cas, ce traité sera exécutoire en même temps que le traité de
« commerce conclu le 2 août 1862 entre la France et la Prusse. »

Le point de départ de la durée est, comme on le voit, fixé
d'une manière certaine par le traité lui-même ; c'est du jour de
l'échange des ratifications, et par conséquent du 24 novembre
1864, qu'a commencé à courir la période de douze années. —
Mais il n'en est pas de même de l'époque de la mise en vigueur.
Le traité la fixe bien au 1er janvier 1866, mais ce n'est là qu'un
délai *maximum*, car, outre qu'il laisse aux gouvernements respectifs la faculté de rapprocher cette époque, il la fait également
dépendre de la mise en vigueur du traité de commerce conclu
entre la France et la Prusse, lequel peut dès lors avoir pour
effet de diminuer le délai de mise en vigueur mais non le reculer,
il va sans dire que si l'une des deux hypothèses se réalise, nous
ferons connaître la déclaration de mise en vigueur, sinon elle
aura lieu de plein droit le 1er janvier 1866.

La dernière observation que nous ayons à faire porte sur le
protocole final et la *déclaration* dont nous avons emprunté le
texte au *Moniteur*, mais qui ne se trouvent pas compris dans le
décret de promulgation, et qui, par suite, n'ont pas été insérés
au *Bulletin des lois*. Cela tient à ce que ces protocole et déclaration ne contiennent pas des engagements fermes formant dès
à présent, et par eux-mêmes, des droits acquis pouvant être in-
voqués par les parties intéressées. Les plénipotentiaires français
ont bien pu, en effet, promettre la présentation au Corps législatif
d'un projet de loi pour faire déclarer, contrairement à la jurisprudence, que la reproduction de morceaux de musique moderne

dans les orgues et boîtes à musique, ne constitue pas une contrefaçon, mais ils ne pouvaient pas lier le Sénat et le Corps législatif, qui restent libres soit de repousser complétement le projet de loi qui leur sera présenté, soit d'en restreindre l'application à la Suisse. — Il en serait, dans ce dernier cas, de ce mode particulier de reproduction de la musique, comme du droit de représentation théâtrale, ou de celui de traduction, qui ont bien pu être réglementés et limités, par les traités diplomatiques, pour les pays étrangers, mais qui restent entiers en France. — Si une disposition pareille était admise, et nous ne croyons pas qu'on puisse aller au delà, les boîtes à musique fabriquées en Suisse seraient placées au même rang que les produits industriels qui sont garantis par des brevets en France. La fabrication en est licite et libre en pays étranger, mais les parties intéressées peuvent s'opposer à leur introduction et à leur vente en France.

Nous ferons nécessairement connaître quel sera le résultat de l'engagement pris à ce sujet dans le protocole final de la convention, mais nous croyons utile de prémunir les fabricants suisses contre les dangers d'une reproduction qui, quant à présent et jusqu'à ce qu'il en ait été décidé autrement, constitue une contrefaçon.　　　　　　　　　　　　　　**PATAILLE.**

TRAITÉ DU 30 JUIN 1864

Concernant l'établissement des Français EN SUISSE et des Suisses EN FRANCE.

(Echange des ratifications à Paris le 24 novembre 1864.— Promulgation en France par décret impérial du 28 du même mois, inséré au *Bulletin des lois* le 10 décembre 1864 et au *Moniteur universel* du 14 du même mois).

Le gouvernement de S. M. l'empereur des Français et le gouvernement de la Confédération suisse, animés du désir de resserrer les liens d'amitié et de multiplier les rapports de bon voisinage qui unissent les deux peuples, ont décidé de régler, d'un commun accord et par un traité spécial, les conditions auxquelles sera soumis l'établissement des Français en Suisse et des Suisses en France, et ont nommé pour leurs plénipotentiaires, savoir : S. M. l'empereur des Français, M. DROUYN DE LHUYS, sénateur de l'empire, grand-croix de son ordre impérial de la Légion d'honneur, etc., son ministre et secrétaire d'Etat au département des affaires étrangères, — et M. ROUHER, sénateur de l'empire, grand-croix

de son ordre impérial de la Légion d'honneur, etc., son ministre d'E-
tat ; — et la Confédération suisse, M. KERN, envoyé extraordinaire et
ministre plénipotentiaire de ladite Confédération près S. M. l'empereur
des Français ; — Lesquels, après s'être communiqué leurs pleins pouvoirs, trouvés en bonne et due forme, sont convenus des articles suivants :

ART. 1er. Les Français, sans distinction de culte, seront reçus et traités
dans chaque canton de la Confédération, relativement à leurs personnes
et à leurs propriétés, sur le même pied et de la même manière que le sont
ou pourront l'être à l'avenir les ressortissants chrétiens des autres cantons. Ils pourront, en conséquence, aller, venir et séjourner temporairement en Suisse, munis de passe-ports réguliers, en se conformant aux lois
et règlements de police. Tout genre d'industrie ou de commerce permis
aux ressortissants des divers cantons le sera également aux Français, et
sans qu'on puisse en exiger aucune condition pécuniaire ou autre plus
onéreuse [1].

ART. 2. Pour prendre domicile ou former un établissement en Suisse,
les Français devront être munis d'un acte d'immaculation constatant leur
nationalité, qui leur sera délivré par l'ambassade de France, après qu'ils
auront produit des certificats de bonne conduite et de bonnes mœurs,
ainsi que les autres attestations requises.

ART. 3. Les Suisses jouiront, en France, des mêmes droits et avantages
que l'article 1er ci-dessus assure aux Français en Suisse.

ART. 4. Les sujets ou ressortissants de l'un des deux Etats établis dans
l'autre ne seront pas atteints par les lois militaires du pays qu'ils habite-
ront, mais resteront soumis à celles de leur patrie. Ils seront également
exempts de tout service, soit dans la garde nationale, soit dans les milices
municipales.

ART. 5. Les sujets ou ressortissants de l'un des deux Etats établis dans
l'autre et qui seraient dans le cas d'être renvoyés par sentence légale ou
d'après les lois ou règlements sur la police des mœurs et la mendicité,
seront reçus, en tout temps, eux et leurs familles, dans les pays dont ils
sont originaires et où ils auront conservé leurs droits conformément aux
lois.

ART. 6. Tout avantage que l'une des parties contractantes aurait concédé ou pourrait encore concéder à l'avenir d'une manière quelconque à

---

[1] L'article 26 du traité de commerce du même jour porte, en outre, ce qui
suit : « Les fabricants et marchands français ainsi que leurs commis voyageurs,
dûment patentés en France dans l'une de ces qualités, pourront dans la
Suisse, sans y être soumis à aucun droit de patente, faire des achats pour les
besoins de leur industrie et recueillir des commandes avec ou sans échantillons, mais sans colporter des marchandises. — Il y aura réciprocité en France
pour les fabricants et marchands des cantons de la Suisse et leurs commis
voyageurs. — Les formalités nécessaires pour obtenir cette immunité seront
réglées d'un commun accord. »

une autre puissance, en ce qui concerne l'établissement et l'exercice des professions industrielles, sera applicable de la même manière et à la même époque à l'autre partie, sans qu'il soit nécessaire de faire une convention spéciale à cet effet.

ART. 7. Le présent traité recevra son application dans les deux pays en même temps que le traité de commerce conclu sous la date de ce jour, et il aura la même durée [1]. — Il sera ratifié et les ratifications en seront échangées à Paris dans le délai de six mois, ou plus tôt si faire se peut, et simultanément avec celles du traité de commerce précité.

En foi de quoi, les plénipotentiaires respectifs ont signé le présent traité et y ont apposé le cachet de leurs armes.

Fait à Paris, le 30 juin 1864.

> (L. S.) *Signé :* DROUYN DE LHUYS.
> (L. S.) *Signé :* E. ROUHER.
> (L. S.) *Signé :* KERN.

CONVENTION DU 30 JUIN 1864

Conclue entre la FRANCE *et la* CONFÉDÉRATION SUISSE, *pour la garantie réciproque de la propriété littéraire, artistique et industrielle.*

(Echange des ratifications à Paris le 24 novembre 1864. — Promulgation en France par décret impérial du 28 du même mois, inséré au *Bulletin des lois*, le 10 décembre 1864 et au *Moniteur universel* du 14 du même mois.)

Le gouvernement de S. M. l'empereur des Français et le gouvernement de la Confédération suisse, désirant assurer la garantie réciproque en France et en Suisse de la propriété des œuvres de littérature et d'art, ainsi que des marques et dessins de fabrique, ont résolu de conclure, à cet effet, une convention, et ont nommé pour leurs plénipotentiaires, savoir :
—S. M. l'empereur des Français, M. DROUYN DE LHUYS, sénateur de l'empire, grand-croix de son ordre impérial de la Légion d'honneur, etc., son ministre et secrétaire d'Etat au département des affaires étrangères, — et M. ROUHER, sénateur de l'empire, grand-croix de son ordre impérial de la Légion d'honneur, etc., son ministre d'Etat ; — et la Confédération suisse, M. KERN, envoyé extraordinaire et ministre plénipotentiaire de ladite Confédération près de S. M. l'empereur des Français ;

Lesquels, après s'être communiqué leurs pleins pouvoirs, trouvés en bonne et due forme, sont convenus des articles suivants :

DISPOSITIONS APPLICABLES EN FRANCE.

ART. 1er. Les auteurs de livres, brochures ou autres écrits, de compositions musicales ou d'arrangements de musique, d'œuvres de dessin, de

---

[1] Voir, à cet égard, les observations qui précèdent le texte du traité ci-dessus, p. 418.

peinture, de sculpture, de gravure, de lithographie et de toutes autres productions analogues du domaine littéraire ou artistique, publiés pour la première fois en Suisse, jouiront en France des avantages qui y sont ou y seront attribués par la loi à la propriété des ouvrages de littérature ou d'art, et ils auront la même protection et le même recours légal contre toute atteinte portée à leurs droits que si cette atteinte avait été commise à l'égard d'auteurs d'ouvrages publiés pour la première fois sur le territoire de l'empire. — Toutefois ces avantages ne seront assurés aux auteurs desdits ouvrages que pendant l'existence de leurs droits dans leur pays, et la durée de leur jouissance en France ne pourra excéder celle fixée à leur profit en Suisse.

Art. 2. Il est permis de publier en France des extraits ou des morceaux entiers d'ouvrages ayant paru pour la première fois en Suisse, pourvu que ces publications soient spécialement appropriées à l'enseignement ou à l'étude et accompagnées de notes explicatives ou de traductions interlinéaires ou marginales.

Art. 3. La jouissance du bénéfice de l'article 1er est subordonnée à l'acquisition légale de la propriété des ouvrages littéraires et artistiques en Suisse. — Pour les livres, cartes, estampes, gravures, lithographies ou œuvres musicales publiés pour la première fois en Suisse, l'exercice du droit de propriété en France sera, en outre, subordonné à l'accomplissement préalable, dans ce dernier pays, de la formalité de l'enregistrement effectué à Paris au ministère de l'intérieur. L'enregistrement se fera sur la déclaration écrite des intéressés, laquelle pourra être adressée, soit au susdit ministère, soit à la chancellerie de l'ambassade de France à Berne. — La déclaration devra être faite dans les trois mois qui suivront la publication de l'ouvrage en Suisse, pour les ouvrages publiés postérieurement à la mise en vigueur de la convention, et dans les trois mois qui suivront la mise en vigueur de ladite convention pour les ouvrages publiés antérieurement[1]. — A l'égard des ouvrages qui paraissent par livraisons, le délai de trois mois ne commencera à courir qu'à dater de la publication de la dernière livraison, à moins que l'auteur n'ait indiqué, conformément aux prescriptions de l'article 6, son intention de se réserver le droit de traduction, auquel cas chaque livraison sera considérée comme un ouvrage séparé. — La formalité de l'enregistrement sur des registres spéciaux tenus à cet effet ne donnera ouverture à la perception d'aucune taxe. — Les intéressés recevront un certificat authentique de l'enregistrement ; ce certificat sera délivré gratis, sauf, s'il y a lieu, les frais de timbre. — Le certificat portera la date précise à laquelle la déclaration aura eu lieu ; il fera foi dans toute l'étendue du territoire de l'empire et constatera le droit exclusif de propriété et de reproduction aussi

___

[1] Voir, pour l'époque de la mise en vigueur, les observations qui précèdent le texte des traités *suprà*, p. 418.

longtemps que quelque autre personne n'aura pas fait admettre son droit en justice.

Art. 4. Les stipulations de l'article 1ᵉʳ s'appliqueront également à la représentation ou exécution des œuvres dramatiques ou musicales, publiées, exécutées ou représentées pour la première fois en Suisse après la mise en vigueur de la première convention.

Art. 5. Sont expressément assimilées aux ouvrages originaux les traductions faites d'ouvrages nationaux ou étrangers. Ces traductions jouiront, à ce titre, de la protection stipulée par l'article 1ᵉʳ, en ce qui concerne leur reproduction non autorisée en France. Il est bien entendu, toutefois, que l'objet du présent article est simplement de protéger le traducteur par rapport à la version qu'il a donnée de l'ouvrage original, et non pas de conférer le droit exclusif de traduction au premier traducteur d'un ouvrage quelconque, écrit en langue morte ou vivante, hormis le cas et les limites prévus par l'article ci-après.

Art. 6. L'auteur de tout ouvrage publié en Suisse, qui aura entendu se réserver le droit de traduction, jouira pendant cinq années, à partir du jour de la première publication de la traduction de son ouvrage autorisée par lui, du privilége de protection contre la publication, dans l'autre pays, de toute traduction du même ouvrage, non autorisé par lui, et sous les conditions suivantes : — 1° l'ouvrage original sera enregistré en France sur la déclaration faite dans un délai de trois mois, à partir du jour de la première publication en Suisse, conformément aux dispositions de l'article 3 ; — 2° L'auteur devra indiquer, en tête de son ouvrage, l'intention de se réserver le droit de traduction ; — 3° il faudra que ladite traduction autorisée ait paru, au moins en partie, dans le délai d'un an, à compter de la date de la déclaration de l'original effectuée, ainsi qu'il vient d'être prescrit, et, en totalité, dans le délai de trois ans, à partir de ladite déclaration ; — 4° la traduction devra être publiée dans l'un des pays, et être, en outre, enregistrée conformément aux dispositions de l'article 3. — Pour les ouvrages publiés par livraisons, il suffira que la déclaration de l'auteur, qu'il entend se réserver le droit de reproduction, soit exprimée dans la première livraison. —Toutefois, en ce qui concerne le terme de cinq ans assigné par cet article pour l'exercice du droit privilégié de traduction, chaque livraison sera considérée comme un ouvrage séparé ; chacune d'elles sera enregistrée en France, sur la déclaration faite dans les trois mois, à partir de sa première publication en Suisse. — Relativement à la traduction des ouvrages dramatiques ou à la représentation de ces traductions, l'auteur qui voudra se réserver le droit exclusif dont il s'agit aux articles 4 et 6, devra faire paraître ou représenter la traduction trois mois après l'enregistrement de l'ouvrage original. — Les droits conférés par le présent article sont subordonnés aux conditions imposées à l'auteur d'un ouvrage original par les articles 1 et 3 de la présente convention.

Art. 7. Lorsqu'un auteur français d'une œuvre spécifiée dans l'article 1er aura cédé son droit de publication ou de reproduction à un éditeur suisse, sous la réserve que les exemplaires ou éditions de cette œuvre ainsi publiés et reproduits ne pourront être vendus en France, ces exemplaires ou éditions seront considérés et traités dans ce pays comme reproduction illicite.

Art. 8. Les mandataires légaux, ou ayants cause des auteurs, traducteurs, compositeurs, dessinateurs, peintres, sculpteurs, graveurs, lithographes, etc., jouiront, à tous égards, des mêmes droits que ceux que la présente convention accorde aux auteurs, traducteurs, compositeurs, dessinateurs, peintres, sculpteurs, graveurs et lithographes eux-mêmes.

Art. 9. Nonobstant les stipulations des articles 1 et 5 de la présente convention, les articles extraits des journaux publiés en Suisse pourront être reproduits ou traduits dans les journaux ou recueils périodiques de France, pourvu qu'on y indique la source à laquelle on les aura puisés. — Toutefois cette faculté ne s'étendra pas à la reproduction des articles de journaux ou recueils périodiques publiés en Suisse, lorsque les auteurs auront formellement déclaré, dans le journal ou recueil même où ils les auront fait paraître, qu'ils en interdisent la reproduction. En aucun cas, cette interdiction ne pourra atteindre les articles de discussion politique.

Art. 10. La vente, la circulation et l'exposition en France d'ouvrages ou objets de reproduction non autorisés, définis par les articles 1, 4, 5 et 6, sont prohibés, sauf ce qui est dit à l'article 11, soit que lesdites productions non autorisées proviennent de Suisse, soit qu'elles proviennent d'un pays étranger quelconque.

Art. 11. Le gouvernement français prendra, par voie de règlement d'administration publique, les mesures nécessaires pour prévenir toute difficulté à raison de la possession et de la vente, par les éditeurs, imprimeurs ou libraires français, de réimpressions d'ouvrages constituant la propriété des citoyens suisses et non tombés dans le domaine public, publiés ou imprimés par eux antérieurement à la mise en vigueur de la présente convention, ou actuellement en cours de publication ou de réimpression non autorisée. — Ces règlements s'appliqueront également aux clichés, bois et planches gravées de toute sorte, ainsi qu'aux pierres lithographiques existant en magasin chez les éditeurs ou imprimeurs français, et constituant une reproduction non autorisée de modèles suisses. — Toutefois ces clichés, bois et planches gravées de toute sorte, ainsi que les pierres lithographiques, ne pourront être utilisés que pendant quatre ans à dater de la mise en vigueur de la présente convention.

Art. 12. Les livres d'importation licite venant de Suisse seront admis en France, tant à l'entrée qu'au transit direct ou par entrepôt, par les bureaux de *Bellegarde, Pontarlier, Pont-de-la-Caille, Chambéry, Saint-Michel* et *Saint-Louis,* sans préjudice toutefois des autres bureaux qui pourraient être ultérieurement désignés pour le même effet. — Si les intéressés le désirent, les livres déclarés à l'entrée seront expédiés à la direction de l'imprimerie et de la librairie au ministère de l'intérieur, pour y subir les vérifications prescrites, qui auront lieu au plus tard dans le délai de quinze jours.

ART. 13. Les dispositions de la présente convention ne pourront porter préjudice, en quoi que ce soit, au droit qui appartient au gouvernement français de permettre, de surveiller ou d'interdire, par des mesures législatives ou de police intérieure, la circulation, la représentation ou l'exposition de tout ouvrage ou production à l'égard desquels l'autorité compétente aurait à exercer ce droit. — La présente convention ne portera aucune atteinte au droit du gouvernement français de prohiber l'importation dans ses propres Etats des livres qui, d'après les lois intérieures ou des stipulations souscrites avec d'autres puissances, sont ou seraient déclarés être des contrefaçons.

ART. 14. Les Suisses jouiront en France de la même protection que les nationaux, pour tout ce qui concerne la propriété des marques de fabrique ou de commerce, ainsi que des dessins de fabrique. — Si la marque de fabrique et de commerce ou le dessin de fabrique appartient au domaine public en Suisse, il ne pourra être l'objet d'une jouissance exclusive en France. — Les droits des ressortissants suisses ne sont pas subordonnés en France à l'obligation d'y exploiter les dessins de fabrique.

ART. 15. Les Suisses ne pourront revendiquer en France la propriété exclusive d'une marque ou d'un dessin, s'ils n'ont déposé, pour la marque, deux exemplaires au greffe du tribunal de commerce de la Seine, et, pour les dessins de fabrique, une esquisse ou un échantillon au secrétariat du conseil des prud'hommes des tissus à Paris, qui se chargera de transmettre aux conseils compétents ceux des dessins dont il ne serait pas autorisé à conserver le dépôt.

ART. 16. En cas de contravention aux dispositions des articles précédents, la saisie des objets de contrefaçon sera opérée, et les tribunaux appliqueront les peines déterminées par la loi, de la même manière que si l'infraction avait été commise au préjudice d'un ouvrage ou d'une production française. — Les caractères constituant la contrefaçon seront déterminés par les tribunaux français, d'après la législation en vigueur sur le territoire de l'empire.

DISPOSITIONS APPLICABLES EN SUISSE.

ART. 17. Les dispositions des articles 2, 3, 5, 6, 7, 8, 9, 11, 13, 14, 15, 16 précédents recevront également, à titre de réciprocité, leur application en Suisse, pour la protection de la propriété, dûment acquise en France, des ouvrages d'esprit ou d'art, ainsi que des marques et dessins de fabrique et de commerce.

Art. 18. Les tribunaux compétents en Suisse, soit pour les réparations civiles, soit pour la répression des délits, appliqueront sur tout le territoire de la Confédération, au profit des propriétaires en France d'ouvrages littéraires et artistiques, de marques et dessins de fabrique ou de commerce, les dispositions de l'article 17 qui précède et des articles 19 à 50 qui suivent. — Il est entendu, sous réserve toutefois des garanties stipulées à l'article 50, que ces dispositions pourront être remplacées par celles de la législation que les autorités compétentes de la Suisse viendraient à consacrer, en matière de propriété littéraire, artistique ou industrielle, sur la base de l'assimilation des étrangers aux nationaux.

Art. 19. L'enregistrement des œuvres d'esprit ou d'art prescrit par l'article 5 se fera, pour les ouvrages publiés pour la première fois en France, dans les délais fixés audit article, au département fédéral de l'intérieur, à Berne, ou à la chancellerie de la légation suisse, à Paris. — Le dépôt prescrit par l'article 15 pour l'acquisition de la propriété des marques et dessins de fabrique ou de commerce se fera au bureau du département fédéral de l'intérieur, à Berne.

Art. 20. Les auteurs de livres, brochures ou autres écrits, de compositions musicales ou d'arrangements de musique, d'œuvres de dessin, de peinture, de sculpture, de gravure, de lithographie et de toute autre production analogue du domaine littéraire ou artistique, publiés pour la première fois en France, jouiront en Suisse, pour la protection de leurs droits de propriété, des garanties stipulées dans les articles suivants.

Art. 21. Les auteurs d'œuvres dramatiques ou musicales publiées ou exécutées pour la première fois en France jouiront en Suisse, par rapport à la représentation ou à l'exécution de leurs œuvres, de la même protection que les lois accordent ou accorderont par la suite dans ce même pays aux auteurs ou compositeurs suisses pour la représentation ou l'exécution de leurs œuvres.

Art. 22. Le droit de propriété acquis en Suisse, conformément aux dispositions des articles précédents, pour les œuvres littéraires ou artistiques mentionnées dans l'article 20, dure, pour l'auteur, toute sa vie, et s'il meurt avant l'expiration de la trentième année, à dater de la première publication, ce droit continue à subsister pour le reste de ce terme en faveur de ses successeurs. Si la publication n'a pas lieu du vivant de l'auteur, ses héritiers ou ayants droit ont le privilége exclusif de publier l'ouvrage pendant six ans, à dater de la mort de l'auteur. S'ils en font usage, la protection dure trente ans, à partir de cette mort. Toutefois, la durée du droit de propriété par rapport aux traductions est réduite à cinq années, conformément à la stipulation de l'article 6.

Art. 23. Toute édition d'une œuvre littéraire ou artistique mentionnée dans l'article 20, imprimée ou gravée au mépris des dispositions de la présente convention, sera punie comme contrefaçon.

Art. 24. Quiconque aura sciemment vendu, mis en vente ou introduit sur le territoire suisse des objets contrefaits, sera puni des peines de la contrefaçon.

Art. 25. Tout contrefacteur sera puni d'une amende de 100 francs au moins et de 2,000 francs au plus, et le débitant, d'une amende de 25 francs au moins et de 500 francs au plus, et ils seront condamnés, en outre, à payer au propriétaire des dommages-intérêts pour réparation du préjudice à lui causé. — La confiscation de l'édition contrefaite sera prononcée tant contre le contrefacteur que contre l'introducteur et le débitant. Dans tous les cas, les tribunaux pourront, sur la demande de la partie civile, ordonner qu'il lui soit fait remise, en déduction des dommages-intérêts à elle alloués, des objets contrefaits.

Art. 26. Dans les cas prévus par les articles précédents, le produit des confiscations sera remis au propriétaire pour l'indemniser d'autant du préjudice qu'il aura souffert ; le surplus de son indemnité sera réglé par les voies ordinaires.

Art. 27. Le propriétaire d'une œuvre littéraire ou artistique pourra faire procéder, en vertu d'une ordonnance de l'autorité compétente, à la désignation ou description détaillée avec ou sans saisie, des produits qu'il prétendra contrefaits à son préjudice, en contravention aux dispositions de la présente Convention. — L'ordonnance sera rendue sur simple requête et sur la présentation du procès-verbal constatant le dépôt de l'œuvre littéraire ou artistique. Elle contiendra, s'il y a lieu, la nomination d'un expert. — Lorsque la saisie sera requise, le juge pourra exiger du requérant un cautionnement qu'il sera tenu de consigner avant de faire procéder à la saisie. — Il sera laissé copie au détenteur des objets décrits ou saisis, de l'ordonnance et de l'acte constatant le dépôt du cautionnement, le cas échéant, le tout à peine de nullité et de dommages-intérêts.

Art. 28. A défaut par le requérant de s'être pourvu dans le délai de la quinzaine, la description ou saisie sera nulle de plein droit, sans préjudice des dommages-intérêts qui pourraient être réclamés, s'il y a lieu.

Art. 29. Sont considérés comme marque de fabrique ou de commerce les noms sous une forme distinctive, les dénominations, emblèmes, empreintes, timbres, cachets, vignettes, reliefs, lettres, chiffres, enveloppes et tous autres signes servant à distinguer les produits d'une fabrique ou les objets d'un commerce.

Art. 30. Le dépôt effectué conformément à la prescription de l'article 19 n'assurera la propriété des marques de fabrique en Suisse que pour quinze années. Mais la durée de ce droit pourra toujours être prorogé pour une nouvelle période de quinze ans, au moyen d'un nouveau dépôt.

Art. 31. Seront punis d'une amende de 50 francs à 3,000 francs et d'un emprisonnement de trois mois à trois ans, ou de l'une de ces deux peines seulement : — 1° Ceux qui auront contrefait une marque ou fait usage d'une marque contrefaite ; — 2° Ceux qui auront frauduleusement apposé sur leurs produits ou les objets de leur commerce une marque appartenant à autrui ; — 3° Ceux qui auront sciemment vendu ou mis en vente un ou plusieurs produits revêtus d'une marque contrefaite ou frauduleusement apposée.

Art. 32. Seront punis d'une amende de 50 francs à 2,000 francs et d'un emprisonnement d'un mois à un an, ou de l'une de ces deux peines seulement : — 1° Ceux qui, sans contrefaire une marque, en auront fait une imitation frauduleuse de nature à tromper l'acheteur, ou auront fait usage d'une marque frauduleusement imitée ; — 2° Ceux qui auront fait usage d'une marque portant des indications propres à tromper l'acheteur sur la nature du produit ; — 3° Ceux qui auront sciemment vendu ou mis en vente un ou plusieurs produits revêtus d'une marque frauduleusement imitée ou portant des indications propres à tromper l'acheteur sur la nature du produit.

Art. 33. La confiscation des produits dont la marque serait reconnue contraire aux dispositions des articles 31 et 32 pourra, même en cas d'acquittement, être prononcée par le tribunal, ainsi que celle des instrument et ustensiles ayant spécialement servi à commettre le délit. — Le tribunal pourra ordonner que les produits confisqués soient remis au propriétaire de la marque contrefaite ou frauduleusement apposée ou imitée, indépendamment de plus amples dommages-intérêts, s'il y a lieu. — Il prescrira, dans tous les cas, la destruction des marques reconnues contraires aux dispositions desdits articles.

Art. 34. — Toutes les dispositions relatives aux marques de fabrique et de commerce sont applicables aux vins, eaux-de-vie et autres boissons, aux bestiaux, graines, farines et généralement à tous les produits de l'agriculture.

Art. 35. Les dispositions des articles 26, 27 et 28 sont aussi applicables aux marques de fabrique et de commerce.

Art. 36. Il est perçu un droit fixe de cinq francs pour le dépôt de chaque marque de fabrique et de commerce.

Art. 37. Le dépôt des dessins de fabrique, effectué conformément à l'article 19, assurera la propriété des déposants pour un, deux ou trois ans, suivant leur déclaration et à compter de sa date; mais la durée de ce droit pourra toujours être prorogée pour une nouvelle période de trois ans, au moyen d'un nouveau dépôt.

Art. 38. Le déposant pourra faire son dépôt, soit ouvertement, certifié de sa signature et de son cachet, soit sous enveloppe cachetée. Dans ce dernier cas, l'enveloppe contenant le dessin ou l'échantillon ne pourra être ouverte qu'un an après l'acte de son dépôt. — Après ce terme, il sera permis de prendre inspection des échantillons ou dessins déposés. L'enveloppe pourra, à toute époque, et sur la réquisition du déposant, être ouverte, ou, en cas de contestation, en vertu d'une ordonnance judiciaire.

Art. 39. Le dépôt sera considéré comme non avenu dans les cas suivants : 1° Si le dessin n'est pas nouveau ; — 2° Si, antérieurement au dépôt, des produits fabriqués sur le dessin déposé ont été livrés au commerce.

Art. 40. Sera déchu du droit résultant du dépôt le déposant qui n'aura pas exploité en France le dessin faisant l'objet du dépôt dans le cours des deux années qui auront suivi ledit dépôt.

Art. 41. La contrefaçon, ainsi que le débit ou l'importation de dessins de fabrique contrefaits, sciemment opérés, sont punis des amendes édictées par l'article 25 pour les œuvres littéraires et artistiques.

Art. 42. Les dispositions des articles 26, 27 et 28 sont aussi applicables aux dessins de fabrique.

Art. 43. Il sera perçu un droit fixé au maximum à un franc pour le dépôt de chaque dessin de fabrique. — Tout acte de cession d'un dessin de fabrique sera enregistré moyennant un droit de un franc. — Pour le dépôt, comme pour la cession, la taxe fixée est exclusive de tous autres frais.

Art. 44. La poursuite devant les tribunaux suisses pour les délits définis dans cette convention n'aura lieu que sur la demande de la partie lésée ou de ses ayants droit.

Art. 45. Les actions relatives à la contrefaçon des œuvres littéraires ou artistiques, ainsi que des marques et dessins de fabrique, seront portées, en Suisse, devant le tribunal du district dans lequel la contrefacon ou la vente illicite aura eu lieu. — Les actions civiles seront jugées comme matières sommaires.

Art. 46. Les peines établies par la présente convention ne peuvent être cumulées. La peine la plus forte sera seule prononcée pour tous les faits antérieurs au premier acte de poursuite.

Art. 47. Le tribunal pourra ordonner l'affiche du jugement dans les lieux qu'il détermiera, et son insertion intégrale ou par extrait dans les journaux qu'il désignera, le tout aux frais du condamné.

Art. 48. Les peines portées aux articles ci-dessus pourront être élevées au double en cas de récidive. Il y a récidive lorsqu'il a été prononcé contre le prévenu, dans les cinq années antérieures, une condamnation pour un délit de la même nature.

Art. 49. Les tribunaux pourront, s'il existe des circonstances atténuantes, réduire les peines prononcées contre les coupables au-dessous du minimum prescrit, et même substituer l'amende à l'emprisonnement, sans qu'en aucun cas elle puisse être au-dessous des peines de simple police.

Art. 50. Les hautes parties contractantes sont convenues de soumettre la présente convention à une révision, si une nouvelle législation sur les matières y traitées, dans l'un ou l'autre pays, ou dans les deux pays, la rendait désirable ; mais il est entendu que les stipulations de la présente convention continueront à être obligatoires pour les deux pays, jusqu'à ce qu'elles soient modifiées d'un commun accord. — Si les garanties accordées actuellement en France à la protection de la propriété littéraire, artistique et industrielle devaient être modifiées pendant la durée de la présente convention, le gouvernement suisse serait autorisé à remplacer les stipulations de ce traité par les nouvelles dispositions édictées par la législation française.

Art. 51. La présente convention entrera en vigueur à la même époque, et elle aura la même durée que le traité de commerce conclu à la date de ce jour entre la France et la Suisse [1].

Elle sera ratifiée, et les ratifications en seront échangées à Paris dans le délai de six mois, ou plus tôt, si faire se peut, en même temps que celles du traité de commerce précité.

En foi de quoi les plénipotentiaires respectifs ont signé la présente convention et y ont apposé le cachet de leurs armes.

Fait à Paris, le 30 juin 1864.

> (L. S.) *Signé :* Drouyn de Lhuys.
> (L. S.) *Signé :* E. Rouher.
> (L. S.) *Signé :* Kern.

PROTOCOLE FINAL [2].

Les plénipotentiaires de S. M. l'empereur des Français : M. Drouyn de Lhuys, ministre et secrétaire d'Etat au département des affaires étrangères, et M. Rouher, ministre d'Etat ; et le plénipotentiaire de la Confédération suisse , M. J.-C. Kern, envoyé extraordinaire et ministre plénipotentiaire de ladite Confédération près S. M. l'empereur des Français ; — Sont convenus de fixer dans un Protocole final le sens de certaines dispositions contenues dans la convention signée cejourd'hui pour la garantie réciproque de la propriété littéraire, artistique et industrielle entre la France et la Suisse ;

1° Le gouvernement français s'engage à présenter au Corps législatif, dans sa prochaine session, un projet de loi qui déclare que la reproduction de compositions musicales par le mécanisme des boîtes à musique ou d'instruments analogues ne constitue pas la contrefaçon d'une pareille composition. — De son côté, le gouvernement suisse déclare que c'est dans ce sens qu'il interprète la convention intervenue, à la date de ce jour, entre les deux Hautes Parties contractantes ;

2° Il est entendu que la protection accordée aux dessins de fabrique n'assure aucun droit exclusif de propriété à ce qui est, en général, désigné par l'expression *genre*, *modes* ou *nouveautés*, mais seulement aux dessins

---

[1] Voir, à cet égard, les observations qui précèdent le texte des traités *suprà*, p. 205 et s.

[2] Ce protocole, ainsi que la déclaration qui suit, n'ont pas été compris dans le décret de promulgation. Voir *suprà*, p. 207.

originaux d'un caractère déterminé, et déposés conformément aux prescriptions de l'article 15 ;

5° Il est reconnu aussi par les Hautes Parties contractantes qu'on ne peut acquérir une propriété exclusive par le dépôt d'un dessin de fabrique, ni pour l'invention de nouveaux produits industriels, ni pour l'application nouvelle de moyens connus pour l'obtention d'un résultat ou d'un produit industriel, lesquels ne peuvent être l'objet d'une possession exclusive en France que par la prise des brevets d'invention.

En foi de quoi, les plénipotentiaires respectifs ont signé le présent Protocole, après lecture faite à Paris, au ministère des affaires étrangères, le 30 juin 1864.

> (L. S.) *Signé :* Drouyn de Lhuys.
> (L. S.) *Signé :* E. Rouher.
> (L. S.) *Signé :* Kern.

DÉCLARATION.

Les plénipotentiaires de S. M. l'empereur des Français, prenant en considération l'assurance donnée par le Conseil fédéral, relativement aux permis de séjour (assurance dont les termes sont insérés au procès-verbal de la vingt et unième conférence), déclarent que si le Conseil fédéral réussit à obtenir des réductions sérieuses, spécialement au profit des ouvriers, sur les taxes élevées perçues dans certains cantons suisses pour permis de séjour, le gouvernement de l'Empereur est disposé à appliquer aux habitants de la Suisse les mêmes règles que celles qui ont été adoptées à l'égard de l'Angleterre et de la Belgique en matière de passe-port. — Le plénipotentiaire suisse prend acte de cette déclaration.

Paris le 30 juin 1854.

> (L. S.) *Signé :* Drouyn de Lhuys.
> (L. S.) *Signé :* E. Rouher.
> (L. S.) *Signé :* Kern.

TABLE DES MATIÈRES

CONTENUES DANS LE CODE INTERNATIONAL ET L'APPENDICE.

(*Abréviations :* C., Code international ; Ap., Appendice.)

Paris. — Typographie HENNUYER ET FILS, rue du Boulevard, 7.

SUPPLÉMENT A L'APPENDICE

Droit international. — France, Prusse, Etats allemands du Zollverein et Suisse. — Propriété littéraire et artistique. — Dessins et marques de fabrique. — Commerce.

Le 9 mai 1865 ont été échangées les ratifications de quatre traités conclus en 1862 entre la France et la Prusse, savoir : 1° un traité de commerce; 2° un traité de navigation; 3° une convention relative au service international des chemins de fer; et 4° une convention pour la garantie réciproque de la propriété des œuvres d'esprit et d'art. Les trois premiers ont été conclus par la Prusse, tant en son nom qu'au nom des différents États allemands faisant partie du Zollverein. La convention littéraire a été conclue avec la Prusse seule; mais, outre que la plupart des États allemands avaient déjà conclu des conventions particulières à cet égard avec la France, l'article 17 de la nouvelle convention réserve à tout État appartenant au Zollverein le droit de s'en approprier les dispositions par un simple échange de déclarations entre eux et la France, et il résulte de deux notes insérées au *Moniteur*, que plusieurs États ont déjà usé du bénéfice de cette réserve. On en trouvera les noms dans ces notes que nous reproduisons à la suite de la convention, nous réservant de faire connaître ultérieurement la liste complète des Etats adhérents.

Nous donnons ci-après le texte entier de la convention littéraire et artistique. Nous nous bornons à faire remarquer ici : 1° qu'elle est générale et s'étend au droit de représentation et exécution des œuvres dramatiques et musicales; 2° que la conservation des droits des auteurs, compositeurs et artistes est subordonnée à l'accomplissement des formalités de dépôt et autres exigées dans le pays d'origine et, en outre, à l'enregistrement dans l'autre pays, dans les trois mois de la publication pour les ouvrages nouveaux, et de la mise en vigueur de la convention pour les ouvrages antérieurs; 3° que le droit de traduction n'est réservé que sous certaines conditions et pour un certain temps; mais nous rappelons que, selon nous, ce droit reste entier dans le pays d'origine; 4° que la convention autorise les auteurs à ne céder le droit de publication que pour l'un des deux pays, auquel cas les éditions faites dans ce pays, en vertu de cette cession limitée, sont considérées et traitées dans l'autre comme des contrefaçons ; 5° qu'elle doit avoir la même durée que les traités de commerce et de navigation conclus le même jour, c'est-à-dire une première période de douze années, à partir du 9 mai 1865, avec prolongation d'année en année, si l'une des hautes parties contractantes ne notifie pas douze mois avant l'intention d'en faire cesser les effets ; 6° enfin, qu'elle devait être mise en vigueur deux mois après l'échange des ratifications, soit le 10 juillet 1865, mais par suite d'un accord entre les gouvernements respectifs, la mise en vigueur a été fixée au 1er juillet.

Constatons que par voie de conséquence et ainsi, d'ailleurs, que cela a été convenu, le traité avec la Suisse, dont nous avons donné le texte à l'article 1129, t. X, p. 417, deviendra exécutoire le même jour, 1er juillet 1865.

Quant au traité de commerce conclu avec la Prusse et le Zollverein, nous en avons extrait seulement le préambule, qui indique les États contractants et les articles relatifs à la liberté du commerce et à la garantie des dessins et marques de fabrique. On les trouvera ci-après, à la suite de la convention littéraire.

DÉCRET IMPÉRIAL DU 10 MAI 1865.

Qui prescrit la promulgation de la convention conclue le 2 août 1862, entre la France et la Prusse, pour la garantie réciproque de la propriété des œuvres d'esprit et d'art.

NAPOLÉON, — Par la grâce de Dieu et la volonté nationale, empereur des Français, — A tous présents et à venir, salut : — Sur le rapport de notre ministre et secrétaire d'Etat au département des affaires étrangères, — Avons décrété et décrétons ce qui suit :

ART. 1er. Une convention ayant été conclue le 2 août 1862, entre la France et la Prusse, pour la garantie réciproque de la propriété des œuvres d'esprit et d'art, et les ratifications de cet acte ayant été échangées le 9 mai 1865, ladite convention dont la teneur suit recevra sa pleine et entière exécution.

CONVENTION

pour la garantie réciproque de la propriété des œuvres d'esprit et d'art.

S. M. l'empereur des Français et S. M. le roi de Prusse, également animés du désir d'adopter, d'un commun accord, les mesures qui leur ont paru les plus propres à garantir réciproquement la propriété des œuvres d'esprit et d'art, ont résolu de conclure une convention à cet effet, et ont nommé pour leurs plénipotentiaires, savoir : — S. M. l'empereur des Français : — M. Henri-Godefroy-Bernard-Alphonse prince de La Tour d'Auvergne, son envoyé extraordinaire et ministre plénipotentiaire près S. M. le roi de Prusse, grand officier de l'ordre impérial de la Légion d'honneur, chevalier de première classe de l'ordre royal de l'Aigle-Rouge de Prusse, etc., — Et M. Alexandre Johann-Henri de Clercq, ministre plénipotentiaire, commandeur de l'ordre impérial de la Légion d'honneur, etc.; — Et S. M. le roi de Prusse : — M. Albert comte de Bernstorff-Stintenburg, son ministre d'Etat et des affaires étrangères, grand-croix de ses ordres de l'Aigle Rouge et de la Maison royale de Hohenzollern, etc.; — M. Jean-Frédéric de Pommer Esche, son directeur général des contributions et des douanes, chevalier de son ordre de l'Aigle-Rouge de seconde classe avec plaque, etc.; — M. Alexandre-Maximilien Philipsborn, son conseiller intime actuel de légation, chevalier de son ordre de l'Aigle-Rouge de seconde classe, etc.; — Et M. Martin-Frédéric-Rodolphe Delbrück, son directeur au ministère du commerce, de l'industrie et des travaux publics, chevalier de son ordre de l'Aigle-Rouge de seconde classe, etc.; — Lesquels, après avoir échangé leurs pleins pouvoirs, trouvés en bonne et due forme, sont convenus des articles suivants :

Art. 1er. Les auteurs de livres, brochures ou autres écrits, de compositions musicales ou d'arrangements de musique, d'œuvres de dessin, de peinture, de sculpture, de gravure, de lithographie et de toutes autres productions analogues du domaine littéraire ou artistique, jouiront dans chacun des deux Etats réciproquement des avantages qui y sont ou y seront attribués par la loi à la propriété des ouvrages de littérature ou d'art, et ils auront la même protection et le même recours légal contre toute atteinte portée à leurs droits, que si cette atteinte avait été commise à l'égard d'auteurs d'ouvrages publiés pour la première fois dans le pays même. — Toutefois, ces avantages ne leur seront réciproquement assurés que pendant l'existence de leurs droits dans le pays où la publication originale a été faite, et la durée de leur jouissance dans l'autre pays ne pourra excéder celle fixée par la loi pour les auteurs nationaux.

Art. 2. Sera réciproquement licite la publication dans chacun des deux pays d'extraits ou de morceaux entiers d'ouvrages ayant paru pour la première fois dans l'autre, pourvu que ces publications soient spécialement appropriées et adaptées pour l'enseignement ou l'étude, et soient accompagnées de notes explicatives ou de traductions interlinéaires ou marginales dans la langue du pays où elles sont imprimées.

Art. 3. La jouissance du bénéfice de l'article 1er est subordonnée à l'accomplissement, dans le pays d'origine, des formalités qui sont prescrites par la loi pour assurer la propriété des ouvrages de littérature ou d'art. — Pour les livres, cartes, estampes, gravures, lithographies, ou œuvres musicales publiés pour la première fois dans l'un des deux Etats, l'exercice du droit de propriété dans l'autre Etat sera, en outre, subordonné à l'accomplissement préalable, dans ce dernier, de la formalité de l'enregistrement effectuée de la manière suivante : — Si l'ouvrage a paru pour la première fois en France, il devra être enregistré à Berlin, au ministère des cultes. — Si l'ouvrage a paru pour la première fois en Prusse, il devra être enregistré à Paris, au ministère de l'intérieur. — L'enregistrement se fera, de part et d'autre, sur la déclaration écrite des intéressés, laquelle pourra être respectivement adressée soit aux susdits ministères, soit aux légations dans les deux pays. — Dans tous les cas, la déclaration devra être présentée dans les trois mois qui suivront la publication de l'ouvrage dans l'autre pays, pour les ouvrages publiés postérieurement à la mise en vigueur de la présente convention, et dans les trois mois qui suivront cette mise en vigueur, pour les ouvrages publiés antérieurement. — A l'égard des ouvrages qui paraissent par livraison, le délai de trois mois ne commencera à courir qu'à dater de la publication de la dernière livraison, à moins que l'auteur n'ait indiqué, conformément aux dispositions de l'article 6, son intention de se réserver le droit de traduction, auquel cas chaque livraison sera considérée comme un ouvrage séparé. — La formalité de l'enregistrement qui en sera fait sur des registres spéciaux tenus à cet effet ne donnera, de part et d'autre, ouverture à la perception d'aucune taxe. — Les intéressés recevront un certificat authentique de l'enregistrement : ce certificat sera délivré gratis, sauf, s'il y a lieu, les frais de timbre. — Le certificat relatera la date précise à laquelle la déclaration aura eu lieu ; il fera foi dans toute l'étendue des territoires respectifs et constatera le droit exclusif de propriété et de reproduction aussi longtemps que quelque autre personne n'aura pas fait admettre en justice un droit mieux établi.

ART. 4. Les stipulations de l'article 1er s'appliqueront également à la représentation ou exécution des œuvres dramatiques ou musicales, publiées, exécutées ou représentées pour la première fois dans l'un des deux pays, après la mise en vigueur de la présente convention.

ART. 5. Sont expressément assimilées aux ouvrages originaux les traductions faites dans l'un des deux Etats, d'ouvrages nationaux ou étrangers. Ces traductions jouiront à ce titre de la protection stipulée par l'article 1er, en ce qui concerne leur reproduction non autorisée dans l'autre Etat. Il est bien entendu, toutefois, que l'objet du présent article est simplement de protéger le traducteur par rapport à la version qu'il a donnée de l'ouvrage original, et non pas de conférer le droit exclusif de traduction au premier traducteur d'un ouvrage quelconque, écrit en langue morte ou vivante, hormis le cas et les limites prévus par l'article ci-après.

ART. 6. L'auteur de tout ouvrage publié dans l'un des deux pays, qui aura entendu se réserver le droit de traduction, jouira pendant cinq années, à partir du jour de la première publication de la traduction de son ouvrage autorisée par lui, du privilége de protection contre la publication, dans l'autre pays, de toute traduction du même ouvrage non autorisée par lui, et ce sous les conditions suivantes : — 1° L'ouvrage original sera enregistré dans l'un des deux pays, sur la déclaration faite dans un délai de trois mois, à partir du jour de la première publication dans l'autre pays, conformément aux dispositions de l'article 2. — 2° L'auteur devra indiquer, en tête de son ouvrage, l'intention de se réserver le droit de traduction. — 3° Il faudra que ladite traduction autorisée ait paru, au moins en partie, dans le délai d'un an à compter de la date de la déclaration de l'original effectuée ainsi qu'il vient d'être prescrit, et, en totalité, dans le délai de trois ans à partir de ladite déclaration. — 4° La traduction devra être publiée dans l'un des deux pays, et être elle-même enregistrée conformément aux dispositions de l'article 3. — Pour les ouvrages publiés par livraisons, il suffira que la déclaration de l'auteur qu'il entend se réserver le droit de traduction, soit exprimée dans la première livraison. — Toutefois, en ce qui concerne le terme de cinq ans assigné par cet article pour l'exercice du droit privilégié de traduction, chaque livraison sera considérée comme un ouvrage séparé ; chacune d'elles sera enregistrée dans l'un des deux pays, sur la déclaration faite dans les trois mois à partir de sa première publication dans l'autre. — Relativement à la traduction des ouvrages dramatiques ou à la représentation de ces traductions, l'auteur qui voudra se réserver le droit exclusif dont il s'agit aux articles 4 et 6, devra faire paraître ou représenter sa traduction trois mois après l'enregistrement de l'ouvrage original.

Art. 7. Lorsque l'auteur d'une œuvre spécifiée dans l'article 1er aura cédé son droit de publication ou de reproduction à un éditeur dans le territoire de chacune des Hautes parties contractantes, sous la réserve que les exemplaires ou éditions de cette œuvre ainsi publiés ou reproduits ne pourront être vendus dans l'autre pays, ces exemplaires ou éditions seront respectivement considérés et traités dans ce pays comme reproduction illicite.

Art. 8. Les mandataires légaux, ou ayants cause des auteurs, traducteurs, compositeurs, dessinateurs, peintres, sculpteurs, graveurs, lithographes, etc., jouiront réciproquement et à tous égards des mêmes droits que ceux que la présente convention accorde aux auteurs, traducteurs, compositeurs, dessinateurs, peintres, sculpteurs, graveurs et lithographes eux-mêmes.

Art. 9. Nonobstant les stipulations des articles 1er et 3 de la présente convention, les articles extraits des journaux ou recueils périodiques publiés dans l'un des deux pays pourront être reproduits ou traduits dans les journaux ou recueils périodiques de l'autre pays, pourvu qu'on y indique la source à laquelle on les aura puisés. — Toutefois, cette faculté ne s'étendra pas à la reproduction, dans l'un des deux pays, des articles de journaux ou de recueils périodiques publiés dans l'autre, lorsque les auteurs auront formellement déclaré, dans le journal ou le recueil même où ils les auront fait paraître, qu'ils en interdisent la reproduction. En aucun cas, cette interdiction ne pourra atteindre les articles de discussion politique.

Art. 10. La vente et l'exposition, dans chacun des deux Etats, d'ouvrages ou objets de reproduction non autorisés, définis par les articles 1er, 4, 5 et 6 sont prohibées, sauf ce qui est dit à l'article 12, soit que lesdites reproductions non autorisées proviennent de l'un des deux pays, soit qu'elles proviennent d'un pays étranger quelconque.

Art. 11. En cas de contravention aux dispositions des articles précédents, la saisie des objets de contrefaçon sera opérée, et les tribunaux appliqueront les peines déterminées par les législations respectives de la même manière que si l'infraction avait été commise au préjudice d'un ouvrage ou d'une production d'origine nationale. — Les caractères constituant la contrefaçon seront déterminés par les tribunaux de l'un ou de l'autre pays, d'après la législation en vigueur dans chacun des deux Etats.

Art. 12. Les deux gouvernements prendront par voie de règlement d'administration publique les mesures nécessaires pour prévenir toute difficulté ou complication à raison de la possession et de la vente par les éditeurs, imprimeurs ou libraires de l'un ou de l'autre des deux pays, de réimpressions d'ouvrages de propriété des sujets respectifs et non tombés dans le domaine public, fabriqués ou importés par eux antérieurement à la mise en vigueur de la présente convention, ou actuellement en cours de fabrication et de réimpression non autorisée. — Ces règlements s'appliqueront également aux clichés, bois et planches gravées de toute sorte, ainsi qu'aux pierres lithographiques existant en magasin, chez les éditeurs ou imprimeurs prussiens ou français, et constituant une reproduction non autorisée de modèles prussiens ou français. — Toutefois, ces clichés, bois et planches gravées de toute sorte, ainsi que les pierres lithographiques, ne pourront être utilisés que pendant quatre ans à dater de la mise en vigueur de la présente convention.

Art. 13. Pendant la durée de la présente convention les objets suivants, savoir : livres en toutes langues, estampes, gravures, lithographies et photographies, cartes géographiques ou marines, musique, planches gravées en cuivre, acier ou bois et pierres lithographiques couvertes de dessins, gravures ou écritures, destinées à l'impression sur papier, tableaux et dessins, seront réciproquement admis en franchise de droits, sans certificats d'origine.

Art. 14. Les livres d'importation licite, venant de Prusse, seront admis en France, tant à l'entrée qu'au transit direct ou par entrepôt, savoir : — 1° Les livres en langue française par les bureaux de Forbach, Wissembourg, Strasbourg, Pontarlier, Bellegarde, Pont-de-la-Caille, Saint-Jean de Maurienne, Chambéry, Nice, Marseille, Bayonne, Saint-

Nazaire, le Havre, Lille, Valenciennes, Thionville et Bastia ; — 2° Les livres en toute autre langue que française par les mêmes bureaux et en outre par les bureaux de Sarreguemines, Saint-Louis, Verrières de Joux, Perpignan (par le Perthus), le Perthus, Béhobie, Bordeaux, Nantes, Saint-Malo, Caen, Rouen, Dieppe, Boulogne, Calais, Dunkerque, Apach et Ajaccio, sans préjudice toutefois des autres bureaux qui pourraient être ultérieurement désignés pour le même effet. — En Prusse les livres d'importation licite venant de France seront admis par tous les bureaux de douane.

Art. 15. Dans le cas où un impôt de consommation viendrait à être établi sur le papier dans l'un des deux pays, il est bien entendu que cet impôt atteindrait proportionnellement les livres, estampes, gravures et lithographies, importés de l'autre pays. — Néanmoins, en ce qui concerne les livres, cet impôt ne sera éventuellement appliqué qu'à ceux qui auront été publiés dans l'un ou l'autre pays, postérieurement à la création de l'impôt de consommation dont il s'agit.

Art. 16. Les dispositions de la présente convention ne pourront porter préjudice, en quoi que ce soit, au droit qui appartient à chacune des deux hautes parties contractantes de permettre, de surveiller ou d'interdire, par des mesures de législation ou de police intérieure, la circulation, la représentation ou l'exposition de tout ouvrage ou production à l'égard desquels l'autorité compétente aurait à exercer ce droit. — La présente convention ne portera aucune atteinte au droit de l'une ou de l'autre des deux hautes parties contractantes de prohiber l'importation dans ses propres Etats des livres qui, d'après ses lois intérieures ou des stipulations souscrites avec d'autres puissances, sont ou seraient déclarés être des contrefaçons.

Art. 17. Le droit d'accession à la présente convention est réservé à tout Etat qui appartient actuellement ou qui appartiendra par la suite au Zollverein. — Cette accession pourra se faire par un échange de déclarations entre les Etats contractants et la France.

Art. 18. La présente convention sera mise en vigueur deux mois après l'échange de ses ratifications[1]. — Elle aura la même durée que les traités de commerce et de navigation conclus à la date de ce jour entre la France et les Etats du Zollverein.

Art. 19. La présente convention sera ratifiée et les ratifications en seront échangées à Berlin en même temps que celles des traités précités. — En foi de quoi les plénipotentiaires respectifs l'ont signée et y ont apposé le cachet de leurs armes.

Fait à Berlin, le 2 août 1862.

(*L. S.*) La Tour d'Auvergne.   (*L. S.*) Bernstorff.
(*L. S.*) de Clercq.   (*L. S.*) Pommer Esche.
                            (*L. S.*) Philipsborn.
                            (*L. S.*) Delbruck.

[1] 1er juillet 1865. Voir les observations qui précèdent.

Art. 2. Notre ministre et secrétaire d'Etat au département des affaires étrangères est chargé de l'exécution du présent décret.

Fait en conseil des ministres, au palais des Tuileries, le 10 mai 1865.

Pour l'Empereur,
Et en vertu des pouvoirs qu'il nous a confiés

EUGÉNIE.

Vu et scellé du sceau de l'Etat :   Par l'Impératrice régente :
Le garde des sceaux, ministre de la justice   *Le ministre des affaires*
et des cultes,   *étrangères,*

   J. Baroche.   Drouyn de Lhuys.

PROTOCOLE DU 14 DÉCEMBRE 1864.

Les plénipotentiaires soussignés, savoir, etc. — Se sont réunis aujourd'hui au ministère des affaires étrangères, à Berlin : — 1º Pour fixer d'un commun accord le sens précis de certaines clauses des traités de commerce et de navigation ainsi que de la convention littéraire signés à Berlin le 2 août 1862 ; — 2º Pour compléter ou modifier quelques-unes des dispositions des tarifs annexés *sub litt.* A et B au traité de commerce susmentionné. — Après avoir discuté les questions soulevées de part et d'autre sous ce double rapport, et être convenus de reprendre ci-dessous les paragraphes 1er à 4 du protocole de signature dressé le 2 août 1862, les plénipotentiaires soussignés ont, au nom de leurs gouvernements respectifs, décidé et arrêté ce qui suit :

(Suivent diverses dispositions relatives aux traités de commerce et de navigation sous les lettres A, B, C, D, et une stipulation concernant la propriété littéraire ainsi conçue) :

E. *Relativement à la convention littéraire.*

1º D'après le principe général consacré par les articles 3 et 6, les auteurs et éditeurs de l'un des deux pays, ou leurs ayants droit, seront absolument et réciproquement dispensés de l'obligation de faire dans l'autre pays le dépôt légal d'un ou de plusieurs exemplaires des œuvres publiées par eux. — 2º Les auteurs ou éditeurs de livres composés de plusieurs volumes, publiés par parties ou livraisons, seront tenus de reproduire, dans la première livraison de chaque volume, la déclaration qu'ils entendent se réserver leur droit de traduction. — 3º Les ouvrages auxquels s'applique l'article 7 seront librement admis dans les deux pays pour le transit à destination d'un pays tiers.

Le présent protocole, qui sera considéré comme approuvé et sanctionné par les gouvernements respectifs, sans autre ratification spéciale, par le seul fait de l'échange des ratifications sur les trois traités auxquels il se rapporte, a été dressé en double expédition à Berlin, le 14 décembre 1864.

(*L. S.*) Benedetti.   (*L. S.*) Bismarck-Schoenhausen.
(*L. S.*) De Clercq.   (*L. S.*) Pommer Esche.
                              (*L. S.*) Philipsborn.
                              (*L. S.*) Delbruck.

On lit dans le *Moniteur* du 14 mai 1865 :

« Nous avons publié hier une convention littéraire conclue avec la Prusse, en même temps que les traités de commerce et de navigation signés à Berlin le 2 août 1862. Depuis cette époque, divers Etats de l'Allemagne, profitant de la faculté qui leur a été réservée, se sont approprié les dispositions de cet arrangement par voie d'accession ; ce sont l'électorat de Hesse, les grands-duchés d'Oldembourg et de Saxe-Weimar, les duchés de Brunswick, de Saxe-Altenbourg, de Saxe-Meiningen, ainsi que la principauté de Reuss, branche cadette. »

D'autre part, les ministres de Bavière, de Wurtemberg, du grand-duché de Bade et de la ville libre de Francfort, ont récemment signé, à Paris, avec le ministre des affaires étrangères, des arrangements identiques à la convention signée avec la Prusse. — Enfin, l'adhésion de la Saxe-Royale, du Hanovre, de la Hesse grand-ducale, ainsi que des duchés de Nassau et de Saxe-Cobourg Gotha, est également acquise aux principes consacrés par ces actes internationaux, et les engagements que ces gouvernements se disposent à contracter à cet effet entreront en vigueur à la même date que les traités franco-prussiens.

On lit également dans le *Moniteur* du 20 mai 1865 :

Le traité de commerce et de navigation ainsi que la convention littéraire récemment conclus entre la France et les villes hanséatiques viennent d'être approuvés par les assemblées législatives de Hambourg et de Lubeck. Ces actes internationaux forment le complément des traités franco-prussiens du 2 août 1862, et doivent entrer en vigueur à partir de la même époque, c'est-à-dire le 1er juillet prochain. — A la suite de la discussion à laquelle a donné lieu, au sein de la bourgeoisie de Hambourg, l'article relatif à la garantie des étiquettes et marques de fabrique, l'assemblée ne s'est point bornée à reconnaître la haute équité de ces stipulations, elle a invité le sénat hambourgeois à proposer une loi pour étendre la même protection à la propriété des étiquettes et marques de fabrique de tous les pays.

TRAITÉ DE COMMERCE.

S. M. l'empereur des Français, d'une part, — Et S. M. le roi de Prusse agissant, tant en son nom et pour les autres pays et parties de pays souverains compris dans son système de douanes et d'impôts, savoir : le grand-duché de Luxembourg, les enclaves du grand-duché de Mecklembourg, Rossow, Netzeband et Schœnberg, la principauté de Birkenfeld, du grand-duché d'Oldenbourg, les duchés d'Anhalt-Dessau-Cœthen et d'Anhalt-Bernbourg, les principautés de Waldeck et de Pyrmont, la principauté de Lippe et le grand-bailliage de Meisenheim du landgraviat de Hesse, qu'au nom des autres membres de l'Association de douanes et de commerce allemande (*Zollverein*), savoir : la couronne de Bavière, la couronne de Saxe, la couronne de Hanovre, tant pour elle que pour la principauté de Schauenbourg-Lippe, et la couronne de Wurtemberg, le grand-duché de Bade, l'électorat de Hesse, le grand-duché de Hesse tant pour lui que pour le bailliage de Hombourg du landgraviat de Hesse, les États formant l'association de douanes et de commerce de Thuringe; savoir : le grand-duché de Saxe, les duchés de Saxe-Meiningen, de Saxe-Altembourg, de Saxe-Cobourg et Gotha, les principautés de Schwarzbourg-Rudolstadt et de Schwarzbourg-Sondershausen, de Reuss, ligne aînée, et de Reuss, ligne cadette, le duché de Brunswick, le duché d'Oldenbourg, le duché de Nassau et la ville libre de Francfort, d'autre part ; — Animés d'un égal désir de resserrer les liens d'amitié et d'étendre les relations commerciales entre les États du Zollverein et la France, ont résolu de conclure un traité à cet effet et ont nommé pour leurs plénipotentiaires, savoir : (Suivent les noms des mêmes plénipotentiaires que dans la convention littéraire et trente-trois articles réglant les rapports commerciaux et de douanes entre les États respectifs. Nous en extrayons les articles suivants, qui rentrent dans la spécialité de notre recueil) :

Art. 25. Les sujets des hautes parties contractantes pourront réciproquement entrer, voyager ou séjourner en toute liberté, dans quelque partie que ce soit des territoires respectifs, pour y vaquer à leurs affaires, et ils y jouiront à cet effet, pour leurs personnes et leurs biens, de la même protection et sécurité que les nationaux. — Ils auront la faculté, dans les villes et ports, de louer ou posséder les maisons, magasins, boutiques et terrains qui leur seront nécessaires, sans être assujettis à des taxes soit générales, soit locales, ni à des impôts ou obligations de quelque nature qu'ils soient, autres que ceux qui sont ou pourront être établis sur les nationaux. — De la même manière ils jouiront en matière de commerce et d'industrie de tous les privilèges, immunités et autres faveurs quelconques dont jouissent ou jouiront les nationaux. — Il est entendu, toutefois, que les stipulations qui précèdent ne dérogent en rien aux lois, ordonnances et règlements spéciaux en matière de commerce, d'industrie et de police en vigueur dans le territoire de chaque État contractant et applicables aux sujets de tout autre État. Sous ce rapport, les sujets respectifs seront traités comme ceux de l'État le plus favorisé.

Art. 26. Les fabricants et marchands français, ainsi que leurs commis-voyageurs, dûment patentés en France dans l'une de ces qualités, pourront dans le Zollverein, sans y être soumis à aucun droit de patente, faire des achats pour les besoins de leur industrie et recueillir des commandes avec ou sans échantillons, mais sans colporter des marchandises. — Il y aura réciprocité en France pour les fabricants et marchands des États du Zollverein et leurs commis-voyageurs. — Les formalités nécessaires pour obtenir cette immunité seront réglées d'un commun accord.

Art. 27. Les objets passibles d'un droit d'entrée qui servent d'échantillons et qui sont importés dans le Zollverein par des voyageurs de commerce français, ou en France par des voyageurs de commerce du Zollverein, seront, de part et d'autre, admis en franchise temporaire, moyennant les formalités de douane nécessaires pour en assurer la réexportation ou la réintégration en entrepôt. Ces formalités seront réglées d'un commun accord entre les parties contractantes.

Art. 28. En ce qui concerne les marques ou étiquettes de marchandises ou de leurs emballages, les dessins et marques de fabrique ou de commerce, les sujets de chacun des États contractants jouiront respectivement dans l'autre de la même protection que les nationaux. — Il n'y aura lieu à aucune poursuite à raison de l'emploi dans l'un des deux pays des marques de fabrique de l'autre, lorsque la création de ces marques dans le pays de provenance des produits remontera à une époque antérieure à l'appropriation de ces marques par dépôt ou autrement dans le pays d'importation.

Art. 32. Le présent traité restera en vigueur pendant une période de douze années à partir du jour de l'échange des ratifications. Dans le cas où aucune des hautes parties contractantes n'aurait notifié, douze mois avant la fin de ladite période, son intention d'en faire cesser les effets, le traité demeurera obligatoire jusqu'à l'expiration d'une année, à partir du jour où l'une ou l'autre des hautes parties contractantes l'aura dénoncé. — Toutefois, si, avant l'échéance de la période susmentionnée, le Zollverein venait à se dissoudre, les engagements réciproques contenus dans le présent traité perdront leur force obligatoire, en même temps que les traités constitutifs du Zollverein. — Les hautes parties contractantes se réservent la faculté d'introduire, d'un commun accord, dans ce traité, toutes modifications qui ne seraient pas en opposition avec son esprit ou ses principes, et dont l'utilité serait démontrée par l'expérience. Il sera étendu à tout État allemand qui viendrait ultérieurement à faire partie du Zollverein.

Art. 55. Le présent traité entrera en vigueur deux mois après l'échange de ses ratifications[1]. — Les ratifications seront échangées à Berlin dans le plus bref délai possible.

---

[1] 1er juillet 1865. Voir les observations en tête de l'article et les notes du *Moniteur*, rapportées ci-dessus.

En foi de quoi les plénipotentiaires respectifs l'ont signé et y ont apposé le cachet de leurs armes.

Fait à Berlin, le 2 août 1862.

(*L. S.*) La Tour d'Auvergne.   (*L. S.*) Bernstorff.

(*L. S.*) de Clercq.   (*L. S.*) Pommer Esche.

                                  (*L. S.*) Philipsborn.

                                  (*L. S.*) Delbruck.

Nota. Le tirage de l'appendice et de la table générale ci-après était fait lorsqu'ont été promulgués les traités conclus avec la Prusse et le Zollverein. — Ils étaient trop importants pour ne pas les ajouter, mais nous ne pouvons que renvoyer aux *Annales* pour les nouveaux traités annoncés par le *Moniteur*. — Disons seulement que ceux avec la Bavière, avec les villes libres et anséatiques de Hambourg, Lubeck et Brême, et avec la ville libre de Francfort, ont été promulgués par décrets des 10 mai et 3 juin et que leur mise en vigueur est fixée au 1er juillet 1865. — Le traité conclu avec les trois villes de Hambourg, Lubeck et Brême ne diffère de celui conclu avec la première de ces villes, le 2 mai 1856, qu'en ce que les livres, estampes, gravures, etc., sont affranchis de tous droits à l'importation, et qu'il est accordé aux libraires et éditeurs de Lubeck et de Brême jusqu'au 1er septembre 1865, pour faire inventorier et estampiller les contrefaçons ou réimpressions existantes. — Ce traité d'ailleurs, ainsi que ceux conclus avec la Bavière et la ville de Francfort, sont conformes au traité franco-prussien, sauf que l'obligation de l'enregistrement est supprimée, et qu'il suffit de justifier que les œuvres littéraires ou artistiques jouissent de la protection légale dans le pays d'origine.

Ajoutons que le traité de commerce conclu avec Hambourg, Lubeck et Brême, stipule la garantie réciproque des marques de fabrique, à la condition d'en faire le dépôt au tribunal de commerce du pays où l'on veut la faire protéger. — Cette protection est également garantie aux dessins et modèles de fabrique dans la mesure des législations respectives.

Paris. — Typographie Hennuyer et fils, rue du Boulevard, 7.